生命的洗练

CELEBRATION OF DISCIPLINE

[美] 傅士德（Richard J. Foster）著　周天和　译

上海三联书店

Celebration of Discipline

目　录

CELEBRATION OF
DISCIPLINE

中文简体版编者说明

《生命的洗练》（*Celebration of Discipline*）从 1978 年的英文初版，到今年的简体中文版，其间已逾四十个年头。本书的中文出版事宜，最早是香港基督徒学生福音团契（FES）在 1982 年所推动的，那便是畅行了三十余年的《属灵操练礼赞：灵性增长之道》。承蒙他们联系，简体中文版得以免费使用周天和先生的译本，这份心意十分贵重，在此深表谢意。在周天和先生译文的基础上，我们进行了一定程度的校订，尽可能使之更符合简体中文读者的阅读习惯。同时，增补了新版自序、致谢和庆祝本书出版二十五周年（阚春梅译），以及导论（金宗墨译）和部分推荐书目，皆是傅士德博士在最后一次修订中所撰写的。

除了美国版和中文港版之外，本书还出过英国版，在简体版之前，可参考的版本已有三版。四十余年中，三版各自出了修订版。总体来说，三版之间大体一致，细节有异。相较而言，自然是美国版最为完善，因此成为了简体中文版主要的校对依据。只是，美国版将每一章末的读经表、研讨问题和推荐书目从正文中剥离出来，另立了《学生手册》（*Richard J. Foster's Study Guide for "Celebration of Discipline"*：*A Resource for Individuals and Groups*；HarperOne, 1983）。承蒙傅士德博士授权允许，中文简体版得以汇合美国版英文书以及《学生手册》的全部内容，结集出版。

书中题为"引入美好的生活"的导论，是傅士德博士为《学生手册》写的导论，一并收入中文简体版。由于出版在后，中文简体版尽可能汇集了各版的优点，如今所呈现给读者的，尽在前人努力之上。这也悄然符合了本书的精神：生命操练之道，不在于走出新的路，而在于找到前人走通的路。

除此之外，为了让读者从每一项操练中得到充实的益处，傅士德博士在每一章的末尾都列举了相关的进深读物。他自知本书篇幅有限，无法顾及每一项操练的所有细节，因此谦虚地把自己所写的每一章内容，视为该项操练的一份导读而已，然后在章末列出相关的专著，指引那些渴望继续前行的读者。他本人的阅读既勤且广，在灵修的主题上又有过人的天分，以至于本书的推荐书目共达一百七十八本之多。这些书籍包罗万象，跨越古今，汇成了一座巨大的基督教灵修宝库，而《生命的洗练》则像是那一把打开宝库的钥匙。根据不同的主题、功用和视角，傅士德博士遴选了这些书籍，有序地编排在本书的每一章里，目的是尽可能地让读者接触到每一种操练的全备资料。在每一份书目上，他都十分贴心地写下了短评和说明，既帮助读者了解该书，同时也提供一点阅读该书的思路。傅士德的这份书目，不单对普通读者十分有益，对于学术研究者更是价值不凡。

如此丰富的推荐书目，并非从一开始就有，是本书的英文初版问世后近四十几年间，经傅士德博士数次修订逐一增补的。在初版书目中，许多推荐读物都是英国出版物；在修订过的书目中，同样的书籍，凡是有了美国版的，其出处一律依据美国版。这不是因为身为美国基督徒的傅士德博士有地方主义思维，而是因为当时本书的修订版面向的是美国读者，他希望本地读者在寻找资料时不必大费周折，可以就近找到自己所需要的属灵资源。受到作者这一精神的启发，编者尽可能地排查了这一百七十八本书籍的中文版出版情况，发现其中六十种已经正式出版，于是全部列在相关条目之后，供中文读者索用。因编者检索的有限，其中排查的中译本数量或有出入，请读者见谅。原先的英文条目仍予以保留，以方便有意取阅英文原著的读者。由于本书是简体中文版，所有推荐书目均优先列出简体字出版物；无简体字出版物的，则列港台出版物；既无简体版、亦无港台版的，则多半是中文出版界尚未引入出版的作品，只列出其英文书名。

以上种种，都是作者、译者与出版者的拳拳之心，惟愿本书的出版给中国读者带来祝福！

2019 年 10 月

自　序

　　神借着纸上的涂鸦在人们的心思意念里做工，这对我来说，完全是一个奇迹。这些涂鸦是如何转变成一个个字母、单词和句子，并最终有了意义的？我们可能懂一点大脑神经递质的运作，了解一些内啡肽蛋白质对学习和记忆的影响，但如果我们够诚实，就会知道思想本身是一个奥秘。对此惟一恰当的反应就是发出颂赞。

　　至于这本书，这一系列的涂鸦——《生命的洗练》*从最初刊行到现在已逾二十个年头。在第一个十年之后，出版商无疑对本书的畅销和人气感到困惑。他们想要庆祝这一里程碑的时刻，请我对原版进行修订。我对此自然乐意。时至今日，经过了第二个十年之后，这个困惑依然还在。不知为什

---

* 本书中文简体版采用周天和译本，书名为《属灵操练礼赞：灵性增长之道》，香港：
　香港基督徒福音团契，1982 年。——编注

么（有谁能知道为什么呢），人们在与神同行的日子里从这本书中获得了帮助。为了庆祝本书出版二十周年，出版商要求我写一篇前言。我再次欣然领命。为了满足这个要求，也许适合讲一讲你们手中这本书的成书过程。

灵性的破产

我刚从神学院毕业的时候，跃跃欲试地要去征服全世界。我的第一个任命，是去位于南加利福尼亚州的一个兴旺地区牧养一间小教会。我思忖着："这是我向宗派领袖，不，是向全世界彰显我的能力的机会。"相信我，当时我想的可美了，满脑子是美好的憧憬。前任牧师听说了关于我的任命，将手臂环在我的肩膀上，对我说："嗯，傅士德，现在轮到你进入旷野里啦！"听到这话，我稍微冷静下来一点儿。但是我的"冷静"不过持续了片刻就被打破了。"这家教会必将成为山上的一盏明灯。人们会如潮水一般涌进来。真的。"我这样想，也这样相信。

差不多三个月以后，我就已经把我所懂得的一切都讲给了这一小群会众，之后又勉强挤出了一些，但是始终对他们没有任何帮助，我彻底弹尽粮绝。我清楚地知道，自己的灵性已经破产，我那"山上的明灯"只能到此为止了。

我的问题不只是每个主日需要有话可讲，而是我所讲的没有任何力量。我的言语空洞，毫无深度。会众们急需来自于神的话语，我却没有什么可以给他们的，什么都没有。

三合一的影响

然而，因着神的智慧，在那个小教会里，有三个影响开始凝聚到一起。这些影响将改变我服事的方向，甚至我整个人生的方向。它们不仅为我提供个人所需的深度和内涵，还为我提供后来撰写本书的深度和内涵。不过那是后话了。

第一件事的发生突如其来，因为一群真正贫乏的人涌入我们这个小教会。人们如同暴雨之后的洪流一样涌入了教会。哦，他们是多么渴求属灵的食粮！哦，为了能找到这属灵的食粮，他们甘愿做任何事！他们这些人是被今天的功利文化抛弃的人——"被欺压、被唾弃、被出卖的人"——所以，他们的渴求是非常明显的。而我在给予他们实质性的牧养关怀上的无能为力也同样明显。

由于缺乏真正的属灵深度，我几乎是本能地被引到了基督教灵修大师们的面前，希波的奥古斯丁（Augustine of Hippo）、阿西西的法兰西斯（Francis of Assisi，又译"方济"）、诺威奇的朱利安娜（Julian of Norwich）以及其他很多人。不知怎么，我感觉到这些古时的作家们活出并且呼出了我们这间小教会的这些新朋友们迫切寻求的属灵食粮。

当然，我已经从学术层面读过这些作家中很多人的作品了。但那是一种保持距离的、理性的阅读。如今我是用不同的眼光来阅读，因为我每天都在解决令人心灵破碎、痛彻心扉的人类需求。我们有时会称呼这些作家为"圣徒"，他们在某个方面认识神，而我却显然不是。他们真实地经历了耶稣，生命得到了彻底的翻转，拥有了对神的燃烧的异象，使他们不再受制于其他所有与神竞争的事物。他们经历了建造在磐石上的生命。

那些日子里我阅读过的书是谁写的并不重要。劳伦斯弟兄（Brother Lawrence）的《操练与神同在》（*The Practice of the Presence of God*），亚维拉的德兰（Teresa of Avila，即大德兰修女）的《七宝楼台》（*Interior Castle*），约翰·伍尔曼（John Woolman）的《约翰·伍尔曼日记》（*Journal*），陶恕（A. W. Tozer）的《智慧的开端：认识至圣者》（*The Knowledge of the Holy*）。他们对神的认识，远超过我曾经历的和想要经历的一切！但是，随着我继续沉浸在这些被神的爱所点燃的男男女女的故事中，我开始渴望自己也拥有这样的生命。渴望就寻找，寻找就寻见。而我所寻见的，使我安定下来，拓宽了我的境界，使我有了深度和广度。

第二个影响来自于那家小教会里的一个人——魏乐德博士（Dr. Dallas Willard）。作为一位哲学家，魏乐德精通古希腊和古罗马文学，同时又对当代社会有着不可思议的洞察力。他教导我们这刚刚组成的一小群人学习《罗马书》《使徒行传》以及登山宝训、属灵原则，等等。虽然有特定的主题，但他不断地把我们带到大局当中。这是以生命为基础的教导，总是尊重古典来源，总是力求予以当代的表达。那些教导给了我世界观（*weltanschauung*），在这个世界观的基础上，我得以将我所有的学术知识和圣经训练整合起来。

但那并不仅仅是教导，或者至少不是我们通常以为的那种教导。那是在这位世界级哲学家和一小群基督徒组成的乌合之众之间进行的心与心的交流。恰好就在我们处于挣扎、伤害、恐惧之中的时候，魏乐德教导了我们。他深入内心，然后从内心深处发出教导。

很多年之后的今天，我仍然陶醉在那些教导、生活和祷告会的影响之中。当然，那是在教区内的教导。我们进到彼此的家中——一起欢笑，一起哭泣，一起学习，一起祷告。其中一些最佳的教育时机产生于那些家庭的活跃氛围。我们可能会在那个家中待到很晚，提出疑问，进行辩论，并将圣经真理运用到实际生活当中。魏乐德会在我们中间走来走去，耐心教导。现在回想起来，那是一种散发着属灵魅力的教导。用智慧来教导，用激情来教导，用心来教导。彼时彼刻，我们仍会有一种神圣感。

第三个影响最初来自于一位路德宗牧师威廉姆·路德·瓦斯维格（William Luther Vaswig，有这么一个名字，他也只好加入路德宗了）。比尔*的教会规模庞大，又有影响力，使我们这个小小的贵格会黯然失色。但是他吸引我的，跟"庞大""影响力"，甚至"路德宗"没有丝毫关系。不，我看到的就是一个渴慕神的人。所以我找到他，说："比尔，你比我更懂祷告，你愿意把你知道的都教给我吗？"

结果，比尔教我祷告的方法，就是祷告——鲜活、诚实、用心、深省、喜不自禁的祷告。我们就这样祷告，久而久之，我们开始经历到盖恩夫人（Madame Guyon）所说的那种"沉浸于神性之中的甘甜"。非常诚恳地说，这和我在《灵修大师》（*Devotional Masters*）中读到的那些经历有着几乎一模一样的感受和味道。

这一深入祷告的行动实际上是一种双重影响。我与比尔

---

* 比尔就是威廉姆牧师。在英文里，"Bill"是"William"的昵称。——编注

共同祷告的经历因着贝丝·夏皮罗（Beth Shapiro）的祷告而得到了强化。贝丝是我们这个小团契的长老们的带领人，有着惊人而坚定的信心。她在一家大医院里做护士，每次上完夜班，她就会在大清早到我们的教会，我们俩（我和贝丝）一起花上一两个小时为人们祷告。我们会为各种各样的人祷告，有我们团契里的人，也有团契之外的人。不管是谁，也不管是什么事，贝丝都要为他们祷告。

我们经常会在祷告之后讨论一些有关神学、信仰和生命的问题。无论我们探讨了什么，贝丝都会在医院里做检验。如果我们讨论圣经中对于"按手礼"的教导，贝丝上班时就会把双手伸进婴儿保育箱的橡胶手套里，将手放在一个早产儿的身上，默默地、热切地祷告，看着那个小家伙逐渐恢复健康。这些就是贝丝会做的事，她不是只做一两次，而是反复不停地做。在贝丝身上，我学到了把有力的灵性带进有限的人性的必要性。

如今，这三个影响形成合力，汇聚在我牧养初期的那些时日当中，其结果是一次悄然进行的彻底革命。在我们这个由贫乏的寻求者组成的团契里，我们一边学习一边实践，学到什么就实践什么。那是令人兴奋的时日，因为我们感觉到我们正在做着具有重大意义的事情。我们都在生活的铁砧板上得到锤炼，锤打出本书中所说的多年以后才体现出来的成果。但是这些影响本身没有促使我开始写作，还需要更多的东西。

三个强力催化剂

这个"更多"以三个独立且截然不同的催化剂的形式出现。第一个催化剂借着比尔·凯特斯（Bill Cathers）的手来临。他曾是一名宣教士，有着不同寻常的洞察力和智慧。事情是这样的：在三天禁食祷告之后，我有感动要给比尔打电话，请他来为我祷告。我所得到的引领就是让他为我祷告，仅此而已；至于他应该为我祷告些什么，为什么要他为我祷告，我是一无所知。收到邀请后，比尔同意过来。

比尔到了之后，第一件事就是开始向我认他的罪。我吃惊地坐在那，心中暗想："他在干什么？他那么属灵，像个圣人似的。"但我没有说出来，只是沉默地等待着。最后，比尔祷告完了，于是我对他说出《约翰一书》1：9的自由宣言："我们若认自己的罪，神是信实的，是公义的，必要赦免我们的罪，洗净我们一切的不义。"

随后，比尔直视着我——看穿了我——非常平静地问我："现在，你还要我为你祷告吗？"他已经看透了我的心！他知道我早把他供奉在高台上，当成了精神领袖来崇拜，而他正在把这座偶像拆毁到底，成为一堆废品。我因他的洞若观火而冷静下来，简单答道："是的，我愿意。"

于是比尔将双手放在我身上，做了祷告。在我曾领受过的最深刻的祷告当中，就有那次的祷告。那次祷告的能力至今仍在我身上。我没法向你转述他的祷告之深广与高阔，但我能够告诉你他说过的一句话，一句充满力量的话、预言性的话。"我祷告，"他说，"赐他一双作家的手。"

就是它。多年以来我一直渴望能够写作。但是我从来没有跟任何一个人说过这个隐秘的欲望。我是羞于启齿。就在那一天，我感到获得了进行写作事工的能力。而当这本书还在几年后的未来里的时候，我就开始给杂志大量写文章，以此作为必要的操练。

第二个催化剂是杜必律（D. Elton Trueblood），一位写了三十六本著作的令人尊敬的作家。那时，我正在太平洋西北地区一个有创新精神的牧师团队里服事，他们的教会被教会增长专家们称为"巨型教会"。那简直是一个无论我干什么都添不了乱的教会。那时也成了我沉淀自己所学并思索它们的更广用途的时期。

在这一时期，我参加了一个贵格会领袖的全国聚会，其中就有杜必律博士。会议结束之后，我和同工吴武牧师（Ron Woodward）又多留了几天，好为未来的几个月做一些布道计划。就在那时，我在旅馆大堂偶然遇到了杜必律博士。对于我这样一个完全陌生的人，他依然带着十足的真诚和友好，这一点怎么夸大都不为过。经过几分钟的交谈，他突然转向我，问我正在写什么书。这个问题来得太过惊人，我结结巴巴地说自己还没准备好要写出一本书那样长度的东西，现在只是在写几篇文章。"嗯，"他若有所思地说，"是的，那很好。但是，**很快**，你必须写一本书！"他的话带着非常强大的权柄和分量，在我的脑海中挥之不去。在那天，他以真理来坚固我。

回到家里，我大胆地给杜必律写信，表明我确实有想法要写一本书，并附上一段摘要，就是今天的《生命的洗练》的摘要。他在回信中言语亲切地鼓励我，并给了我一个严厉的忠告："要确保每一章的内容都迫使读者去读下一章。"正是这一忠告给出了本书的写作顺序。

还有第三个催化剂。前两个经历是强烈而戏剧化的，而最后一个则是拖拖拉拉、不显眼的。它来自于肯和多丽丝，即博伊斯夫妇（Ken and Doris Boyce）。他们是我多年的好友，在我的生身父母穿越死荫幽谷之后，他们两个担负起了做我父母的角色。

他们给了我数不清的帮助。在我读研究生的时候，多丽丝（在计算机尚未问世的遥远年月里）用打字机给我打了很多学期报告，包括我的博士论文。她总是小心地告诉我那些论文写得多好，哪怕是那些技术性太强、她基本看不懂写的是什么的论文，她也会夸上一番。

那些年里，肯一直跟我谈论职场神学，还举例向我阐明。多丽丝始终鼓励我，可能鼓励得过了头。他们俩一直小心翼翼，从不对我的写作做过多评论，却一直让我安心，不要忧愁。他们站在球场边线处为场上的我呐喊助威，在我几乎都不相信自己的时候依然相信我。

在那个关键的时期，肯和多丽丝让我使用他们的房车，让我有空间写作而不被打扰。在房车里，我会坐在那儿，酝酿观点，斟酌字句，再删掉重来。就在肯和多丽丝的那辆房车里，我写下了本书的前几页。

这三段经历令我得以快速地投入到写作当中。但是写作可不是出版。坦白地说，我对于代理人、编辑、校样这些事务一无所知。从写作到书籍出版，要进行一系列的工作，而这些是我力不能及的。

神的三次眷顾

在附近的俄勒冈州波特兰市，正在召开一次作家会议。由于没能提前预约，我无法参加这次会议，但我还是付了这次活动的全额费用，仅仅为了得到与哈珀出版社（Harper & Row）的代表面谈十分钟的机会。我知道哈珀是一家综合出版机构，拥有一个稳定的宗教信仰图书的出版分部，并以出版严肃文学而著称。一个没有出版过作品的作者去找上这样一家久负盛名的出版社，这种事是前所未闻的。颇为幸运的是，我当时并不知道这件事。

就这样，我见到了哈珀的编辑罗伊·卡莱尔（Roy M. Carlisle）。我们聊得不错，他要我发一份完整的出版计划。我立刻照办，并大胆地在附信中写道："本书乃是写给所有因现代文化、包括现代宗教文化的肤浅而幻想破灭之人的。"

卡莱尔先生及时地给予回复。我永远都会记得他的来信的第一句话："一言以蔽之，我们对你的出版计划充满了热情。"那一年，提交给哈珀的手稿一共有七百多份，其中只有我的书稿被接受了。这是为什么？我根本无法想象！

我所不知道的是，神的第二个眷顾也在路上了。就在我与卡莱尔先生谈话的同时，杜必律将我的书籍摘要连同他的衷心推荐信一起寄给了哈珀出版社的宗教信仰类图书出版商克莱顿·卡尔森（Clayton Carlson）。杜必律的三十六本书全都是由哈珀出版的，他和卡尔森先生是老交情了。毫无疑问，他打开了本可能已经向我关闭的大门。这二十多年来，我对于这件事一直毫不知情，直到最近我才从卡尔森先生那里得知。杜必律一次都没对我提起过。

但是这还没完。出版计划既已被哈珀接受了，我就面临一个困境。在教会的服事、预备讲章、医院探访、教牧辅导，等等，都需要我付上全部的精力。与此同时，出版的最后期限也令我陷入恐慌。我该怎么完成这书呢？其实我知道我做不到。那么该怎么办？我困惑了。我能想到的唯一选择就是不写这本书。

在这个关键的节骨眼上，我们的事工团队又一次证明了自己的开明。团队的领袖吴武牧师站了出来，自愿接下所有的讲道任务，直到我完成初稿。这是全然的恩典和舍己的行为。我们的长老们也看出这是一个重要的机遇。就这样，为了更大的基督徒群体的利益，他们把我从所有的牧养义务中解放出来，好让我能集中精力专心写作。我就是这样做的，每天写十二到十五个小时，连续写了三十三天。当然，还有更多的工作需要做，但是这本书的基础架构在那段集中的写作期间完成了。无论在这以前还是在这以后，我都没有像这次这样完全卸去了一切的责任和义务。在我看来，吴武牧师、教会的长老们以及其他的团队成员的做法是受到了神的感动的无私之举。本书就是这样写出来的。

那么，让我来问问你，这本书到底是什么？它不过是纸上涂鸦而已。但是因着神的恩典，这本书得以被使用，在过去二十年中成为改变人的工具。为此我感谢神。这本书的前途又会如何呢？我欢欢喜喜地将它交在神的恩手当中。*Soli Deo Gloria*（荣耀独归神）！

傅士德

1997 年 9 月

导论：引入美好的生活

> 推崇操练是一回事，甘心操练是另一回事。
>
> ——《堂吉诃德》

若想让自己真心实意地进入属灵操练，我们就必须认定，它引我们进入的是一份美好的生活。*我们必须相信这些操练给我们的，不是苦闷而是喜乐，不是奴役而是释放，不是束缚而是自由。

在美好生活的定义上，今天的社会文化带来许多误解。如今所流行的对丰盛或富足的认识，让人越来越难相信神是美善的且要用他的美善充满我们的生活。现代世界里，"美好生活"常被定义为拥有权力、财富、地位以及不受任何人限制的自由。对于何谓丰富的人生，今天的人面对着两套完全对立的教导系统。一套根植于我们身边的文化，另一套根植于亚伯拉罕、以

---

* 我的朋友南加州大学的哲学教授魏乐德博士，最先帮助我看到属灵操练和美好生活的经典讨论之间的关联，他的教导和生活让我看到是什么让生命变得丰盛，我对此十分感谢。

撒和雅各的神那里。两者都声称能让我们过上美好的生活，然而我们必须清楚地看到：两者中只能有一者是真的。

只有发觉这些古典的属灵操练，确实能给我们带来神国度里的丰盛生活，我们才会真心把它们当作好东西。也只有真实地认识到，神及其国度里的生活是美好的，能给我们带来最终的满足，我们才会真心放弃人类发明的"美好生活"。

在圣经里，我们看到神渴望让每一个人都拥有一个丰满的人生。这丰满至少与三样东西相关，它们是供给（provision）、身份（place）和性格（personality）。人类生活的美好，有赖于这三样东西在我们的生命中适当地组合在一起。

供给

供给是一个人活着的必需品。神计划让我们拥有足够的东西去照顾自己。人类社会的一种苦难就是缺乏供给，在第三世界有许多人为此承受着巨大的痛苦。基督教是世界宗教中最唯物的一个，它把物质看得如此重要，因为那是神美好的创造，是为了让我们享受而有的。

旧约圣经有一连串的供给方面的应许。"耶和华你神在你一切的土产上，和你手里所办的事上要赐福与你，你就非常地欢乐。"（申 16：15）注意这里所提到的"欢乐"，正是基于神丰富的供给。新约圣经继续表达了同样的观念，即神会照顾那些信靠他的人。耶稣说得极其明白，那些寻求神的国和义的人，会得到一个快乐人生所必需的供给。我们会比野地里的百合花得到更适当的照料。

与此同时，我们必须觉察到，人们能把关于供给的教导扭曲成他们自己的理论。它可以被曲解为一种追求个人平安和财富的信条，粗糙地表达成"信耶稣，以致富"，有时也会变为更加难以识别、也具相同毁灭性的形式。有趣的地方在于，这些谋取恩典的手段是行得通的。它们之所以行得通，是因为我们的目标是钱。若我们的目标是神国度里的丰盛生活——那个不受贪婪所辖制的圣洁生活——这些手段则无用到了可悲的程度。

我们需要看到的是，供给是一种有限的美好，供给不等于生活，一旦我们把供给当作生活，我们即刻把生活偶像化，并丧失了满足的属灵恩赐。我们永远不可以抹煞供给的美好，但也要始终记得，它是一种有限的美好。

在供给的观念里，我需要提到一个重要的部分，是关于时间上的适度供给。过着碎片化生活的人，将无力感到充实和丰富，因为我们都需要适度的时间去反思、默想、休息和交流。让我们过得不充实的原因有很多，但根源在于活得不够简单，没有活在基督教的简朴的恩赐之中。你会看到，属灵操练里面的默想、独处和简朴，在很大程度上与我们对供给的认识有着密切的关联。

身份

身份是美好生活的第二个基本元素。它体现在被双方理解和接纳的关系之中，从这些关系的定位中，我们才有了"身份"。当我说身份必须"被双方理解"，我是指关系里的人需要对彼此的身份形成共识；当我用"接纳"一词，我是指身份应当被视为一个好东西（尽管它在今天常被当作坏东西）。

显然，身份的社会功能意义大于它的地理意义。当我们说难民是"丧失家园的人"（displaced persons），我们不只是指他们被迫背井离乡，更多是指他们在原有社群中的"根"被破坏了，他们作为一个人的身份定位也因此损坏了。

圣经大量地谈到了有关身份的事。在旧约圣经的社会里，老人、寡妇和孤儿都有自己的身份。但在今天的主流社会里，这些人没有真正的身份（在今天的教会里，离婚的人很艰难地寻找着身份，独身之苦已是当代社会的一大痛苦）。

新约圣经将教会描绘为各种身份的组合。当使徒保罗谈到属灵恩赐时，他将不同的信徒描绘成基督身体的不同部位。使徒、先知、传福音的、牧师、教师，以及一切的属灵恩赐，都有各自的身份和功能。新约书信对丈夫与妻子、父母与子女、主人与仆人进行了大量的敏锐而合理的描述。在我们的时代，很多人严重误读了这些指导，把它们用作控制和操纵他人的工具。另外一些人则对身份的刻板模式充满了恐惧，因而抗拒一切关于身份的观念。这两类人都没能理解圣经的教导，结局都不快乐。

我们必须明白，没有身份的人生绝对不是丰盛的人生。这一观点在今天非常受挫，对那些因自己的身份而受到压迫的人来说尤其如此。我们需要拒绝那些压迫人的身份，但我们不能没有身份。只要我们还是人，还是有限的存在，我们就必须拥有身份、角色和功能。

你很快会发现，在属灵操练里面的顺服、服事和引导，都与身份有着直接的关系。

性格

丰盛人生所需的第三个元素叫做性格。性格内置于我们，让我们以某种固定的方式或根深蒂固的习惯去表现自己。这对我们来说是一个大问题，因我们都有自己总也胜不过的习惯。正因如此，救赎在我们身上的工作，也主要表现在我们生活习惯的转变上。如果我们要体验美好的人生，就需要培养出一些深厚的习惯。反过来，我们也需要从一些根深蒂固的习惯中得到解脱。受控于习惯是我们奴性的表现所在，而我们的自由也将在此被发现。总的来说，我们需要的是能力，让神的能力进入生活去转化习惯的套路。

耶稣曾对使徒彼得的问题做出了如下诊断："你们心灵固然愿意，肉体却软弱了。"他的话生动地描绘了我们许多人的处境——我们虽想做正确的事，却无能为力。然而耶稣无意让这个问题一直存在于彼得身上，他也不打算让我们如此。圣经教导了我们，如何在当下的生活里让身体与心灵相互协调，去顺从神之道。

不过，这不是那种我们随便走上几步就能到达的幸福彼岸。它需要我们自愿地接受并主动地在生活中活出我们的选择，使我们被置于神手中，以便他给我们带来所需要的转变。本书最大的任务，就是把这一过程描述出来，并指出人的性格是如何被圣灵的能力所转化的，它乃是成圣的实践指南。

律法与仪式的失败

我们都察觉到，自己的生命中缺乏对神良善的引导的认识。在狂热而仓促地迈向舒适生活的途中，我们拜倒在物质主义的金牛犊脚前。想要驱除消费主义的魔鬼时，我们又矫枉过正，没有顾忌到家庭生活的宜居性和子女上大学的权利。或者，当我们决意认识自己，却在过程中发展出了自以为是的心理习惯，演变为露骨的自负。又或者，当我们刚刚告别暴饮暴食的恶习，却发觉易怒的毛病开始浮上水面。当我们终于成功地把一切掌握在可控范围里，深深内化的骄傲又开始遍布我们全身。

人性中爬满了罪恶，这一点对所有人来说都无比真实。它唯一的用途就是清楚地显示出，我们在进入神国度的美好生活上是多么无能。

从一开始，人类就致力于从这种悲催的窘境中解救自己，我们都把律法和仪式作为解决困境的普遍手段。我们或是建立一系列的律法，希望它能够适用于所有的情形，或是建立一套宗教仪式。高教会（high church）注重仪式，低教会（low church）注重律法，究竟用律法还是用仪式，其实无关紧要，两者是一枚硬币的两面。不论是律法还是仪式，在转变人性上都毫无用途，如耶稣所说，它完成的是一些漂亮的表面功夫，即"粉饰的坟墓"（太 23：27）。为了完成律法和仪式的要求，需要大量用到意志力。只是这种努力注定会失败。保罗·杜尼耶（Paul Tournier）写道："倚赖自己的意志或良好的决心，特别是用来对抗本能的冲动和复杂而强大的宿命心理，从来就是自寻败路。它所制造的长久的内在冲突，将会毁掉一个人的力量，而不是坚固这个人。"

意志有其位置，只是不在于转化内在人格。意志的功用在于决定将我们的生活交付神手中，让他能够在我们里面工作，就像属灵先辈所说的那样："我已经决定，要跟随耶稣。"这个决定是持续的，正如跟随耶稣是一个持续的过程一样。意志是属灵操练中很重要的一个部分，但我们成为义，从不是因着意志的努力。义是神所赐的礼物，随着我们将自己置于神手中而来。

属灵操练的功能至此已经清晰。它们是接受神的恩典的**工具**。神所愿的，乃是赐给我们一种生活，在其中，我们的生活所需得到照料，个人身份得到厘清，内在生命得到完整和统一。为此，耶稣基督来到世上，生活，死去，又复活，成为我们永活的先知、祭司和君王。基督里的救恩，并不仅仅是罪得赦免和死后上天堂，而是破除罪的权势，让我们现在就得以活在全新的生命里。

神国度里的美好生活闯入我们的心，是单单凭借他的恩典。我们不只被救恩所救，更要靠它而活，只是我们必须看到，我们都在这一出神圣的剧集中有一个角色（如果我们想要摆脱古代的反律法主义 [antinomianism] 的异端思想，这一点至关重要）。说得清楚一点，我们只是一场盛大表演中的一个虽然小、却很重要的角色。我们的工作——我们全部的工作——就是让自己置身于基督之道，邀请他在我们的生活里作工，包括个人的和集体的生活。属灵的操练，不过是在尝试描述出如何去完成这份工作。它们是对蒙恩之道的概述，就是我们置身于神手中之后所领受的那恩典。操练只能领我们到这一步，无法给我们更多。在此之后，没有任何人能够再进半步。变化乃是神的作为，当它来临，我们只需欢喜赞叹："奇异恩典，何等甘甜，我罪已得赦免！"

读经日程

现代思想家所谈的"美好生活"，被圣经作者称为"敬虔生活"。我们对此的认识，可以通过研习圣经上的那些行走于神的喜乐之中的人物而得到无限的提升。

- 星期日：耶稣基督：美好生活的至善（*Summum bonum*）
（全四卷福音书，从《马可福音》开始）

- 星期一：亚伯拉罕的榜样（创 12—25 章）

- 星期二：以利亚的榜样（王上 17—19 章；王下 1—2 章）

- 星期三：大卫的榜样（撒上 16—27 章；撒下 1—12 章，22：1—23：7）

- 星期四：但以理的榜样（但 1—12 章）

- 星期五：彼得的榜样（福音书；徒 1—5 章，10—11 章；也可以看彼得的书信）

- 星期六：保罗的榜样（徒 9 章，11—28 章；也可以看保罗的书信）

推荐阅读

没有什么比阅读历代圣徒的生平，更能让人直观地了解美好人生，并栩栩如生地展示出我们自己灵程的意义。他们能振奋我们的心灵，帮我们摆脱时代的误导，给我们榜样去效仿：

* Anderson, Courtney. *To the Golden Shore: The Life of Adoniram Judson*. Grand Rapids, Mich. Zondervan Publishing Co., 1977.

  这是一部动人的故事，讲述了耶德逊如何付出巨大的代价，让福音深种于缅甸的过程。

* Brainerd, David. *The Life and Diary of David Brainerd*. Edited by Jonathan Edwards. Chicago: Moody Press, 1980.

  在这本优秀的著作里，约拿单·爱德华兹重构了那位在北美印第安人中拓荒的敬虔宣教先锋的内心冲突与挣扎。（中文版：爱德华兹编著，《毕大卫传》，冬霞译，兰州：甘肃人民美术出版社，2015年。——编注）

* Brother Ugolino de Monte Sants. *The Little Flowers of St. Francis*. Translated by Raphael Brown. Garden City, N.Y.: Image Books, 1958.

  法兰西斯的早年故事，能让你愉悦、吃惊，并大受挑战。（中文版：乌戈里尼著，《灵花：圣法兰西斯的故事》，张伯怀译，北京：宗教文化出版社，2011年。载于《中世纪灵修文学选集》第二部分。——编注）

* *The Confessions of Saint Augustine*. Translated by Edward B. Pusey, D. D. New York: Collier Books, 1961.

本书是一场充满张力的灵性探索，作者注定成为基督教历史上的重要角色。（中文版：奥古斯丁著，《忏悔录》，周士良译，北京：商务印书馆，1997 年。——编注）

- Fitt, A. P. *The Life of D. L. Moody*. Chicago: Moody Press, 1979.

  一个敢于全然委身、并以此期待神作为的传道人的故事。（中文版：费德著，《慕迪传》，香港：证道出版社，1957 年。——编注）

- Fox, George. *The Journal of George Fox*. Edited by John Nickalls. New York: Cambridge University Press, 1952.

  作为第一本现代日志，这本书为之后的许多日志设立了标杆，效仿者包括著名的《约翰·卫斯理日记》（*Journal of John Wesley*）。作者是十七世纪贵格会的重要人物，其文字充满了力量和活力。（中文版：佛克斯著，《佛克斯·佐治自传》，许牧世译，香港：基督教文艺出版社，1991 年。该书收录于《基督教历代名著集成：贵格派文集》。——编注）

- Grubb, Norman. *Rees Howells: Intercessor*. Ft. Washington, Penn.: Christian Literature Crusade, 1979.

  一个威尔士人的故事，以祷告为他生命中最显著的标记。（中文版：诺曼·格鲁伯著，《代祷使徒豪威尔》，陈怡礽译，新加坡：禾稼出版社，2015 年。——编注）

- *Journals of Jim Elliott*. Edited by Elizabeth Elliott. Old Tappan, N.J.: Fleming H. Revell, 1978.

  一本力量十足的日记，作者是二十世纪中叶在奥卡族印第安人中宣教的五位殉道者之一。

- Julian of Norwich. *Showings*. Translated by Edmund Colledge, O.S.A., and James Walsh, S.J. New York: Paulist Press, 1978.

  本书记述了神之爱的十六种启示，是作者朱利安娜所得的异象。她是十四世纪的一位英国神秘主义者。她对神的母性一面的认识，以及她本人的故事，都让今天的人格外感兴趣。（中文版：朱利安娜著，《爱的启示》，陈嘉恩译，香港：循道卫理联合教会文字事工委员会，1990 年。该书收录于《灵修经典名著小丛书》，第 11 册。——编注）

- Madame Guyon. *Madame Guyon: An Autobiography*. Chicago: Moody Press, n.d.

  知名度很高的一部著作，十七世纪的一位神秘主义者为了信仰而入狱，这是期间对她自己的生活的内省。（中文版：盖恩夫人著，《馨香的没药》，俞成华译，香港：基督徒出版社，2002 年。——编注）

- Merton, Thomas. *The Seven Storey Mountain*. New York: Harcourt Brace, 1948.

  二十世纪早期最著名的一位严规熙笃会修士的故事，你可能会想要结合着莫妮卡·弗隆（Monica Furlong）所写的那本优秀的传记 *Merton: A Biography* 一并来读。（中文版：多玛斯·牟敦著，《七重山》，方光珞、郑至丽译，上海：上海三联书店，2008 年。——编注）

- Müller, George. *Autobiography of George Müller*. Edited by H. Lincoln Wayland. Grand Rapids, Mich.: Baker Book House, 1981.

乔治·穆勒的自传。这个人仅以祷告作为他的孤儿事工和其他服事的全部资源，借此向我们阐释了何谓信心。

- *Pascal's Pensees*. Translated by W. F. Trotter. New York: Collier Books, 1960.

  简要地陈述了关于生命和死亡的道理，作者是十七世纪的一位备受赞许的法国科学家、发明家、心理学家、哲学家和基督教护教家。（中文版：帕斯卡尔著，《思想录》，钱培鑫译，南京：译林出版社，2010 年。——编注）

- Sadhu Sundar Singh. *At the Master's Feet*. Translated by Rev. Arthur and Mrs. Parker. Old Tappan, N.J.: Revell Company, 1922.

  用动人的文字讲述了信心的生活，作者被称为"印度的使徒保罗"。想要了解他充满感染力的人生故事，可以去读西里尔·戴维（Cyril J. Davey）写于 1980 年的传记《孙大信传》（*Sadhu Sundar Singh*）。（中文版：孙大信著，《于主之膝下》，周文哲译，台北：教会公报出版，2008 年。傅士德所推荐的孙大信传记暂无中译，有意者可参阅：刘翼凌著，《印度圣徒孙大信》，香港：晨星出版社，1993 年。——编注）

- Seaver, George. *David Livingstone: His Life and Letters*. New York: Harper and Brothers, 1957.

  李文斯顿在非洲拓荒的感人故事，这个人在宣教和废止奴隶交易两方面功勋卓著。（该书暂无中译，国内现有的李文斯顿传记是：张文亮著，《深入非洲三万里：李文斯顿传》，兰州：敦煌文艺出版社，2006 年。——编注）

- Sheen, Fulton J. *Treasure in Clay: The Autobiography of Fulton J. Sheen*. New York: Doubleday, 1980.

  一本亲切的自传，作者是一位主教，因着广播和电视系列节目而被美国人所熟知。

- Taylor, Dr. and Mrs. Howard. *J. Hudson Taylor: A Biography*. Chicago: Moody Press, 1965.

  将福音带入中国内地之人的故事，看他如何一直学习以非凡的方式踏上信心的旅程。（该书暂无中译，国内现有的戴德生传记有：戴德生著，《带着爱来中国：戴德生自传》，陆中实译，北京：人民日报出版社，2004 年。——编注）

- Walker, F. Deauville. *William Carey: Father of Modern Missions*. Chicago: Moody Press, 1980.

  这是那一位向全世界呼吁"望神行大事，为神行大事"之人的生平故事。（该书暂无中译，有意者可参阅：苗柏斯著，《克里威廉：近代宣教之父》，徐成德译，香港：大使命基督徒团契，1995 年。——编注）

- Wesley, John. *The Journal of John Wesley*. Edited by Percy Livingstone Parker. Chicago: Moody Press, 1951.

  这本日记的作者曾大胆地宣告："世界是我的教区"，就是他发起了循道运动。（中文版：约翰·卫斯理著，《约翰·卫斯理日记》，王英、闫永立译，兰州：甘肃人民美术出版社，2013 年。——编注）

- Woolman, John. *The Journal and Major Essays of John Woolman*. Edited by Phillips P. Moulton. New York: Oxford Press, 1971.

在我看来，在所涉及的话题上——种族歧视，战争与和平，对神的信心等等——这是所有日记中最切合时代的一本。（中文版：伍尔曼著，《约翰·伍尔曼日记》，翟蓉译，北京：北京理工大学出版社，2013 年。该书收录于《哈佛百年经典》，第五卷。——编注）

1 属灵操练：释放之门

> 我把一生当作客旅，朝永恒前进。我本是按
> 神的形像造的，但那形像受损了，因此需要受教，
> 才懂得如何去默想、敬拜和思考。
>
> ——唐纳德·坷根（Donald Coggan）

我们这个时代的祸因是浅薄。事事寻求立时的满足乃是一种基本的灵性病症。今天最迫切的需要，不是聪明能干的人，或大有恩赐的人，而是有生命深度的人。

古典的灵性生命的操练*，号召我们越过生活的表面，进入深处，邀请我们去探索属灵境界的内在洞府，催促我们要成为这个空虚世界的答案。约翰·伍尔曼劝告我们："居留深处对你有益，因为这样你才可以感觉和了解人的心灵。"[1]

不要以为这些操练是属灵伟人的专利品，超乎我们能力范

---

* 你可能会稀奇，为什么我将所描述的操练称为"古典的"（classical）。它们之所以称为古典的，不单因为古老（虽然各世纪以来一些真诚的人都曾加以实行），乃是因为对讲究经验的基督教而言，这些操练是**中心的**。所有的灵修大师都肯定这些操练之必需。

围之外；也不要以为它们属于致力于默想的人，就是把全部时间用来祷告和默想的人。事实并非如此。神的意思是，灵性生命的操练属于平凡的人，就是那些有职业的人、照料孩子的人、在厨房里洗碗和在后院割草的人。事实上，这些操练最好在人际关系中实施，就是在夫妇、友人、兄弟姐妹、邻里之间的关系中实施出来。

我们也不要以为属灵的操练是枯燥乏味的苦役，目的是要在世上消灭欢笑。不，喜乐才是一切操练的主调。操练的目的是要把人从那令人窒息的自私和恐惧的奴役中释放出来。让一个人的心灵从令他消沉的事物中获得释放，实在很难说是枯燥乏味的苦役。歌唱，跳舞，甚至欢呼，都是灵性生命操练的特色。

就某种重要的意义而言，属灵的操练并不太难。*我们无需在神学上有极高的造诣才能实行这操练。新近悔改的人——在这一点上，也包括那些还未将他们的生命交托给耶稣基督的人——都当实行这样的操练。基本的条件是对神有渴慕的心。诗人写道："神啊，我的心切慕你，如鹿切慕溪水。我的心渴想神，就是永生的神。"（诗 42：1—2）

欢迎初学的人。我自己也是一个初学者，虽然我对本书所讨论的每一种操练都曾实行过好几年，甚至可以说，由于曾经实行这些操练好几年，我更觉得自己是一个初学者。正如多玛斯·牟敦（Thomas Merton）所说的："我们都不想做初学者。

---

* 另一层意义上，属灵操练又实在很难，后面会详加讨论这一层。

可是让我们深信一个事实，就是我们一生都不能超越初学者的范围之外!"²

《诗篇》42：7说："深渊就与深渊响应。"也许在生命的隐密之处，你曾听见一种声音号召你进入更深、更完满的生命。也许你对那轻浮的经验和浅薄的教训已经厌烦了。你不时地瞥见一些前所未知的东西，你的内心渴想进入深处。

那些听见心灵深处的呼唤，并渴望探索属灵操练的世界的人，会立即面临着两种困难。第一是哲学上的：我们这个时代的物质观念已经那么普遍地渗入到每样事物，以致人们对达到物质以外之境界的能力大有怀疑。其实，许多一流科学家已经超越了这样的怀疑，晓得我们不能被困于一个时空的箱子里。可是普通人则受到流行的科学影响，殊不知这些流行的科学早已落伍了一个世代，并且对非物质世界怀有成见。

我们的心理状态实在被这种流行的科学渗透了。比方说"默想"这件事，许多人都不会把它当作人与神之间的相遇，只认它是心理上的巧妙操纵。通常人们对短时间涉足于"内心旅程"会予以容忍，但随即便要返回"实际"的世界继续他"实际"的事务。我们需要有勇气超越这个时代的成见，与我们中间一班最优秀的科学家共同肯定：除了物质世界以外，还有别的境界存在。我们要站在理智的立场，诚诚实实、甘心乐意地去研究并探索另一境界，竭尽全力，下决心去探讨，正如在别的学科上做研究时一样。

第二个难题是实践方面的：我们简直不晓得如何去探索内在的生命。这情形并非向来如此。在公元一世纪和更早的时期，并不需要教导人如何去"做"灵性生命的操练。圣经呼召人们去做这样的操练，例如禁食、默想、敬拜和庆祝，却几乎完全没有指示人该怎样去做。理由很明显，当时的人们经常做这样的操练，这些操练已成为当时的普通文化的一部分，以致"怎样去做"已成为普通的常识。比方，禁食是那么平常的一件事，以致无人需要询问，在禁食之前要吃什么，或者怎样停止禁食，或者在禁食期间怎样避免晕眩——人们早已晓得这一切。

我们这个时代的人则不然。今天人们对于一切古典的属灵操练中最简单、最实际的问题都几乎毫无所知。因此任何有关这类题目的书籍都必须提供实际的指导，严格地去说明我们要如何去实行这些操练。不过，我们首先要提醒大家的是，懂得操练的技巧，并不意味着我们懂得操练。属灵的操练注重的是内在的灵性状况，要达到灵性生命的真实境界，内心的态度比技巧重要得多。

当我们热衷于各项属灵操练时，可能会忘记"操练"的本意。蒙神悦纳的生命不是去完成一连串的宗教责任。我们只有一件事要做，就是去经历一种与神亲密联络交通的生命。这位神是"众光之父……在他并没有改变，也没有转动的影儿"（雅1：17）。

积习之奴役

习惯上，我们认为罪乃是个人对神不顺服的行为。这虽然不错，但圣经还有进一步的说法。*保罗在《罗马书》中时常把

---

* 罪所涉及的问题非常复杂，希伯来文圣经中关于"罪"有八个不同词汇的表达。

罪看作折磨人类的一种境况（罗 3：9—18）。罪借着"身上的肢体"显明出来，那就是身体的积习（罗 7：5 以下）。没有一种奴役能与积习的奴役相比。

《以赛亚书》57：20 记载说："惟独恶人，好像翻腾的海不得平静；其中的水常涌出污秽和淤泥来。"海不必做什么特别的事，便能产生污秽和淤泥，那是它自然活动的结果。当我们在罪的情况下，情形也是如此。我们生命的自然活动便会产生污秽和淤泥。罪乃是我们生命内在结构的一部分，不用特别努力就会产生。无怪乎我们觉得被困在其中。

我们对付根深蒂固之罪的办法，一般是加以正面攻击。我们会倚靠自己的意志力和决心。无论面临的问题是什么——忿怒、怀恨、贪食、骄傲、性欲、醉酒、恐惧——我们都决心不再去做，用祷告去抵抗它，向它宣战，立志奋斗。然后一切都归于徒然，我们再次发觉自己在道德上破产。或者更糟，竟以外表上的公义而自傲，以致我们的情况简直比"粉饰的坟墓"更坏。海尼·阿诺德（Heini Arnold）在《罪思之解脱》（*Freedom from Sinful Thoughts*）那本杰出的小书中写道："我们要清清楚楚地说明，我们不能借着运用自己的'意志'去释放和净化心灵。"[3]

在《歌罗西书》里，保罗列出了一些人们用以控制罪的外表形式："不可拿，不可尝，不可摸。"然后加上一句说："这些规条使人徒有崇拜意志的智慧"（西 2：20—23，根据 KJV 译本直译）。"崇拜意志"——这短语多么有力，对我们生活的许多方面又描绘得多么深刻！当我们自觉能够单靠我们的意志力胜过我们的罪的一刻，便是我们崇拜意志的时候。保罗看着我们在灵程上最艰辛的努力，称它为偶像崇拜——"崇拜意志"，这难道不是有点讽刺吗？

运用意志力在对付根深蒂固的罪的积习上永不能成功。埃米特·福克斯（Emmet Fox）写道："当你在精神上抗拒任何不良的或不受欢迎的情况时，你便赋予它更多的力量——它会使用那力量去对抗你，你也会按那抵抗力的程度，耗尽你自己的资源。"[4] 海尼·阿诺德的结论是："只要我们以为我们能够借着自己的意志力去拯救自己，我们便只会使我们里面的邪恶越发坚强。"[5] 所有灵修生活的伟大作家都曾体验过同样的真理，从圣奥古斯丁到圣法兰西斯，从约翰·加尔文（John Calvin）到约翰·卫斯理（John Wesley），从亚维拉的德兰到诺威奇的朱利安娜。

"崇拜意志"在短期内可能有成功的迹象，可是我们生命中的缺隙和裂口，那些心灵深处的情况，时常会显露出来。当耶稣说到法利赛人外表上所显示的义时，他是在描述上述的情况："因为心里所充满的，口里就说出来……我又告诉你们：凡人所说的**闲话**，当审判的日子，必要句句供出来。"（太12：34—36）凭借意志，人们能够暂时有好的表现，可是迟早在不经意中，"闲话"就会漏了出来，把内心真实的情况显露无遗。如果我们满有怜悯，它会显露出来；如果我们满有苦毒，它也会赤露无遗。

并不是说我们存心如此。我们无意大发雷霆，也无意展示那令人讨厌的倨傲。可是当与人相处的时候，我们的**为人便**

自然显露出来。虽然我们可能竭力设法掩藏这些事，可是我们的眼睛、我们的舌头、我们的下颚、我们的双手、我们全身的"身体语言"都把自己暴露出来。意志力不能抵抗闲话和漫不经心的片刻。意志与律法一样，有同样的不足之处——它只能对付外表的东西，不足以带来所需要的内心的改变。

属灵操练开启门户

当发觉无法借着意志力和决心去获得内在改变时，我们便开始有一种奇妙的新体认：原来内在的义乃是从神而来的礼物，要以亲近的态度去接纳。我们里面所需要的改变是神的工作，不是我们的工作。所需要的是内在的事工，只有神才能从里面施行他的作为。神国的义是赐下的恩典，不能靠自己达成或者赚取。

在《罗马书》里保罗花了极长的篇幅去显明那义[*]是神的恩典。他在那卷书信中采用这术语共三十五次，每次都强调，那种义不是、也不可能借着人的努力得到。其中最清楚的说法之一是《罗马书》5：17："……那些受洪恩又蒙**所赐之义**的，岂不更要因耶稣基督一人在生命中作王吗？"这教训不单在《罗马书》中，在全部圣经中都是如此表明，显然是基督教信仰的房角石。

一旦把握住这种令人惊异而兴奋的见识，我们立即又有陷

---

[*] 这包含客观的义和主观的义。在本书中，我们讨论的是主观的义之问题（或许你喜欢另一神学术语"成圣"）。不过，一件重要的事是，我们必须了解这二者都是从神而来的仁慈的礼物。事实上，圣经并未像神学家习惯的那样，把客观的义和主观的义清楚地划分出来。这纯粹是因为圣经的作者们认为，说一个人有其中一项而没有另一项，乃是十分可笑的。

于相反方向的错误之危险。我们会受到一种引诱，即以为自己完全不能做什么。假如一切人为的努力都会陷于道德上的破产（我们尝试过以后，晓得事情果真如此），假如义乃是从神而来的一种仁慈的恩赐（正如圣经清楚说明的），那么，理所当然的结论岂不是说，我们必须等待神来改变一切吗？奇怪的是，答案是否定的。那分析是正确的——人的努力**是**不够的，义**是**从神而来的一种恩赐——不过结论却错了。令人高兴的是，有些事我们能够做到。我们无须陷于进退两难的境地——或尽力工作，或袖手旁观。神已经赐给我们灵性生命的"操练"，作为接纳他的恩赐之媒介。这些"操练"容许我们把自己摆在神面前，叫他能够改变我们。

使徒保罗说："顺着情欲撒种的，必从情欲收败坏；顺着圣灵撒种的，必从圣灵收永生。"（加6：8）保罗的类推法是很有意义的。一位农夫不能叫五谷生长，他所能做的只是提供适当的条件，叫五谷得以生长。他耕耘土地，他撒下种子，他浇灌植物，然后由土地的自然力量接管，五谷便长了出来。灵性操练的方法也是如此，它们乃是在灵里撒种的工夫。这些操练乃是神把我们放进土中的方法，通过操练，叫神能够在我们里面运行，改变我们。灵性操练本身不能做什么，它只能把我们安放到一处，在那里神可以在我们身上施展他的大能。这些操练只是神恩典的媒介。我们所寻求的内在的义，不是倒在我们头上的东西。神已经规定这些灵性生命的操练，作为一种媒介，把我们安置在一处地方，好赐福给我们。

从这方面看来，我们可以正当地说，这是"操练的恩典之道"。它是"恩典"，因为它是免费的；它是"操练"，因为其中有一些我们要做的事。迪特里希·朋霍费尔（Dietrich Bonhoeffer）在《做门徒的代价》（*The Cost of Discipleship*）一书中清楚说明过：恩典是免费的，但并不廉价。神的恩典不是赚取的，也不能赚取，如果我们期望在恩典中成长，我们就必须有意识地在个人和群体的生活层面上都采取行动。属灵上的成长，就是操练的目的。

把前面所讨论过的要点，用一幅假想的图画表达出来，对我们可能会有帮助。试着想象一条又长又窄的山脊，两边都是悬崖峭壁。右边的深谷是因着人为的努力去追求义所带来的道德破产。在历史上，这个深谷被称为道德主义（moralism）的异端。左边的深谷是由于缺少人为的努力所带来的道德破产。这个深谷则被称为反律法主义的异端。在那条狭长的山脊上有一条小径，就是灵性生命的操练。这条小径引领我们到所寻求的内在改变和医治上去。我们永不可飘向左边或右边，而要保持在这条小径上。这条小径满有艰难，但也有难以言喻的喜乐。当我们在这条小径上前行的时候，神的福气会临到我们，在我们身上重建他儿子耶稣基督的形象。我们必须时常谨记，并非这条小径产生这种改变；它只是把我们安置在一处地方，在那儿能够产生这种改变。这就是操练的恩典之道。

在道德神学上有一种说法："美德不难"。只有神恩慈的作为接管了我们的内心，把我们生命中的积习改变了，这话才是真的。在未曾达到这地步之前，美德很难，实在极难。我们尽力要显示可爱和满有怜悯的心，然而这好像要从外面带进一些东西来。可是从内心深处浮起了我们不想要的东西，就是一种刺痛和怀恨的心意。不过，当我们在操练的恩典之道上生活了一个时期以后，我们会发觉内在的改变。

我们所做的不过是接纳一件礼物，然而我们晓得这些改变是真的。我们晓得它们是真的，因为发觉从前极难有怜悯之心，如今轻易就有了。事实上，如今觉得困难的事是满有怨恨在心。属神的爱已经进入内心，接管我们的习惯模式。在不经意的时刻，从我们生命的内在圣所中自然地流露出"仁爱、喜乐、和平、忍耐、恩慈、良善、信实、温柔、节制"（加 5：22—23）。无需极力设法向人隐藏内在的我，不必力求做到良善和仁慈，因为我们**就是**良善和仁慈的。要抑制那良善和仁慈倒是一件不容易的事，因为良善和仁慈已是我们本性的一部分。正如我们生命的自然动作曾经一度产生污秽和淤泥，如今它们结出"公义、和平并圣灵中的喜乐"（罗 14：17）。莎士比亚注意到，"怜悯的特质是不出于勉强"——任何属灵的美德掌管了我们的性情以后，都不是出于勉强。

死亡之道：把操练变为律法

属灵的操练原是为了我们的好处而设的，要把神的丰盛带进我们的生命中。然而，它们也可能转变为另一组窒息灵性的律法。被律法所捆绑的操练发出死亡的气息。

耶稣教导说，我们必须超越文士和法利赛人的义（太 5：

20）。然而我们必须看出，他们的义并非等闲之事。他们决心要顺从神的旨意而行，那种专心致志的态度是我们中许多人所不及的。不过，他们的义一直都有一个核心，就是**外在主义**（externalism）。他们的义在乎控制外在的事物，通常包含对他人的操纵。我们的义超越文士和法利赛人的义到哪一种程度，可从我们的生命彰显神在我们心中所做的内在工夫到哪一种地步看出来。确实，它会有外在的果效，但那工夫是内在的。当我们热心于属灵的操练时，很容易把这些操练变为文士和法利赛人的外在的义。

当操练贬抑为律法时，它们会用以操纵和控制人。我们会运用一些清楚的命令去约束别人。属灵操练的结果如此变质是因为骄傲与恐惧。骄傲是因为我们相信自己属于好人之列，恐惧是因为控制他人的力量带来一种担忧，诚恐失去控制，并且担心被别人控制。

如果我们在这趟属灵的旅程中要有进步，使操练不成为诅咒，而成为祝福，那么我们的生命必须到达一个地步，在那儿我们要把总想控制别人的永恒重担放下。比起其他任何一件事，控制别人的欲望更能引导我们把属灵的操练变为律法。我们一旦制定了一条律法，便制造了一种"外在主义"，我们便会用来衡量别人，看看谁符合那条律法的标准，谁又不合标准。没有律法，这些操练基本上是一种内在的工夫，是不能加以控制的。当我们真诚地相信内在的改变不是出于自己，而是神的作为时，我们便能放下迫切想要改正他人的热心。

我们必须谨防，自己是多么容易急忙抓住这个字句或那个字句，把它变为一条律法。一旦这样做的时候，我们便难免要承受耶稣对法利赛人的严厉责备："他们把难担的重担捆起来，搁在人的肩上，但自己一个指头也不肯动。"（太23：4）在这些事上，我们需要把使徒保罗的话牢记在心："我们不是凭着字句，乃是凭着灵去处理。律法的字句导致灵魂的死亡；惟独神的灵才能赐生命给灵魂。"（林后3：6，根据 Phillps 译本直译）

当我们进入属灵操练的内在世界时，常有把它们变为律法的危险。不过神没有把我们留在自己人为的计谋中。耶稣基督已经应许要作我们时刻的教师和向导。他的声音不难听到，他的指示不难了解。如果我们开始把那应该时常保持活跃和长进的东西硬化，他会告诉我们。我们可以信任他的教训。如果我们偏向一些错误的观念，或者无益的行动，他会引导我们回头。如果我们愿意聆听这位属天的监督，便会得到所需的指示。

我们的世界亟需真正改变了的人。托尔斯泰有深入的观察，他说："每个人都想改变人类，却没有人想改变自己。"⁶让我们加入这样一群人：坚信生命的内在改变，是一个值得全力追求的目标。

进深研究

当你开始研究本书所提的各项操练时，会遇到几个陷阱，事先的警告可能会帮助你规避。我只简单列举七个陷阱——当然还有许多！

第一个陷阱是，企图把各项操练变为律法。律法主义窒息心灵，使人不能与神同行。僵化的人不是有训练、有规律的人。僵化是一个最可靠的征兆，表明操练已经衰颓。一个有训练、有规律的人，当一件事必须做成时，他能够去完成。一个有训练、有规律的人能够审时度势地生活。一个有训练、有规律的人好像漂浮的气球，能够随着神圣恩典的运转而移动。我们要常常谨记，各项操练都是对生命的深入感悟，而不是为了控制生命而定的戒律。

第二个陷阱是，不了解各项操练的社会含义。这些操练不是为一班虔诚人所定的一套敬虔的训练法则，而是号角，号召人在一个被罪恶败坏的世界过顺服的生活，在一个被战争困扰的世界行出和平，在一个被不平等所折磨的世界呼召公义，在一个忘记了邻舍的世界与贫苦和被剥削了应有权利之人站在一起。

第三个陷阱是，把各项操练本身看作具有良善价值的东西。其实各项操练本身并无道德价值，它们不持有公义，也不包含正直。法利赛人就是看不出这点重要的真理。这些操练把我们放在神面前，它们本身不会使我们在神眼中有何精致的优点。

第四个类似的陷阱是，把我们的注意力集中在各项操练上，而不是集中在基督身上。各项操练的目的是要体现更大的良善；那更大的良善就是基督本身。他才是我们始终关注的焦点和追求的目标。

第五个陷阱是，倾向于把某种操练孤立起来，高举它过于其他操练，甚至忽视其他的操练。其实各项操练有如圣灵的果子——它们构成了一个统一的实体。比方说，我们有时被禁食吸引，以致竟以为这种操练包含着整幅图画。这样一来，我们就把一棵树当作了整座森林。我们必须不惜任何代价去防止这样的危险。属灵生命的操练是一个有机的整体，一条单一的途径。

第六个陷阱是，认为这本书中提及的十二种操练，已把神施恩的媒介或方法说尽了。我没有一张包罗无遗的基督徒操练清单，而据我所知，也没有这样一张名单存在，因为有谁能局限神的灵呢？这本书只不过是尝试把圣经作者以及教会历史中历代圣徒提及的灵修行动编在一起，这些灵修方法都是实验得来的重要法则。然而，基督要比任何描述他与他子民沟通的方法大得多。他不能被任何系统所局限，不管那系统是多么美善。

第七个陷阱是最危险的，那就是只研究这些操练而不加以体验。只抽象地讨论这些操练，为它们的性质和合理性争辩不休，这些我们能够相当安全地做到。反倒是踏出这范围，进入体验中，会对我们为人的本质有所威胁。不过，并没有其他办法，我们必须以祷告的心态，慢慢地——也许是满怀着恐惧和疑问——进入到这种圣灵里的冒险生活。

读经日程

- 星期日：渴望进深（诗 42 篇）
- 星期一：受制于根深蒂固的积习（诗 51 篇）
- 星期二：受制于根深蒂固的积（罗 7：13—25）
- 星期三：外表公义的破产（腓 3：1—16）
- 星期四：身体各部分所犯的罪（箴 6：16—19）
- 星期五：身体各部分所犯的罪（罗 6：5—14）
- 星期六：属灵操练的胜利（弗 6：10—20）

研讨题目

1. 我说："我们这个时代的祸因是浅薄。"如果你也倾向于这个说法，请在我们的文化中列举几个现象，去阐明这事实。如果你倾向于不同意，也请你在我们的社会中列举几个现象，去阐明你的观念。我们的时代是否有某些影响力，会使如今的基督徒比其他世纪的基督徒更流于浅薄呢？

2. 我把本书所讨论的各项操练称为"古典的"灵性生命的操练。我这样说有什么理由呢？你可以评判我的论证——你同意呢？还是不同意？

3. 属灵操练的目的是什么？

4. 踏上这段旅程的一个基本要求是什么？有什么东西会拦阻你达致这要求吗？

5. 仔细思想海尼·阿诺德的这句话："我们要清清楚楚地说明，我们不能倚靠运用'意志'去释放和净化我们的心。"按你自己的经验，这说法对吗？

6. 我指出，那些想探索属灵操练的世界之人面对双重困难。什么是"实践上的困难"？在你自己的生活中能否看出这困难？什么是"哲学上的困难"？在你自己的生活中怎能看出这困难？

7. 我所提到的"操练的恩典"是什么意思？"廉价的恩典"这个概念的含义为何？你对这两类恩典，哪一类更熟悉？

8. 假如你走在我所说的两边都是悬崖峭壁的那条又长又窄的山脊小径上，你最常会掉在哪一边的深谷中？你是怎样在自己的生活中看出这一点的？

9. 读这本书时，试想，关于这本书，你觉得最危险的东西是什么？（意即，什么东西会引人离开神而不是归向神？）

10. 这一章令你印象最深的是什么？有什么是你不同意的吗？有什么是你不能认同的吗？有什么是你觉得难以理解的吗？

推荐阅读

关于属灵操练有极丰富的文献，下面列举的只代表有关灵性生活一般性的、最好的著作中的一部分。它们提供了极其美好的背景架构，使我们可以从其中去研究基督徒的操练：

- Arnold, Heini. *Freedom from Sinful Thoughts*. New York: Plough Publishing House, 1973.

  这是一本在内在省思上极富创见的小书，作者是胡特弟兄会（Hutterian Society of Brothers）的一位领袖。

- Bonhoeffer, Dietrich. *The Cost of Discipleship*. New York: The MacMillan Company, 1963.

  "廉价的恩典"（cheap grace）这个词就是从这本书而来，它有力地号召我们要付上更高的代价去追随基督。（中文版：朋霍费尔著，《做门徒的代价》，隗仁莲译，北京：新星出版社，2012年。——编注）

- Brother Lawrence. *The Practice of the Presence of God*. Mt. Vernon, N.Y.: Peter Pauper Press, 1963.

  劳伦斯弟兄是法国人，原名尼古拉斯·赫尔曼（Nicholas Herman）。这本书由简洁的书信和谈话组成，感动了三个世纪以来的基督徒，去过与基督密切的团契生活。（中文版：劳伦斯著，《操练与神同在》，王长新译，加拿大福音出版社，2006年。——编注）

- Day, Albert Edward. *Discipline and Discovery*. Nashville, Tenn.: The Upper Room, 1977.

  一本关于"基督的门徒指令"的教导手册，有着很好的实用性。经过修订后，对今人也同样适用。

- Fénelon, Francois. *Christian Perfection*. Minneapolis: Bethany Fellowship(Dimension Books), 1975.

  这是法国大主教芬乃伦的书信集，在许多实际的问题上给出了充满属灵智慧的指导和建议。在路易十四的宫廷中，曾有无数人受益于芬乃伦。

- Francis de Sales. *Introduction to the Devout Life*. Translated by John K. Ryan. New York: Harper & Row, 1950.

  本书写于十七世纪，内容大部分都是圣方济沙雷写给查梅斯·路易斯夫人（Mme. Louise Charmoisy）的灵修辅导信件。它涵盖了广泛的形形色色的属灵事项，对那些寻求加深他们灵修生活的人会有帮助。（中文版：圣方济沙雷著，《入德之门》，李绍昆译，台中：光启出版社，1966年。——编注）

- Freer, Harold Wiley. *Christian Disciplines*. New York: Pageant Press, 1960.

  本书是对灵修经典的简短默想，但有着非同寻常的见识。

- Jean-Pierre de Caussade. *The Sacrament of the Present Moment*. SanFrancisco: Harper & Row, 1982.

  一本赏心悦目的著作，作者是十八世纪法国耶稣会的一位神父。

- Kelly, Thomas R. A *Testament of Devotion*. New York: Harper & Row, 1941.

  二十世纪上佳的典型灵修著作不多，这是其中一本。（中文版：托马斯·凯利著，《敬虔的证言》，杨肇悦译，香港：循道卫理联合教会文字事工委员会，1989年。该书收录于《灵修经典名著小丛书》，第10册。——编注）

- Kempis, Thomas à. *The Imitation of Christ*. Translated by E. M. Blaiklock. Nashville, Tenn.: Thomas Nelson Publishers, 1979.

  本书的英文新版，给这本基督教灵修著作中首屈一指的优秀作品加添了新的活力。（中文版：托马斯·肯培著，《遵主圣范》，章文新译，北京：宗教文化出版社，2011 年。
载于《中世纪灵修文学选集》第三部分。——编注）

- Law, William. *A Serious Call to a Devout and Holy Life*. Edited by Paul G. Stanwood. New York: Paulist Press, 1978.

  这是一本对基督徒生活极有影响力的作品。作者是一个小的属灵社团的领袖，常被称为英国自改教运动之后产生的最伟大的神秘主义者，约翰·卫斯理和查理·卫斯（Charles Wesley）理都是他的门生。（中文版：劳威廉著，《敬虔与圣洁生活的严肃呼召》，杨基译，北京：生活·读书·新知三联书店，2013 年。——编注）

- Loyola, St. Ignatius of. *The Spiritual Exercise*. ed. Robert Backhouse, London: Hodder & Stoughton, May 1989.

  这本书提供了灵性操练的计划，包括良心省察、默想以及其他祷告方法。并附有一些指引，助人改动灵修计划，以适应个别的需要和困难。（中文版：圣依纳爵·罗耀拉著，《神操》，郑兆沅译，台北：光启出版社，2011 年。——编注）

- Nee, Watchman. *The Normal Christian Life*. Fort Washington, Penn.: Christian Literature Crusade, 1964.

  关于基督徒生活的一本重要著作，以超常的水平谈论平常的生活。（原著：倪柝声，《正常的基督徒生活》，台北：台湾福音书房，1992 年。——编注）

- Nouwen, Henri J. M. *Making All Things New*. San Francisco: Harper & Row, 1981.

  一本简短却有力的书，邀请人们学习独居生活和团体生活中的灵性功课。（中文版：卢云著，《新造的人：属灵人的印记》，庄柔玉译，香港：基道出版社，1992 年。——
编注）

- O'Connor, Elisabeth. *Journey Inward, Journey Outward*. New York: Harper & Row, 1968.

  本书不只是前作《蒙召委身》(*Call to Commitment*) 的一个简单的续集，还对具体生活里的信仰硬币的两面——"内在的委身"和"外在的服事"——进行了详尽的阐释。

- Peterson, Eugene H. *A Long Obedience in the Same Direction*. Downers Grove, Ill.: InterVarsity Press, 1980.

  透过对"上行之诗"（诗 120—134 篇）的研究，作者帮助基督徒处理了许多典型的属灵操练难题。（中文版：毕德生著，《天路客的行囊：诗篇上行之诗导读》，郭秀娟译，南京：南京大学出版社，2009 年。——编注）

- Richards, Lawrence O. *A Practical Theology of Spirituality*. Basingstoke: Marshall Pickering, 1988.

  这是一本根据圣经研究而写成的灵修神学作品，说明了其内在的实质以及外在的表达方式，行文清晰，研究深入。

- Sanford, Agnes. *The Healing Light*. St. Paul, Minn.: Macalester Park Publishing Co., 1972.

  这是耶稣呼召教会去做的医治职事之典型说明。这本书对我个人的事奉前程影响很深。

- Taylor, Richard Shelley. *The Disciplined Life*. Minneapolis: Beacon Hill Press, 1962.

  本书仿佛一味良药，疗效迅猛而持久，助人在自我放纵的时代过上节制的生活。

- Tozer, A. W. *The Pursuit of God.* Harrisburg, Pa.: Christian Publications, 1948.

  这是一本温柔且具有敏锐触角的书，里面满有洞察力以及宽宏的眼界，令人耳目一新。（中文版：陶恕著，《渴慕神》，薛玉光译，香港：宣道出版社，2012 年。——编注）

灵修经典选集

- *An Anthology of Devotional Literature.* Edited by Thomas S. Kepler. Grand Rapids, Mich.: Baker Book House, 1977.

  汇集了许多重要的基督教作家的作品，从罗马的革利免（Clement of Rome）直到卡尔·巴特（Karl Barth）。

- *The Doubleday Devotional Classics.* Edited by Glenn Hinson. 3 vols. New York: Doubleday, 1978.

  一座新教灵修宝库，种类极其丰富。

- *Living Selections from the Great Devotional Classics.* Nashville, Tenn.: The Upper Room (various dates).

  全套二十九本小册子，一流的入门读物，引荐你认识一流的灵修作家。

第一部分　内在的操练

CELEBRATION OF
DISCIPLINE

2 默想的操练

真正的默想不是心理学的幻觉，乃是神学的恩典。

——多玛斯·牟敦

在当今社会中，我们的对头魔鬼着重于三件事：喧嚣、匆忙和拥挤。假如能使我们时常都忙于寻求"大"与"多"，它便心满意足了。心理分析家荣格（Carl Jung）曾说："匆忙不是属乎魔鬼的东西，它本身就是魔鬼。"[1]

假如我们希望超越自己在文化上的浅薄——包括我们在信仰文化上的浅薄，就必须愿意来到那令人重新得力的静默中，进入默想的内在世界之内。所有的默想大师，都在他们的著作中号召我们，在那尚未开发的属灵疆域中作拓荒的先锋。虽然对现代人而言，这个号召可能有点奇异和陌生，但我们却应该毫不愧赧地在默想和祷告的学校中报名成为学生。

55

圣经的见证

圣经的作者肯定熟悉默想的操练。圣经采用两个不同的希伯来字（הָגָה 和 שִׂיחַ）去表达默想的概念，这两个字一共采用过五十八次。它们有多种意义，包括：聆听神的话语、思索神的工作、效法神的作为、思想神的律法，等等。在每种意义上都强调行为的改变，这种改变是我们与永活的神相遇的结果。通过默想去理解圣经，其基本特点是产生悔改和顺服。诗人喊着说："我何等爱慕你的律法，终日不住地思想……我禁止我脚走一切的邪路，为要遵守你的话。我没有偏离你的典章，因为你教训了我。"（诗 119：97，101—102）这种持续不断地对顺服和忠诚的聚焦，便把基督教的默想与东方以及世俗的默想无比清楚地区分开来。

凡熟悉圣经的人都明白默想之道。"天将晚，以撒出来在田间默想"（创 24：63）；"我在床上记念你，在夜更的时候思想你"（诗 63：5—6）。《诗篇》实际上把神子民对神律法的默想唱了出来："我趁夜更未换将眼睁开，为要思想你的话语。"（诗 119：148）那篇作为全部《诗篇》引言的诗，号召民众效法那"有福的人"，就是"惟喜爱耶和华的律法，昼夜思想"的人（诗 1：2）。

老祭司以利懂得如何聆听神，并且帮助少年撒母耳领悟神的话（撒上 3：1—18）。以利亚在旷野消磨了许多昼夜，学习去辨识耶和华"微小的声音"（王上 19：9—18）。以赛亚看见主"坐在高高的宝座上"，并听见他的声音："我可以差遣谁呢？

谁肯为我们去呢?"（赛6：1—8）耶利米发现神的话语好像"烧着的火闭塞在我骨中"（耶20：9）。此外还有许许多多的见证。这些都是与神的心亲近的人。神对他们说话，不是由于他们有特别的技能，而是由于他们乐意聆听。

在极其忙碌的事奉中，耶稣习惯"独自退到野地里去"（太14：13）。* 他这样做，不只是想离开人群，而是为了能够与神同在。耶稣不时到这些山野去做什么呢？他找到他的天父；他聆听天父的声音；他与天父交通。他也召唤我们这样做。

聆听与顺从

基督教的默想，极简单地说，就是能够聆听神的声音以及顺从他的话。我巴不得能把它弄得比较复杂一点，去满足那些喜欢高难度的人。它并不包含隐藏的奥秘，也没有秘密的咒语，又没有精神的操练，更没有神秘的飞升进入宇宙的意识。事情的真相是，这位宇宙伟大之神，这位万有的创造主，渴望与我们建立团契。在伊甸园中，亚当和夏娃与神交谈，神也与他们交谈——他们之间有团契。然后"堕落"的悲剧发生了，其中一个重要的意思是，那种连续不断的团契断裂了，因为亚当和夏娃要躲避神。然而神继续向背叛他的儿女伸手。在该隐、亚伯、挪亚和亚伯拉罕等人的故事中，我们看到神说话和行事，教导和引领。

虽然其间有许多摇曳不定以及拐弯改道之事，然而摩西学

---

* 并参：太 4：1—11；路 6：12；太 14：23；可 1：35，6：31；路 5：16；太 17：1—9，26：36—46。

会了如何去聆听神的声音和顺从他的话。事实上，圣经作见证说："耶和华与摩西面对面说话，好像人与朋友说话一般。"（出33：11）这里有一种亲密的关系和团契的意思。不过，以色列人作为一个民族，却未能与神有这样亲密的关系。他们一旦对神有少许的认识便会发觉，进到神面前是一件有风险的事，于是对摩西说："求你和我们说话，我们必听，不要神和我们说话，恐怕我们死亡。"（出20：19）这么一来，他们便能保持宗教的体面而没有附带的风险。这便是先知和士师那个伟大体系的开始，摩西是其中的第一位。然而这情形与亲密的意识有一步之隔，就像日间有云柱，夜间有火柱的情形一样。

直到时候满足，耶稣来到世上，教导神国的真实性，并且显明在那国度中生活的可能性。他建立了一种活的团契，叫人认识他是救赎主及君主，在凡事上聆听他，时常顺从他。在他与父之间的亲密关系中，耶稣成为我们聆听和顺从的生活之实际的典范。"子凭着自己不能作什么，惟有看见父所作的，子才能作；父所作的事，子也照样作。"（约5：19）"我凭自己不能作什么，我怎么听见，就怎么审判。"（约5：30）"我对你们所说的话，不是凭着自己说的，乃是住在我里面的父作他自己的事。"（约14：10）当耶稣告诉门徒要常在他里面时，他们能够了解他的意思是什么，因为他常在父里面。他宣告说，他是好牧人，而他的羊认识他的声音（约10：4）。他告诉我们，保惠师会来，就是真理的灵，他会引导我们进入一切的真理（约16：13）。

在路加所著第二卷书——《使徒行传》中，他清楚暗示，尽管人们用肉眼看不见耶稣，但耶稣在复活和升天以后继续行事和施教（徒 1：1）。彼得和司提反都指出，耶稣就是应验《申命记》18：15 的预言的那位像摩西的先知，他要向他们说话，百姓要听从他（徒 3：22，7：37）。*在《使徒行传》中我们看到复活和掌权的基督借着圣灵教训和引导他的子民。他引导腓利来到从未触及的文化中（徒 8 章），向保罗启示其弥赛亚的身份（徒 9 章），教导彼得看清自己的犹太民族主义（徒 10 章），引导教会脱离文化的捆绑（徒 15 章）。我们一再看到，神的子民学习在聆听神的声音以及顺从他的话语的基础上生活。

简言之，这便形成了默想的圣经基础，而那奇妙的信息是，耶稣没有停止行事和说话。他已复活，并在我们的世界中作工。他并不怠惰，也不会患上喉炎。他活着，并且在我们中间，作我们的祭司来赦免我们，作我们的先知来教导我们，作我们的君王来统治我们，作我们的牧者来引导我们。

历代圣徒都为这事实作见证。现代基督徒对于此类汗牛充栋的论基督教默想的著述竟然那么无知，这是多么可悲的事！历代圣徒对这种恒常团契的喜乐生活所作的见证，奇妙地彼此一致。从天主教到新教，从东正教到独立教会（Free Church），都勉励我们要"在神面前过一种永不间断的团契生活"[2]。俄国的神秘主义者修士帝欧芬（Theophan the Recluse）说："祷告是与思想一同下降，进入内心。在那儿站在神面前，让他在

---

* 并参：申 18：15—18；太 17：5；约 1：21，4：19—25，6：14，7：37—40；来 1：1—13，3：7—8，12：25。

你里面时常同在，凡事鉴察。"[3] 圣公会的神学家耶利米·泰勒（Jeremy Taylor）宣告说："默想是所有人的责任。"[4] 而在我们这个时代的路德宗殉道士朋霍费尔，当人问他为何默想时回答说："因为我是基督徒。"[5] 圣经的见证以及灵修大师的见证是那么丰富，对神的同在那么活跃，假如我们忽略了那么亲切的邀请，不亲自去体验"耶稣基督的深度"（盖恩夫人语），那真是愚不可及的事。[6]

默想之目的

托马斯·肯培（Thomas à Kempis）说，在默想中，我们"与耶稣之间熟悉的友谊"会日渐增长。[7] 我们沉浸于基督的光和生命中，在那种姿态中我们感到舒服。主常与我们同在（就是我们常说的"无所不在"）这个神学概念进而成为光辉灿烂的事实。"他与我交谈，与我同行"不再是敬虔的口头禅，反而成为日常生活直截了当的描绘。

请谅解我，我不是在讨论一种柔软、轻佻、老友式的关系。这样感性的描述，只显示出我们对圣经所启示的、坐在高高宝座上的主，认识得多么肤浅，与他的距离多么遥远。在《启示录》中约翰告诉我们的乃是，当他看见那坐宝座的基督时，他仆到在他脚前，好像死了一般。我们也当如此（启1：17）。不，我是论及一种实况，那实况与门徒在马可楼（upper room）上所感受的更相似。他们同时体验到高度的亲密以及肃然的尊敬。

在默想中所发生的事是，我们制造了情感和灵性上的空

间，容许基督在我们心中建造一间内在的圣所。《启示录》3：20
所说的"我站在门外叩门……"的情景，本来就是为信徒写的，
不是为非信徒写的。我们这班已经把生命交付基督的人需要知
道，他多么渴望与我们一同坐席，与我们相交。他渴望在那内
在的圣所中与我们同享持续不断的圣餐宴席，默想便是负责把
门打开。虽然在特别的时候我们从事特别的默想，然而默想的
目的乃是把这活的实质带进生命的整体中。那是随身携带的圣
所，把我们整体和我们所做的一切都带进里面。

这种内在的团契能改变我们的人格。我们不能点燃这内在
圣所的永恒火焰而仍旧保持原状，因为这属神的火焰会把一切
不洁之物都燃烧净尽。那常与我们同在的教师，时常都会引导
我们进入"公义、和平并圣灵中的喜乐"（罗 14：17）。一切
对他陌生与他不配合的东西，我们都必须舍弃。不，并非"必
须"，而是"愿意"，因为我们的欲望和渴望会越来越与他的方
式配合。在我们里面的一切会越来越像一枚指针那样，指向圣
灵的目标。

情有可原的一些误解

每当人们认真看待基督教的默想观念时，都有人假定，它
与东方宗教的冥想是类似的。事实上，它们之间有天壤之别。
东方的冥想尝试使心中空无一物，基督教的默想则尝试在倒空
心胸以后再加以充满。这两种观念有本质的分别。

所有东方形式的冥想，都注重某种与世界分离的需要。它
们强调要丧失个人的特征，而与宇宙精神（Cosmic Mind）相融

和。它们渴望解脱此生的重担和痛苦，达到涅槃那种不费气力、宁静不动的福乐境界。个人的身份会在这种对宇宙的感悟中消失。东方宗教的最后目标是与世脱离。

基督教的默想远不只是做到分离。其中当然需要分离，正如十二世纪的一位本笃会修士塞勒斯的彼得（Peter of Celles）所谈的"安息日的默想"[8]。不过，若是只想做到分离为止，便会陷入一种危险，正如耶稣在一个故事中所指出的。耶稣说到一个人倒空了内在的邪恶，但没有用善良去充满它。"污鬼离了人身……便去另带了七个比自己更恶的鬼来，都进去住在那里。那人末后的景况比先前更不好了。"（路 11：24—26）[9]

分离是不够的，我们还要进一步去**依附**（attachment）。与我们周围的混乱分离，目的是要与神以及其他人有更丰富的依附。基督教的默想引导我们到达内在的完整。我们必须有这内在的完整才能自由地把自己献给神。

另一种误解是，担心默想太难、太复杂，最好把它留给专业人士，他们才有较多的时间去探索那内在的领域。这完全不对。在这方面知名的"专业人士"从来没有说过，这条道路只是为了少数特殊人物或属灵巨人而设的。他们会觉得这种观念十分可笑。他们觉得自己所作的乃是一种自然的人类活动，正如呼吸那么自然，那么重要。他们会告诉我们，我们无须任何特别的恩赐或心理力量。对这一点极有心得的牟敦写道："默想实在是十分简单的；我们无须详细讨论技术性问题，也懂得怎么去做。"[10]

　　第三种误解是，默想之道是不切实际的，而且完全与新时代脱节。人们担心，默想之道会把人变为一种怪人，就像陀思妥耶夫斯基（Dostoevski）在他的小说《卡拉马佐夫兄弟》（*The Brothers Karamazov*）中所刻画出来的苦行神父费拉庞特（Father Ferapont）：他是一位固执、自义的人，要靠自己的力量把自己从世界中拯救出来，然后祈求上天咒诅这世界。这样的默想，就算往好的方面想，最多也不过会引人到达一种不健全的、专注于另一世界的态度，这种态度会使我们对人类的痛苦漠不关心。

　　这种误解与事情的真相未免相差太远。事实上，只有默想才有足够的力量去重导我们的生命，叫我们能够成功地对付人生。牟敦写道："除非默想坚定地植根于生活中，否则便没有意思，也不真实。"[11] 在历史上，没有任何一群人比贵格会的人更看重进入聆听的默想之必要，他们对社会所带来的影响，远超过他们人数所能发出的力量。那些从事默想的人乃是有行动的男女。贵格会的彭威廉（William Penn）说："真正的敬虔不会使人远离世界，乃是帮助人在其中活得更好，并激发他们努力去修补好这个世界。"[12]

　　默想给人带来的见识，常是极其实际的，有时几乎到了平淡的地步。在默想中，很多时候你会得到的指导是，如何与妻子或丈夫相处，如何处理敏感问题，如何应付生意上的状况……如果某次特别的默想让人进入到魂游象外的狂喜意境，那当然十分美妙，但更常见的是在默想中学会处理普通的生活难题。默想能赋予我们一个更广阔、更平衡的角度去正视自己的人生。

也许最普遍的误解，是把默想看作一种操纵人心的宗教手段，认为它顶多在降低血压和消除紧张方面有点价值，或许也能帮助人与潜意识有所接触，提供一点有意义的见识，但若认为透过它可以与那一位亚伯拉罕、以撒、雅各的神有真实的接触与联络，肯定是既不科学也不合理的。如果你觉得我们住在一个纯粹的物质世界中，你会把默想看成是一种有规律地催生阿尔法脑电波*的方法。可是，如果你相信我们住在一个由无限而具有位格的神所创造的世界中，并且相信那位神喜欢我们与他联络交通，那么你便会看默想是爱者与被爱者之间的联系。

这两种默想的概念是完全相反的。一种是把我们局限于完全属人的经验中，另一种则是使我们上升，进入神人之间的相遇。一种是潜意识的探索，另一种则是"安歇于那位我们所**找到**的、爱我们、与我们相近、来到我们中间、吸引我们归向他的主那里"。[13] 两者都似乎含有宗教的意味，甚至都使用了宗教术语，不过前者至终不能接纳属灵事实。

我们怎么会相信有一个属灵的世界呢？是否借着盲目的信心？全然不是。内在的灵性世界的真实，是所有愿意寻求它的人都能得着的。我时常发觉，那些随便否定属灵世界的人，从来没有花上十分钟时间去查究，是否真有这样一个世界存在。

像探索任何其他科学事业一样，我们形成一个假设，然后

---

* 阿尔法脑电波（alpha brain-wave）：是四种基本脑电波之一，被认为能催生灵感，提高工作效率。——编注

加以实验，看看是否真确。如果我们第一次实验失败了，我们不会失望或者说它完全是骗人的东西。我们会重新审查所采用的程序，也许会修订我们的假设，再次尝试。我们至少必须有像研究任何科学那样同等程度的诚实，耐心地从事这项研究与尝试。可惜太多人不愿意这么做。这一事实并不表示他们聪明，只反映他们心有成见。

渴望神活泼的声音

有些时候，我们的内心会与法柏（Frederick W. Faber）所写的这首短诗产生强烈的共鸣：

> 单单坐下思想神，
> 就能感受何等的甜蜜！
> 想到我的神，呼叫他的名字，
> 地上何事有更多福气？。[14]

但是那些从事默想的人士晓得，更常见的反应是灵性的慵懒、冷淡，以及缺乏渴望。人类似乎忍不住会有一种倾向，就是让别人替他们向神讲话，似乎得到二手信息便觉满足。以色列人所犯的一项致命的错误就是，他们坚持要一个人作他们的王，而不肯安于神权政治，让神直接统治他们。在神所说的话中我们可以体验到伤心的气息："他们……厌弃我，不要我作他们的王。"（撒上 8：7）整个宗教历史成了这样一个故事：人们迫切争取要一位王、一位中保、一位祭司、一位牧师、一位媒人。这么一来，我们便无须亲自到神面前去。这种方式可以让我们省得去改变，因为到神面前必须改变。这种办法十分方便，因为它使我们享有宗教的体面，又不必在道德上改变。我们无须过细地观察当今的西方文化，便可看出人们都迷恋于这种间接的宗教。

这就是为什么默想对我们来说是一种威胁。它大胆号召我们亲自到永活神的面前。它告诉我们，神继续不断地说话，并且想对我们说话。耶稣和新约各卷的作者清楚显明，默想不是为了职业宗教人士（祭司）而设立的，乃是为每个人而设立的。**所有**承认耶稣基督为主的人，**都是**神在全世界设立的祭司，因此也都可以进入至圣所，与永活的神交谈。

要使人相信**他们**能够听见神的声音似乎很难。华盛顿救主教会（Church of Saviour in Washington, D. C.）的成员在这件事上曾经试验多时，他们的结论是："我们知道自己生活在二十世纪和二十一世纪，然而有迹象表明，一个人能够获得像亚拿尼亚所领受的那么清晰的指引——'起来，往直街去'。"[15] 为什么不可能呢？如果神是活的，并且活跃在人类事务中，那今天怎么就不可能听见他的声音，顺从他的指引呢？所有认识到他是与我们同在的教师和先知的人，都能听见而且确实听见了他的声音。

我们如何能得到渴慕听他声音的心志呢？"这种渴慕转向神的心是一个恩赐。任何幻想自己能直接学会默想，而不必事先祈求有这样的恩赐和愿望的人，迟早会放弃的。然而若是拥有了渴慕默想的心志以及默想的恩赐，将能为我们带来更多的恩赐。"[16]持续地寻求和得到那"恩赐",乃是唯一能推动我们在内在的旅程中继续前行的。正如大阿尔伯特（Albert the Great）所说的:"圣徒在默想中对默想对象之爱,乃由神的爱所点燃。"[17]

圣化的想象力

借着想象力,我们最容易随着思想而沉静,进入心中。伟大的苏格兰布道家亚历山大·怀特（Alexander Whyte）称这件事是"神圣的工作室,基督徒想象力的美妙事工"。[18]也许有少数人只借着抽象的冥想便能体验神,多数人都需要较多地倚赖于感官。我们不可藐视那比较单纯、比较简陋的进到神面前的道路。耶稣自己曾经这样教导,时常诉诸想象力,许多灵修名家也这样鼓励我们。亚维拉的德兰修女说:"……当我不能用悟性去思想时,我便设法去描画在我里面的基督。"[19]我们中许多人都能认同她的话,因为我们也曾经尝试采用一种理智的取向,但发觉那未免过于抽象,过于超然。更进一步说,想象力有助于稳定我们的思想,集中我们的注意。圣方济沙雷（Francis de Sales）注意到:"借着想象力,我们把自己的心思局限于所默想的奥秘上,叫它不致于来往踱步,正如我们把一只鸟关在笼子内,或者把一只鹰用皮带绑住,好叫它可以停在手上。"[20]

有人反对采用想象力是因为觉得它不可靠,甚至担心它会被那恶者所利用。这种担心有很充分的理由,因为想象力正如其他的才能一样,也有份于人类的"堕落"。不过,正如我们相信神能使用我们的理性（虽然它是堕落的理性）,把它圣化,用以达成他良善的目的，照样我们相信，他能圣化我们的想象力，用以达成他良善的目的。当然，想象力能够被撒但歪曲，可是我们其他方面的才能也一样。神创造我们，赋予我们想象力。作为造物主，他能够而且已经确实救赎了想象力，并且为神国的事工而使用它。

另一种对采用想象力的担心是，诚恐人们加以操纵，甚至自己骗自己。正如我们所说的，有些人毕竟有一种"过分活跃的想象力"。他们能够编造出自己想看见的各种各类的形象。再者，圣经不是警告我们要防备恶人的那种虚妄的"想象力"吗？（罗1：21，和合本译作"思念"）这种担心是合情合理的。这一切都有可能只是虚妄的属人的努力。因此，在这些事上全然倚赖神，是极其重要的。我们在寻求按照神的思想去思想，以在他面前为乐，喜欢他的真理和法则。我们越多这样生活，神便越发会使用我们的想象力去达成他良善的目的。事实上，那些与神同行的人常有这样的经验，就是蒙神**赐予**将要发生之事的景象。许多时候，当我为别人祷告时，我会见到一幅有关他们情况的图画，而当我与他们分享那图画时，他们会深深叹息，或是哭泣。后来他们会问："你怎么晓得？"其实我不晓得，我只是看见了那情景。

相信神能圣化并使用想象力，只不过是认真看待基督教道成肉身的观念。神如此让自己去迁就我们的世界，让他自己成为肉身，采用我们知道和了解的图象，去教导我们那看不见、所知甚少、甚至很难弄懂的世界。

默想的准备

我们不可能从一本书中学会默想，只有通过默想才能学会默想。不过在适当的时候给予一些简单的提示，会有极大的帮助。下面几页所讨论的一些实际提示和默想练习，希望对实际的默想练习会有帮助。它们不是律法，也不是要限制你，只是帮你打开内在世界的一扇窗口。

默想有合适的**时间**吗？当内在生命达到某种程度的熟练时，几乎在任何地方以及任何情况之下都可从事默想。十七世纪的劳伦斯弟兄以及二十世纪的托马斯·凯利（Thomas Kelly），对这事实都可作雄辩滔滔的见证。不过，尽管如此，我们必须看出，一件重要的事是，无论是初学之人或是熟练之士，都需要在每天抽出部分时间作正式的默想。

一旦深信必须抽出一定的时间从事默想时，我们又必须谨防一种意念，就是以为在一定的时间做出某种信仰行为，便意味着我们终于在默想了。这种事工涉及整个生命，是一天二十四小时的工作。默想的祷告是一种生活方式。保罗劝勉我们"不住地祷告"（帖前 5：17）。塞勒斯的彼得语带幽默地说："在罪恶之夜打鼾的人不能知道默想之光。"[21]

所以，我们必须看出，为默想的特别时间先作准备，在我们一整天中是多么重要的一件事。如果我们不断地被忙碌的活动弄得团团转，那么到了内在安静的片刻，我们便不能集中注意力。一颗被外面的事务所困扰和扯碎的心，极难安静默想。古代教父常常说"圣洁的闲暇"（*Otium Sanctum*），它是指生命中一种平衡的感受，虽然经过整天的活动，仍旧能够保持平静，能够悠闲地抽时间欣赏美，也能够调整我们自己的步伐。我们都倾向于按照人们所制造出来的东西，去衡量一个人的价值，在这种情形下，我们若致力于培植"圣洁的闲暇"，对自己会大有裨益。如果我们希望在默想的艺术上成功，就必须决心追寻"圣洁的闲暇"，毫不留情地对付我们的日程簿。

默想的**地点**该怎样呢？在我们讨论独处的操练时会详细讨论这一层，如今只简单说明便够了。找一个安静不受骚扰的地方。附近不要有电话。如果可能的话，最好是向外能够看到树木和花草的地方。与其每天寻找不同的地点，倒不如有一个固定的场所。

默想的**姿势**当如何呢？从某一方面来说，姿势如何并不重要，你可以随时随地以任何姿势祷告。不过从另一方面来说，姿势又非常重要。身体、头脑、心灵是不能分开的。内心的紧张会在身体的姿势上显明出来。我曾亲眼看见有人在敬拜聚会的全部过程中，不断地嚼口香糖，丝毫没有意识到自己心灵深处的紧张。不仅外表的姿势反映内在的情况，它也能有助于培植祷告的内在态度。如果我们里面充满了不安和焦虑，那么有意选择一种平静和放松的姿势，会有助于平抑我们内里的混乱。

没有"律法"去规定一种正确的姿势。圣经包含了各种样式，从平躺在地板上到站着举手抬头望天。最好的办法是找到一种自己觉得最舒服，又最不会分心的姿势。十四世纪一位快乐的神秘主义者理查·罗尔（Richard Rolle）喜欢坐着。他说：

"……因为我知道这种姿势使我比行走、站立和跪下更能持久。因为坐着的时候我最安静，而我的心则最向上。"[22] 我很同意他的见解，而我发觉最好是坐在靠背笔直的椅子上，背部端正地靠着椅子，两脚平坦在地板上。垂头弯腰表示疏忽不留意，两脚交叉则妨碍血液循环。将两手放在膝盖上，手心向上，表示接受。有时为了避免分心，不妨闭着眼睛，好将注意力集中于基督。在另外一些时候，如果对着一幅主的画像沉思，可能会更有帮助。或者看看窗外可爱的树木花草，也可能达到同样的目的。不管怎样做，目的乃是把身体、情感、心意和灵性的注意力集中于"显在耶稣基督的面上"（林后4：6）的神的荣耀。

默想的方式

历代基督徒提出了各式各样的方法，教导我们如何去聆听神，如何与创造天地的主沟通，又如何去经历对这个世界永远爱护的主。他们的经验所累积的智慧，对我们这班像他们一样，寻求与神密切相交、对神保持忠诚的人，会有极大的帮助。

第一种默想的方式，被古代默想者称之为"默想圣经"（ *meditatio Scripturarum* ）。这是所有灵修名家所公认的各种默想方式的核心，其他的默想方式都借此而被归正。虽然圣经的研究集中于释经，但圣经的默想则集中于把经文主观化和人格化。让写成文字的道，成为对你说话的活的道。这时所注意的不是技术性的研究或分析，甚至不是收集资料与人分享。把一切趋于傲慢的倾向弃置一边，以一颗谦卑的心接纳圣经对你说的话。我常发觉，在这特别的时刻，跪下乃是最适当的。朋霍费尔说: "……正如你不去分析你所爱之人的话,只是按所说的全部接纳,照样你要接纳圣经的话,像马利亚一样,存在心里,反复思想。就是这样,这就是默想。"[23] 当朋霍费尔在芬根瓦(Finkenwalde)设立神学院时,每个人每天都有一个半小时静默思想圣经。

一件重要的事是,要抗拒把许多经文肤浅地轻轻掠过的试探。我们的匆促反映了我们内在的情况,而需要更新的正是我们内在的情况。朋霍费尔劝告我们,要花整个星期研究一节或一小段经文!因此我的建议是,你采用一件事迹,或者一个比喻,或者几节经文,甚至单单的一个字词,让它在你心中植根,尝试在生活中体验这经文。记住罗耀拉(Ignatius of Loyola)的鼓励,把我们一切的感官都应用到我们的课业上。闻一闻海洋的气息;听一听海水轻拍海岸的声音;看一看人群;感受一下你头上的阳光和你肚中的饥饿;尝一尝空气中的盐分;摸一摸你外衣的边缘。在这一点上怀特劝告我们:"……基督教真正的想象力,永不会让耶稣基督在我们眼前消失……你打开新约圣经……借着你的想象力,在那一刻你便立即成为基督的一位门徒,俯伏在他的脚前。"[24]

假定我们要默想耶稣那令人惊愕的宣言:"我留下平安给你们。"(约 14:27)我们的主要任务,不是研究这经文本身所反映的现实情况;我们沉思这个真理,是因他正在把他的平安充满我们。我们的心、我们的思想以及我们的灵性都在觉醒,注意他涌进我们里面的平安。我们感受到的一切恐惧都被安定下来，都被"刚强、仁爱、谨守"（提后1：7）所胜过。我们不是详细分析那平安，而是进入那平安。我们被耶稣的平安所包围、吸纳和收聚。这类经验令人兴奋之处是让人完全忘我，因着留意在内心传递的平安，我们反而不再担心怎能使自己更平安。我们不再辛辛苦苦地想办法表现得平静，因为平安的行动从我们内里自自然然地涌流出来。

要常常谨记，我们不是以消极旁观者的身份进入这故事中，而是积极的参与者。我们也要谨记，基督确实与我们同在，教导我们，医治我们，饶恕我们。怀特宣告说："用圣洁的油膏抹你的想象力，然后再次打开你的新约。有时你是税吏，有时你是浪子……有时你是抹大拉的马利亚，有时你又是廊上的彼得……直到你的全部新约，都成为你自我的描述。"[25]

第二种默想的方式，被中古时代的默想者称为"集中思想"（re-collection），也被贵格会时常称为"集中下来"（centering down）的方式。那是一个安静的时刻，进入再造的肃静中，使我们零零碎碎的思想集中起来。

下面是一个简单的动作，帮助你"集中思想"，简称为"放下，领受"。开始时手掌向下，象征你愿意把你所挂虑的一切放下、交付在神面前。你在心中祷告说："主啊，我将我对某某的怒气放在你面前。我放下今天早上要去看医生的恐惧。我也放下这个月入不敷出的担心。我还把找不到人今晚替我看孩子的烦恼放在你手中。"无论你心中有什么负担和关怀，只说，"放下。"把它释放出去。你甚至可能在你手中经历到某种释放的感觉。经过几次放下的动作以后，把你的手心向上，象征你渴望从主那里领受。也许你会默默地祷告："主啊，我想从你那里领受你属神的爱去爱某某，领受你的平安去见医生，领受你的忍耐去……领受你的喜乐去……"无论你需要什么，你说，"领受。"这样集中下来之后，便把余下的片刻消磨在完全的沉默中。不要祈求什么。让主与你的灵相交，让主爱你。如果有一些印象或者指示来到，那很好；即或不然，仍旧很好。

第三种祷告式的默想，是默想宇宙万物。请注意，这不是幼稚的泛神论，而是一种庄严的独一神论，意即宇宙万物的创造主，借着他所创造的世界，向我们显示他的荣耀。诸天确实述说神的荣耀，穹苍确实传扬他的手段（诗19：1）。伊芙琳·恩德晓（Evelyn Underhill）评论说："……从这种默想形式开始，古代神秘主义者有时称它为'在他的受造物中发现神'。"[26]

所以，请注意受造的万物。注视树木，真正地注视它们。拿一朵花，让它的美丽和均整沉浸于你的思想和心灵。聆听雀鸟的啁啾——它们是神的使者。审视在地上爬行的小动物。这些当然都是微不足道的行动，不过如果我们安静聆听，神有时会借这些简单的方法，深切地临近。

还有第四种默想方式，这种方式在几个方面与刚才所说的默想完全相反。它是默想我们这个时代的事件，寻求领悟它们的意义。我们有一种属灵的义务，就是要洞察事件和时代的背后意义。这样做不是为了获得权力，乃是要获得先知式的明见。

牟敦说："一个人如果已经默想过基督的受苦，可是没有默想过希特勒那惨无人道的犹太人集中营，那么他还未完全进入我们这个时代的基督教经验中。"[27]

要完成这种默想方式，最好的办法是一手拿圣经，一手拿报纸！然而你一定不要被其中那些荒谬的观点和宣传所控制。实际上，报纸通常都过于肤浅，也过于歪曲，因此不能给我们太多的帮助。我们最好还是把我们这个时代的事件带到神的面前，求他赐下先知的明见，去体会出这些事件会引导我们到什么地步。然后，我们可以更进一步去祈求他的引领，叫我们知道，在这个腐败和黑暗的世界中，我们自己当做些什么去达成为光为盐的责任。

如果在开始的时候，默想对你似乎没有什么意义，不要灰心。你是在学习一种艺术，而你对这种艺术并未受过训练。我们的文化也不鼓励我们去发展这些技术，你是在逆流而上。不过请放心，你的努力是极有价值的。

此外，还有其他方面的默想操练是值得考虑的。*然而，默想不是一个单独的动作，也不能像制作一张椅子那样达到完全。它是一种生活方式。当你探测它内在深度的时候，会继续不断地学习和长进。

---

* 还有两个对默想具有重要影响的题目，会在"独处的操练"一章中讨论。这两个题目是：沉默的活用，以及十架约翰（St. John of the Cross）所发展出的一个概念，被他生动地称之"灵魂的黑夜"。

进深研究

默想的目的是要帮助我们更清楚地听见神。默想是聆听、感受、留心基督的生命和荣光。这正是我们信仰的核心。讨神喜悦的生命不是一套宗教责任，而是聆听他的声音以及顺从他的话。默想把通过这种生活方式的门打开。高萨德（Jean-Pierre de Caussade）写道："还剩下一项责任，那就是专心一意地注视所认定的主人，而且继续不断地聆听，好叫我们能够了解、听见，并且立即顺从他的旨意。"

默想是一种较被动的操练。其特色是反思多过研究，聆听多过思想，释放多过紧握。在默想的操练中，主要不是我们有所行动，而是敞开我们自己，让对方在我们身上有所作为。我们邀请圣灵来到，在我们心中运行——教导、洁净、安慰、责备我们。我们也让基督强烈的光芒围绕我们，保证我们脱离任何不是出于神的影响。

由于有人要求，我不妨清楚说明，我对于星际旅行（astro travel）或者任何其他十分奇特的默想方式完全没有兴趣，也没有经历过。那也许反映我自己的成见，不过依我看来，这种方式与圣经的见证难有共鸣。这类的默想，极少有伦理内容，也极少关心道德的更新。我对亚伯拉罕、摩西和以利亚所知悉的聆听更有兴趣。这种聆听带出一种对独一真神的彻底顺服。

在这本书中，我对默想圣经只简略描述，因为我假定，人们对这种默想方式十分熟悉。但这样假定显然错了，因此我想在此提供《约翰福音》第6章的简短默想，作为默想圣经的一个范例。我希望这样做会鼓励大家在这方面广泛而深入地加以吸纳，因为这实在是基督教的默想中最中心而且最重要的方式。

这是一个熟悉的故事——耶稣让五千人吃饱。开始时，你可以想象你自己是那位把他或他父母的午餐献给耶稣的男孩：不管如何，把你自己置身于实际的境地。依循罗耀拉的忠告，当你慢慢地读这段经文时，试行运用你所有的感官。试行观看这故事——青草、小山、群众的面孔；试行聆听这故事——潺潺的水声、孩子的喧声、主耶稣的声音；试行触摸这故事——你衣裳的纤维、坚硬的地土、你手上的粗茧。最后，试行用你的情感去感受——对奉献你的午餐犹豫不决，对食物倍增的神迹感到震惊，对神丰盛的预备满心欢喜。开始这种默想方式之前，可能要把经文阅读几次。

然后，在你的想象中，细心观察群众离开，而耶稣往山上去。只有你单独留下。你坐在一块岩石上俯看湖水，重新经历那天的事迹。你变得宁静，不久以后，耶稣回来，坐在你附近的一块岩石上。有一段时间，你们两人都默不作声，也许远眺湖水，静静欣赏同在一起的乐趣。不久以后，主转身向着你，发出这个问题："我可以为你做什么？"然后，你告诉他你心中所想——你的需要、你的恐惧、你的希望。假如哭泣或其他情感涌现，不要阻拦它们。

当你完结以后，安静片刻。然后你转身面对主，问他说："我能为你做什么？"然后你静静地以祷告的心态聆听。不需要什么指示，因为你觉得与基督同在便已满足。假如真有什么话临到你，便要以最认真的态度去接受。通常都会是一些极其实际的指示，而这些指示又是关乎一些似乎十分琐碎的事，因为神要我们在日常生活的平凡事件中活出灵性来。而我时常发觉，它们乃是十分美妙的生活上的对话。当然，我在这里分享的只是一个例子。我肯定神会给你许多其他方法去进入圣经的生活中。

除此以外，我呼吁大家背诵经节。*借着记诵经文，圣经的见证在我们内心深深扎根，令我们几乎在不自觉中，塑造及调整我们的世界观。此外，当我们实行这小小的操练时，神也能够在任何时刻，甚至在睡眠中，借着圣经的话教导我们。记诵经节是一种有效的方法，去加强我们对圣经的默想。

读经日程

- 星期日：默想的光辉（出 24：15—18）
- 星期一：默想的友谊（出 33：11）
- 星期二：默想的恐惧（出 20：18—19）
- 星期三：默想的目标（诗 1：1—3）
- 星期四：默想的安慰（王上 19：9—18）
- 星期五：默想的识见（徒 10：9—20）
- 星期六：默想的狂喜（林后 12：1—4）

---

* 与普遍的感觉相反，记诵经文并不是一件难事，只要你把握住观念。导航会（The Navigators）出版了无数帮助记诵经文的书，使背诵经文的工夫更加容易。

研讨题目

1. 你对默想最初的反应为何？你在这方面有何背景经验？

2. 东方的冥想与基督教的默想之间有何基本分别？

3. 有什么事令你的生活十分紧迫？你认为在这杂乱的生活中，你有一种想听见主的声音的欲望吗？

4. 试花十五分钟去体验下面所引法柏的诗。记下你从这经验中所学得的东西。

> 单单坐下思想神，
> 就能感受何等的甜蜜！
> 想到我的神，呼叫他的名字，
> 地上何事有更多福气？

5. 默想让你感到惧怕吗？为什么？

6. 梦是聆听神的一种方法，你认为如何？你在这方面有什么经验吗？

7. 列出我所提出的默想方式。思想最后一种方式。就目前的时代情况而论，它在今天有何意义？

8. 你认为，在特定的时间、地点，以及以一定的姿势去思想，对默想的经验有何帮助？

9. 格外关注时间、地点和姿势有何危险？

10. 今天便做"放下""领受"的动作。注意你所学到的任何关于你自己的事。

推荐阅读

- Brother Lawrence and Frank Laubach. *Practicing His Presence.* Edited by Gene Edwards. Goleta, Calif.: Christian Books, 1981.

  一部有益的合集，选编了劳巴赫的《现代神秘主义书信》（*Letters by a Modern Mystic*）和《一分钟的默想》（*The Game With Minutes*），以及劳伦斯弟兄的那本名著《操练与神同在》的现代版本。

- Downing, Jim. *Meditation: The Bible Tells You How.* Colorado Springs, Colo.: NavPress, 1976.

  非常实用的一本小书，很注重对经文默想的实践，作者是导航会的一位领袖。

- Kelsey, Morton T. *The Other Side of Silence.* New York: Paulist Press, 1976.

  这是有关基督教默想经验背后之神学及心理学的最重要的一本书。

- McAlpine, Campbell. *The Practice of Biblical Meditation.* Basingstoke: Marshall Pickering, 1981.

  本书对默想圣经作逐步的指示。

- Merton, Thomas. *Contemplative Prayer.* Garden City, N.Y.: Image Books, 1971.

  本书对默想的祷告之中心性质，进行了强而有力的分析，是一本必读的书。

- Merton, Thomas. *Spiritual Direction and Meditation.* Collegeville, Minn.: The Liturgical Press, 1960.

本书在修士的语境里写出了普世适用的智慧，洞察力非凡。

- Marshall, Michael. *A Change of Heart*. London: Collins, 1989.

  一本关于默想的书，聚焦于一班因着与基督的相遇而被改变人生的人。

- Moffatt, Doris. *Christian Meditation: The Better Way*. New York: Christian Herald Books, 1979.

  本书讲出了简洁而有意义的祷告技巧，具体的默想指导，帮助初信的基督徒在默想上进深。

- O'Connor, Elizabeth. *Search for Silence*. Waco, Tex.: Word Books, 1972.

  本书主张通过扎实的操练，学习安静和默想的艺术。书内对灵修大师有着丰富的引述。

- Russell, Marjorie. *A Handbook of Christian Meditation*. Old Greenwich, Conn.: Devin—Adair Company, 1978.

  一本关于默想的易懂而实用的理论指南。

- Stinissen, Wilfred. *Deep Calls to Deep*. trans. by David C. Pugh, Basingstoke: Marshall Pickering, 1988.

  本书探索我们的内在生命以及在默想中生活是什么意思。它对采用耶稣祷文有实际的帮助，并有十二篇供默想的作品。

- Tilmann, Klemens. *The Practice of Meditation*. Ramsey, N.J.: Paulist Press, 1977.

  一本默想手册，汲取自东方和西方的两种教会传统。最后三分之一的篇幅是对圣经的默想。

- Toon, Peter. *Meditating upon God's Word: Prelude to Prayer and Action.* London: Darton, Longman & Todd, 1988.

  本书是每日默想圣经的简介，强调其真正性质乃是与神交谈，而不是独白。

3 祷告的操练

（主说：）我是你恳求的根基。首先是我的旨意要你获得它，然后我使你立意要得到它，再后我使你恳求它，而你便恳求。那么你怎能不获得你所恳求的呢？

——诺威奇的朱利安娜

祷告把我们投放到属灵生命的前沿。在所有属灵操练中，祷告是最重要的，因为它引导我们进入与父无间断的交通中。默想把我们领进内在生命，禁食是伴随其中的一种方法，研究能更新我们的思想，然而祷告本身会带我们进入灵性最深和最高的工作里面。真正的祷告具有创造生命和改变生命的力量。威廉·克里（William Carey）写道："祷告——暗中、热切和满有信心的祷告，是人身上所有敬虔品格的根本。"[1]

祈祷就是改变。祷告是神用以改变我们的中心大道。如果不愿意改变，我们会放弃祷告作为我们生命的一种明显特质。我们越接近神的心，也便越发看出我们的需要，并且越发渴望效法基督。诗人威廉·布莱克（William Blake）告诉我们，我们生命的任务就是学习面对神"爱的光辉"。多少时候，我们喜欢穿着规避的外衣——防光的遮蔽物，以便躲避我们"永恒的爱人"。可是当我们祷告的时候，神便慢慢地、温柔地向我们显示我们藏匿的所在，把我们释放出来。

"你们求也得不着，是因为你们妄求，要浪费在你们的宴乐中。"（雅4：3）"正确地"祈求，涉及到欲望的改变。在真正的祷告中，我们依照神的心意去思想神：渴望他所渴望的事，爱他所爱的东西。于是我们一步一步地受教，从他的观点去看一切的事。

所有曾经与神同行的人都看祷告是他们生命中的主要事务。马可写道："次日早晨，天未亮的时候，耶稣起来，到旷野地方去，在那里祷告。"（可1：35）这些话说明了耶稣的生活方式。大卫心中对神的渴慕，胜过了自我放纵的贪睡恶习："大清早我要寻求你"（诗63：1，根据KJV译本翻译）。当使徒们面临一种试探，要把他们的精力放在别的重要而且必需的事务上时，他们决心让自己专心以祈祷传道为事（徒6：4）。马丁·路德（Martin Luther）宣告说："我有那么多的事务，以致我每天若不花三个小时去祷告，便应付不了。"他的属灵格言是："祷告得好，研究就做得好。"[2]约翰·卫斯理说："神不做别的事，只垂听祷告。"[3]他每天花两小时的时间祷告去支持这一信念。毕大卫（David Brainerd）生平最显著的特色就是祷告。他的记事册充满了祷告、禁食和默想的记录。"我喜欢单独留在

我的小屋中，在那儿我可以花很多的时间祷告"，"我抽出今天的时间，在暗中禁食和向神祷告。"⁴

对那些在信心前沿探索的人，祷告不是他们生活边缘的小习惯，而是他们的生命，是他们一生贯穿始终的最严肃的工作。彭威廉为乔治·福克斯（George Fox）作见证说："最重要的是他擅长祷告……我必须说，我曾感受到、看见过的最庄严、最活泼、最受人尊敬的姿势，乃是他祷告的姿势。"⁵耶德逊（Adoniram Judson）每天七次放下工作，离开同伴，以便从事祷告的神圣工作。他从午夜开始，然后是凌晨；再后是上午九时、十二时、下午三时、六时、晚上九时和深夜，他都会抽时间私下祷告。印度的海德（John Hyde）使祷告成为他生命中最显著的特色，以致人们给他起一个绰号"祷告的海德"。对这些人，以及所有曾经勇敢进入这内在生命深处的人而言，呼吸就是祷告。

然而，我们中有许多人在面对这样的榜样时，心中感到的气馁过于激励。那些"信心伟人"远超乎我们的经历之外，以致我们难免感到沮丧。不过，与其为了自己明显的缺乏而自责，倒不如谨记，神时常就在我们目前的境况中与我们相遇，然后慢慢地推动我们进入更深的事物中。偶然一次去跑步的人，不能忽然参加奥林匹克的马拉松赛跑。运动员需要经过一段时间准备和训练，我们也当这样。当我们顺着这样的进度去练习时，一年以后，我们可以期望祷告时会有较大的权柄和属灵的成就。

我们很容易在一开始的时候就遭遇挫败，因为我们一向接受的教导是，宇宙中每一件事都已经定好了，什么事情也不会改变。我们可能对此心情黯淡，不过圣经并不这样教导。圣经里的祷告勇士在祷告的时候，都认定他们的祷告能够而且会使事情有一个客观的变化。使徒保罗快乐地宣告说："我们是与神同工的。"（林前 3∶9）意思是，我们与神同工，共同决定事情的结果。斯多亚派（Stoicism）认为宇宙是封闭的，圣经的见解却不是这样。

许多人都强调对事物的现状默许忍受，认为这是"神的旨意"。这种态度实际上更接近于斯多亚派哲学家爱比克泰德（Epictetus），而不是耶稣基督。摩西大胆祷告，是因为他相信他能改变事情，甚至改变神的心意。事实上，圣经那么有力地强调我们的宇宙是"开放的"，甚至用了一种现代人不敢接受的、把神拟人化的方式，去描述神不断地按照他不变的爱去改变他的心意（参出 32∶14；拿 3∶10）。

这会给我们中的许多人带来真正的解放，但同时也把非常大的责任摆在了我们的面前。我们竟是与神同工去决定将来！如果我们祷告得对，历史上会有某种事情发生。我们竟是用祷告去改变世界。还有什么比这更大的动力，催促我们学习这种崇高的操练呢？

祷告是那么广阔和多方面的题目，以致我们会立即认识到，在一章的篇幅中，即使要稍微触及它的各方面也不可能。它包含极多的、重要的哲学问题。为何需要祷告？祷告如何生效？这意思是，一个有限的人怎能与无限的宇宙之创造主交谈？一种像祷告那样非物质的东西，怎能影响物质的世界？还有许多类似的问题。此外，还有许多曾在历代栽培过基督徒的祷告形式的问题。有漫无层次的祷告，有理智的祷告，有集中的祷告。此外，又有安静的祷告，交托的祷告，以及寻求指引的祷告。不胜枚举。

讨论祷告的真正好书，真可说是汗牛充栋。最好的著作中有一本乃是慕安德烈（Andrew Murray）所写的名著《祷告的学校》（*With Christ in the School of Prayer*）。如果我们想要认识祷告的方法，最好多读有关这问题的好书而且深入体会。鉴于收窄范围往往反而使得问题变得更加清晰，因此这一章会局限于学习如何为人祷告而获得属灵的成功。现代人那么迫切地需要我们给予帮助，因此我们最好的力量应该用在这件事上。

学习祷告

真正的祷告是学而知之的。门徒请求耶稣："求主教导我们祷告。"（路 11：1）他们一生都时常祷告。然而，耶稣的祷告的素质和数量促使他们看出，他们对祷告所知实在太少了。如果他们的祷告要在人生舞台上产生什么果效，那么他们必须学习其中一些东西。

了解到祷告要有学习的过程，让我感到了一种释放。我可以自由发问、试验，甚至失败，因为我知道我在学习。有好几年我为所有的事迫切祷告，然而成功率却不大。后来我看出我可能做错了，并且发现我可以用不同的方法去学习。于是我拿起福音书，把里面所有关于祷告的经文都剪了下来，贴在好几张纸上。这样一来，便可以一次读完新约有关祷告的教训，结果令我十分震惊。若不是我以前所学得的有关祷告不蒙应许的原因或理由全错了，就是耶稣的话错了。于是我决定学习祷告，好叫我的经验与耶稣的话一致，而不是设法使他的话与我贫瘠的经验相符合。

也许耶稣的祷告最令人惊讶的特色是，当他为别人祷告的时候，他**从来都不**以"若这是你的旨意"这句话作结。众使徒和众先知为别人祷告的时候也不这样说。在他们作出信心的祷告之前，显然已经晓得什么是神的旨意。他们沉浸于圣灵所环绕的境地中，以致当他们遇见特别的情况时，便晓得应该怎样做。他们的祷告是那么积极，以致时常采取一种直接有权威的命令方式，例如："行走""你要得痊愈""起来"。我看出，当为别人祷告时，显然不容有犹豫不决、试验性的和半希望的"若这是你的旨意"之祷告方式。

当然，是有适当的时间和地点去采用"若这是你的旨意"之祷告方式的。首先，在寻求指引的祷告中，我们的心迫切渴望明白神的旨意。"什么是你的旨意?""什么能蒙你悦纳?""什么能在地上推进你的国度?"这类探索的祷告应该渗透我们全部的生活经验。而在交托的祷告中，每当我们的心意与神的旨意和道路相抵触时，我们必须乐意放弃自己的心意。我们的目标显然是要学习按照神的心意去思想。不过，我们有时会让自己的愿望横在神的道路中。这时我们必须跟从主的引导，他在客西马尼园祷告说："然而，不要成就我的意思，只要成就你的意思。"（路22：42）

当我学习祷告时，我找出一些人，他们在祷告上似乎比我经历到更大的能力和更高的果效，我请他们把他们所知道的一切指教我。除此以外，我在历史的祷告能手身上寻求智慧和经验。我搜集了所能找到的有关这问题的好书，仔细阅读。我开始对研究旧约的祷告之士——摩西、以利亚、哈拿和但以理有了新的兴趣。

与此同时，我开始为别人祷告，心中期待着会有改变发生。我很高兴没有等到我已经完全，或者把一切都搞通以后才开始为别人祷告，否则我永不会开始。P. T. 福赛思（P. T. Forsythe）说："祷告对宗教来说，正如创新的研究对科学一样。"⁶我觉得我是在圣灵的学校中从事"创新的研究"，这让我有一种难以言喻的兴奋。每一次似乎失败的经验都导致了一个新的学习过程。基督是我身边的教师，因此一步一步地，他的话在我的经验中获得证实。"你们若常在我里面，我的话也常在你们里面，凡你们所愿意的，祈求就给你们成就。"（约15：7）

我们若了解祷告的工作包含一种学习的过程，便不致于傲慢地把祷告看作虚假的和不真实的。如果我们打开电视机，竟没有什么影像出现，我们不会就此说，空气中不可能有电视信号这东西。我们会假定有些东西不对，然后找出问题并修理它。我们会检查插头、按钮、显像管，直到发现什么东西拦阻了这种借空气传达画面的神秘力量。当我们看见电视机正常工作时，便知道问题已经找出而且修好了。祷告的情形也是这样。如果祈求得蒙应允，我们便知道祷告对了，否则我们得找寻"破损"

的地方，也许我们祷告错了，也许我们里面有些东西需要改变，也许我们需要学习新的祷告原则，也许需要忍耐和持久力。我们聆听，作必要的适应和改正，然后再尝试。我们能够有把握地知道我们的祷告已蒙应允，正如能够知道电视机没有失效一样。

学习为别人祷告，最要紧的一点是与神取得联络，好叫他的生命和能力能够借着我们传给他人。我们时常假定自己已经与神保持联络，然而事实上没有联络。比方，当你阅读这一章的时候，很多广播电视节目穿过你的房间，可是你没有收到它们，因为你没有对准那频道。往往人们以绝大的信心祷告又祷告，然而没有什么事发生。当然这是因为他们没有对准频道。我们为别人祷告时，首先要集中心思，聆听万军之主微小的声音。把自己对准那属神的气息乃是属灵的功夫，如果没有做到这一点，我们的祷告只是徒劳无益的重复话（太6：7）。成功的代祷所必需的第一件、第二件和第三件事，都是聆听主的声音。索伦·克尔凯郭尔（Søren Kierkegaard）这样说："一个人祷告，最初的时候以为祷告是说话。可是他越来越安静，直到最后他认识到原来祷告是聆听。"[7]

聆听神的声音是代求不能缺少的前奏曲。代求的工夫有时称为信心的祷告，以继续不断地祈求父的指引为先决条件。我们必须首先聆听、知道以及顺服神的旨意，然后才能祈求神的旨意进入别人的生命中。祈求指引的祷告，时常都在信心的祷告之前，也环绕着信心的祷告。

　　既然学习为别人代祷的起点是聆听神的指引，那么在开始的时候，聪明的办法是，把你曾经为某位亲友的关节炎祷告了二十年的事搁置一边。在肉体的事上，我们时常都倾向于首先为最困难的情势祷告，例如晚期的癌症或者各种的血管硬化症等。可是，当我们聆听的时候，我们会懂得从较小的事开始乃是很重要的（如伤风感冒或者耳朵痛等）。在生命微小的角落中得到成功，会使我们在较大的事件拥有权柄。如果我们安静，我们不仅会知晓神是谁，也懂得他的权能怎样运行。

　　有时我们会惧怕，我们没有足够的信心为这个孩子或那一对夫妇的婚姻祷告。我们应该把这惧怕放下，因为圣经告诉我们，借着像芥菜种那样微小的信心都能产生大神迹。通常有勇气实实在在为一个人祷告，便是有足够信心的征兆。很多时候，我们所缺少的不是信心乃是怜悯。在祷告者和接受祷告的人之间若存在着真正的同情，事情就会不一样了。圣经告诉我们，耶稣在做事前，往往已经对人"动了慈心"。同情乃是新约中每一次的医治之明显特征。当我们为所爱的人祷告的时候，不要把他们当作物件，而是当作活生生的人。如果对别人有神所赐的同情和关怀，我们祷告的时候，信心会增长和加强。事实上，如果我们真正爱人，就巴不得能给他们超乎我们能力之外的东西，那种愿望便会催逼我们去祷告。

　　内心的同情是从主而来的最清晰的指示之一，表明他希望你为这件事祷告。在默想的时候，心中可能有一种意念兴起，催促你为这人或这事代求，又有某种适当的确信以及圣灵的感动。这种内在的"肯定",便是神授权给你为人或事代求的记号。但若是与你的意念同来的是一颗畏惧的心,那么你也许应该把它放在一边。神会引导别人为它代祷。

祷告的群山

我们绝不可使祷告变得太复杂。一旦了解祷告是我们必须学习的东西时,我们便倾向于把祷告变为十分复杂的东西。我们也很容易陷入这试探中,因为我们把祷告变得越复杂,人们也便越发要倚靠我们去学习怎样祷告。然而耶稣教导我们要像孩子来到父亲面前一样。开放、诚实和信任,乃是一个孩子与他父亲沟通的特征。神听祷告,因为祷告者是他的孩子。在父母和孩子之间有一种亲密的感情,这感情可以同时容纳严肃和欢笑。埃克哈特(Meister Eckhart)这样说过:"如果神对灵魂微笑,灵魂又对神微笑,那么灵魂会把人性的特征带了出来。"[8]

耶稣教导我们要为日用的口粮祷告。当一个小孩向父亲要早餐,他绝对相信父亲会给他。他无须因为担心明天没有煎饼吃,便把今天的煎饼收藏起来——就他而论,煎饼的供应是永无穷尽的。一个小孩与父亲说话,不会觉得为难或者太复杂,他会把最微小的需要带到父亲面前,也不会觉得不好意思。

小孩子教导我们想象的价值。与默想一样,在祷告的事上想象也是一件有力的工具。我们对于用想象去祷告可能有所保留,觉得这未免有点贬低自己的身份。小孩子则不会有这样的保留,亚维拉的德兰修女也不会这样。她说:"这是我祷告的方法：当我不能用悟性去思想时，我便设法去描画在我里面的基督……我做了许多这一类的简单的事……我相信自己在这方法上获益良多，因为我虽然不明白祷告是怎么一回事，但我已开始实行祷告。"⁹在萧伯纳（George Bernard Shaw）的名著《圣女贞德》（*Saint Joan*）一书中，贞德坚持说她听见了从神而来的声音。一班怀疑论者告诉她，这声音是从她的幻想而来的。贞德不为所动地回答说："是的，这就是神对我说话的方式。"

　　想象能打开信心之门。如果我们的心眼能够"看见"一个婚姻破镜重圆或者一个病人痊愈，那么要相信事情真的可以如此发生，也就不难了。小孩子很容易了解这些事，并且对于用想象去祷告的事反应极佳。有一次我应邀到一个家庭去为一位病重的女婴祷告。她四岁的哥哥也在房中。于是我告诉他，我需要他的帮助去为他的小妹妹祷告。他十分高兴，我也如此，因为我晓得小孩子往往能够作出很有果效的祷告。他爬上我旁边的椅子。我说："让我们玩一个小游戏。既然我们知道耶稣时常与我们同在，让我们想象他坐在我们对面的椅子上。他耐心地等待我们集中注意力在他身上。当我们看见他的时候，我们开始多思想他的慈爱，而不要老惦记着妹妹病得多么沉重。他微笑、站立，向我们这边走过来。然后让我们两人把手放在妹妹身上。当我们这样做的时候，耶稣会把他的手放在我们的手上。我们会留心注视，并且想象从耶稣而来的光正照射在你的妹妹身上，使她痊愈。让我们佯作耶稣的光与病菌激战，直到它们全部被光杀死，好吗？"这个小孩子认真地点头。于是我们两人用这个稚气的方法祷告，然后感谢神，我们所祈求的都会一一实现。我不晓得确实发生了什么事，也不晓得事情如何完成，不过我晓得，第二天早上，小孩子的妹妹完全好了。

让我在此加一句提醒：我们不是试着在想象中变幻出一些本来没有的东西，也不是企图操纵神，吩咐他做什么。事实完全相反。我们是祈求神指示我们该做什么。正如诺威奇的朱利安娜所说的，神是我们恳求的基地，我们全然仰赖他。我们的祷告正好像一种反射作用，把神先前在我们心中所创造的东西反射出来。那些观念，那些画面，那些话语都没有用，除非它们是从圣灵而来。而你晓得，这圣灵"亲自用说不出的叹息替我们祷告"（罗8：26）。

在课堂中有难处的儿童，对祷告会有敏锐响应。我有一位朋友是专门教导情感不健全的儿童的，他决定开始为他们祷告。当然他只是为他们祷告，没有把祷告的事告诉那些儿童。当其中一个孩子爬到他桌子底下，作出仿佛胎儿的姿势时，我这位作教师的朋友会把孩子抱起，默默地为他祷告，祈求基督的光和生命医治这个孩子里面受伤和自我憎恨的情绪。为了避免使他难堪，这位教师会一边祷告，一边抱着这个孩子在课堂中走来走去，继续他正常的工作。过了一会，这个孩子的情绪会松弛下来，很快便回到他的座位上。有时我的朋友会问这孩子，他是否记得，当他在一次赛跑中得到第一名时，心中有什么感受。如果那孩子说："是的，我记得"，那么他会鼓励他描述自己跑到终点时，朋友们欢呼和爱他、赞扬他的情形。这样，这个孩子便能在祷告的事工上与他合作，并且增强了对自己的接纳（人们很在意在学校中禁止公开祷告的问题，但是极少有人利用这样的机会，用这种方法为学童祷告，这岂不是有点反常吗？其实后者并无法律禁止）。到学年结束时，除了两个孩子以外，其他孩子都能回到正常的课堂中去。这是巧合吗？或许是。不过威廉·坦普尔（William Temple）大主教曾经注意到，当他祷告的时候，这种巧合的事更常发生。

神渴望人的婚姻关系是一种健全、完全以及永久的关系。你可能知道一些人婚姻陷于极深的困难中，需要你的帮助，例如丈夫与别的女人有染。你不妨考虑，在三十天中，每天一次为这对夫妇的婚姻祷告。在脑海中想象那位作丈夫的去见另外那位女人，开始觉得非常困扰和惊讶，自己竟与这个女人搞上了关系，继而发现自己开始厌恶这种罪恶的外遇思想。再想象他踏进家门，看见妻子，心中忽然涌起对妻子的热爱。想象他们一起散步，彼此重沐爱河，正如多年之前的情形一样。"看着"他们越来越多关怀交谈，彼此关心。在你的想象中，建造一道砖墙，把那位丈夫和另一个女人隔开。又为这对夫妇建造一个满有爱情和关心的家，使基督的平安充满这家。

你的牧师和敬拜聚会也需要沉浸于祷告中。保罗为信徒祷告，也请求信徒为他祷告。司布真（C. H. Spurgeon）把他的成就归功于他教会的祷告。劳巴赫（Frank Laubach）告诉他的听众："我对你们是否为我祷告非常敏感。如果你们中有一个人没有为我祷告，我感觉得到。当你们为我祷告的时候，我感受到一种奇异的力量。当牧师讲道时，如果会众中**每一个人**都为他迫切祷告，一个神迹就会出现。"[10]用你的祷告渗透你的敬拜聚会。想象神以他的同在充满圣所。

我们能为性出轨祷告，确信能够产生真正的长久的改正。性好像一道河流，当它保持在正当的河床上时，乃是一种美好和奇妙的福气。一道河流如果涨过两岸，乃是一件危险的事，扭曲了的"性"也是如此。神所创造的性的河岸是什么呢？乃是一个男人和一个女人一生在婚姻关系中生活。当我们为那些为性问题所困扰之人祷告，看见一道泛滥两岸的河流蒙神导回它自然的河床时，乃是一种乐事。

借着你的祷告，你自己的孩子能够也应该得到改变。白天与他们一齐祷告，晚上当他们睡了以后为他们祷告。一种愉快的方法是，进入他们的卧房，轻轻地按手在你睡了的孩子身上。想象基督的光透过你的双手，把你的孩子当天所经历的情感上的创伤以及受伤的感觉都一一加以医治。让主的平安和快乐充满你的孩子。

作为基督的一位祭司，你能够施行一种美妙的服务，就是抱起孩子们，给他们祝福。在圣经里面，作父母的把他们的孩子带到耶稣面前来，不是要他与他们玩耍或者教导他们，乃是要耶稣按手在他们头上，祝福他们（可 10：13—16）。他也赐给你这种能力去做同样的事。遇到那些知道如何祝福他人的孩子们有福了！

劳巴赫在他所著的许多论祷告的书中发展出了一种绝妙的

方法，即"闪光式祷告"（Flash Prayers）。他立志学习一种生活，以便能"**看见**任何人，便为任何人祷告！**听见**任何人，例如这一群孩子在讲话，那个小男孩在哭泣，也立即为他们祷告。"[11] 把坚定率直的祷告闪照在人们身上，乃是一件令人振奋的事，并且能够带来有趣的结果。我曾经尝试过，内心默默祈求，求主的喜乐以及他同在的感悟，在我所遇见的每一个人里面兴起。有时人们没有显出什么响应，可是别的时候，他们回头微笑，似乎有人向他们说话。在公共汽车和飞机上，我们可以幻想耶稣在中间的通道上走下来，轻拍人们的肩膀说："我爱你。我最高兴的是饶恕你，把一切好东西赐给你。你有最优秀的素质仍未发掘，只要你说'愿意'，我会把它打开。如果你肯让我管理你的生命，我会高兴去做。"劳巴赫建议说，如果我们中数以千计的人肯尝试对我们所遇见的每一个人发出"飕飕的祷告"（swishing prayers），并且分享我们这样做之后的结果，我们会学得许多怎样为人祷告的功课。如果我们中数以千计的人，不住地向周围靠近我们的人抛出一件件祷告的斗篷，我们能够改变一个国家的整个气氛。"许多单位的祷告联合起来，好像水滴一样凝聚，就会造出一道不能抗拒的波澜。"[12]

我们必须学习用祷告去抵挡邪恶。古时的作家敦促我们，要进行属灵的争战去抵抗"世界、肉体和恶者"。我们永不可忘记，我们灵魂的仇敌，好像"吼叫的狮子，遍地游行，寻找可吞吃的人"（彼前5：8）。在祷告中，我们与那班在空中管辖幽暗世界的、执政的、掌权的争战。我们需要在祷告中祈求保守；

用基督的生命围绕我们，用基督的宝血遮盖我们，用基督的十字架保守我们。

我们绝不可等到**想要**祷告时才为别人祷告。祷告像任何其他工作一样，在开始的时候可能不令我们喜欢；可是到我们工作了一会儿以后，我们便开始觉得喜欢工作。我们可能不觉得喜欢练习钢琴，可是我们练习了一会儿以后，便觉得喜欢练习。照样，我们的祷告肌肉需要使它变得灵活，而代祷的血液循环一旦开始，我们就会喜欢祷告。

我们无须担心这种工作会使我们花太多的时间，因为"它不花时间，但占据我们全部的时间"。[13] 不是除了工作以外另加祷告，乃是祷告与工作同时进行，我们在工作之前、工作期间以及工作以后都祷告。祷告与行动结合在一起。凯利实验了这样的生活方式："总有一些方法，能使我们的心神同时出现在不同的层次上。这一层里，我们可能在思想、讨论、观看、计算、应付外面各种事务的一切要求。可是在心灵深处，在景象背后的更深一层里，我们也可能在祷告、爱慕、唱歌和敬拜，轻柔地吸入神的气息。"[14]

我们有那么多的事要学习，那么长远的路要奔跑，我们心中的渴求实在可以借用大主教泰特（Archbishop Campbell Tait）的话来表达："我想要一个更大、更深、更真的祷告生活。"[15]

进深研究

当我在各处旅行时，遇到了几种能破坏祷告的功夫的常见误解。

第一项误解是，以为祷告主要是向神求一些东西。祷告蒙应允确实美妙，但相对祈祷的主要功能来说，这只是次要的。祷告的主要功能是继续不断地与神联络交通。沉浸于基督的光辉中，享受那种状态，吟唱"他与我同行，他与我交谈"，把与神同行作为一个美好的事实来接受，在我们每天的所有时间中发现神，对此发现感到欢乐，而不是不安——这就是祷告的内涵。在这种令人心旷神怡的团契生活中，祷告蒙应许，只是一种令人愉快的副产品而已。

第二项误解是，以为祷告时常是一种奋斗，正如我们所说的"进入祷告的负担之下"。我当然不想否认那紧张和困难的时刻，不过，我发现那不是最常见的经验。我也不想贬低我们在那位统管宇宙的主面前所感受到的敬畏、甚至惊惧，然而最常有的经验是轻松、喜乐、安慰、宁静。有时甚至会欢笑，虽然那欢笑比通常的欢笑丰富得多，也较少矫饰（也许我应该用"更神圣"）。我们会获得一种被陪伴的感受，虽然这种感受也与属人的、变化多端的友谊不太一样。也许这正是我们与神成为朋友的证据。

第三项误解是，以为我们活在一个封闭的宇宙中，一切东西都固定了。我们想："既然一切都固定了，而神自始就知道结局,那何必还要祷告?"这是一个很好的问题。也许你有过挫折的经验,好像是与雇主讨论公司政策。雇主邀请你分享意见,他也似乎仔细聆听了你的意见,可是后来你发现,在你进入这个房间之前,公司早已做出了决定。许多人对祷告的认识就是这样。不过,如果使徒保罗所说"我们是与神同工的"(林前3:9)是真实的,那么我们的宇宙就是一个开放的宇宙。我们能与神同工,去决定事情的结果。这句话要用敬虔的态度说出来,但它需要说出来——我们是与神同工的创作者,共同在世上去促进他的国度。

第四项误解是,以为我们的祷告需要在第一次便蒙垂听,甚至每次都蒙垂听,否则我们的信心便会崩溃。正如有一个人对我说:"如果神不垂听这次的祷告,那么一切都完了;我永不可能再相信祷告。"就是这种恐惧,使我们倾向于含糊的祷告——那样一来,就算没有什么事发生,也不要紧。假如我踏进自己的办公室,打开开关却没有灯光。我不会说:"反正我从来都不相信有电!"不,我会推测是哪里出了问题,然后设法找出问题:也许是灯泡坏了,或是线路出了故障。祷告也一样。我时常发现,确实是在联络上出了问题,而故障的原因是在我们这边。

第五项有关祷告的误解与下列常见的教导的有关:"只祷告一次!多过一次便表示缺乏信心。"我了解如此教导之人的用心是善意的,不过极坦白地说,这种教导与圣经的经验和教训大相径庭,特别是与耶稣教人恒切祷告的教训不合。我认为,我们必须持守祷告的工夫，主要是因为我们是渠道，神的生命之光借我们流入个人里面，或者流入某种情势里面。附带说明的是，我发觉，祷告乃是各项操练中最有帮助的一种，它帮助我们脱离"过去"这个妖怪，因为借着那些为我们祷告的手，会有一种内在的医治临到我们。

我邀请你作祷告的探险，此外没有别的东西能吸引我们更亲近神的心。

读经日程

- 星期日：祷告的模式（太 6：5—15）
- 星期一：敬拜的祷告（诗 103 篇）
- 星期二：悔改的祷告（诗 51 篇）
- 星期三：感情的祷告（诗 150 篇）
- 星期四：引导的祷告（太 26：36—46）
- 星期五：信心的祷告（雅 5：13—18）
- 星期六：命令的祷告（可 9：14—29）

研讨题目

1. 我为什么说"祷告是改变"？你自己有过这样的经历吗？

2. 在祷告上，我们怎么去避免因着"信心伟人"的榜样压力而灰心丧志？

3. 相信我们所住的世界是一个"开放的世界"或是一个"封

闭的世界"，对我们的祷告会造成怎样的分别？

4. 把祷告看作是一个学习的过程，为什么如此重要？

5. 试说明信心的祷告和引导的祷告之间的分别。

6. 劳巴赫说："我想学习这样一种生活，好叫我看见任何人，便为任何人祷告。"花一整天尝试这样做，并且把你从这经验中所学得的记录下来。

7. 在祷告上使用想象力，你对这观念有什么看法？

8. 今天便"注视"某些人，想象如果他们领受了加倍的基督之光，会变成怎样？借着信心，把基督之光加倍地送给他们，并且把你从这经验中所学得的东西记录下来。

9. 当我们觉得不想祷告时，我们该怎样做？

10. 凯利说祷告"不花时间，但占据我们全部的时间"，你对此有何体验？

推荐阅读

- Bounds, E. M. *Power through Prayer*. Grand Rapids, Mich.: Zondervan Publishing House, 1979.

  一本震撼人心的书，召唤人们参与到祷告服事中，原本是为传道人而写的，但会震动所有敢于读它的人。（中文版：邦兹著，《祈祷出来的能力》，滕近辉译，香港：宣道出版社，1997 年。——编注）

- Gardiner, Ken. *Standing in the Gap*. Kingsway: 1985.
  这是一本有趣的、有关代祷的研究之作。

- Grou, Jean Nicholas. *How to Pray*. Translated by Joseph Dalby. Nashville, Tenn.: The Upper Room, 1973.

  本书是十八世纪的法国耶稣会会士所著，如伊芙琳·恩德晓所说："这是史上最佳的阐述祷告精要的著作之一。"

- Hallesby, Ole. *Prayer*. Minneapolis, Minn.: Augsburg Press, 1975.

  作者是挪威的一位重要的灵修文学作家。本书之目的是要帮助普通基督徒，发展一种较有意义的祈祷生活。（中文版：哈列斯比著，《祷告》，颜路裔译，台北：道声出版社，2000 年。——编注）

- Kimmel, Jo. *Steps to Prayer Power*. New York: Abingdon Press, 1972.

  一本简明、真诚、实用、有益的祷告指南。

- Laubach, Frank C. *Prayer: The Mightiest Force in the World*. Old Tappan, N.J.: Fleming H. Revell Co., 1959.

  本书实践性极强，充满了一片热忱，作者劳巴赫是二十世纪最了不起的宣教士之一，被人们称为"文字使徒"。

- Leech, Kenneth. *True Prayer*. San Francisco: Harper & Row, 1980.

  卢云论到本书时说得好："这本书不仅论及祷告，而且在读者中创造了空间，使祷告能增长及成熟。"（中文版：李卓著，《真祷告：基督教灵修学入门》，罗燕明译，香港：基道出版社，2001 年。——编注）

- Murray, Andrew. *The Prayer Life*. Basingstoke: Marshall Pickering, Mach 1989.

  本书作者慕安德烈是二十世纪一位伟大的宣道家以及祷告

者。本书研究祷告生活，并且指出降服于神的重要性。(中文版：慕安德烈著，《如何经历祷告的生活》，白拾恩译，美国：大光传播，1997 年。——编注)

• Murray, Andrew. *With Christ in the School of Prayer*. Old
  Tappan, N.J.: Fleming H. Revell Co., 1970.

  本书是一本辉煌的经典之作，处理代祷的职事问题。(中文版：慕安德烈，《祷告的学校》，董挽华、吴碧霜译，台北：校园书房，1986 年。——编注)

• Nee, Watchman. *The Prayer Ministry of the Church*. Hollis,
  N.Y.: Christian Fellowship Publishers, 1973.

  本书会冲击你，挑战你对祷告的理解，迫使你去更深地思考，更深地进入祷告。(原著：倪柝声，《教会祷告的职事》，台北：台湾福音书房，1992 年。——编注)

• Sanders, J. Oswald. *Prayer Power Unlimited*. Chicago: Moody
  Press, 1977.

  本书对个人的祷告有实际的指引，每一章的末了都有合用的讨论题目。

• Theresa of Avila. *The Interior Castle*. Translated by Kieran
  Kavanaugh and Otilio Rodriguez, O.C.D. New York: Paulist
  Press, 1979.

  本书作者亚维拉的德兰是十六世纪的迦密修会的一位西班牙修女。书里描述了七个内在的居所，心灵透过祷告的大门进去。在第七个位于正中的居所里，神以最大的光辉住在其中。(中文版：圣女大德兰著，《七宝楼台》，赵雅博译，台北：光启文化，2012 年。——编注)

4 禁食的操练

有人把禁食抬高到超乎圣经和理性的境地，
又有人对它完全置之不顾。

——约翰·卫斯理

在今日这个到处是华丽的餐厅、高档的饭店的文化氛围中，禁食似乎不合时宜，也与我们时代的步伐极不协调。事实上，总体而言，许多年来，禁食在教会内外都不受重视。在我的研究中，我找不到一本讨论禁食的书是在 1861 年到 1954 年之间出版的。这意味着，几乎有一百年的时间，没有一本讨论禁食的新书出现。近年来，人们对于禁食的兴趣恢复了一些，但距离圣经中平衡的禁食观还很远。

一个在圣经中经常提到、历代基督徒又热心实践的课题，竟有那么长的时间几乎完全被人忽视，究竟是为什么呢？有两个原因。第一，由于中世纪过分刻苦的生活，使禁食有了一个坏名声。同时，基督教信仰对内在的重视渐渐减弱，对外在形式的强调越来越成为一种趋势。而任何时候，当一种缺乏属灵能力的形式崛起，律法便起而掌权，因为律法时常带有一种权力操纵的意识。于是禁食便化为一些严苛条例，用极端的自律和苦工去实行。现代文化对那些过度的行为有极强的反感，以致趋向于把禁食与禁欲混为一谈。

其次，今天我们所听到的不断的宣传，已经使我们深信，如果每天不吃三顿大餐，并附加一些点心，我们便会营养不足。这种认识，再加上另一种流行思潮，即相信去满足人自身的每一种需求乃是一种健康的观念，便让禁食看上去成了一件不合时宜的事。今天任何人如果认真尝试禁食，很容易被群起而攻之——"禁食会损害你的健康""它会削弱你，影响你的工作""它会破坏你身体组织"。这些都是基于成见的说法，不符合事实。人体如果没有空气或水，确实只能生存短短的时间，但若只是没有食物，人能继续生存许多日子（通常约四十天），然后身体组织才会受损。我们无须倒向另一些过分夸张的团体，但也可以放胆地说，只要做得合适，禁食对身体能够产生有益的果效。

既然圣经里有那么多谈到禁食的话，我们不妨再次看看这种古老的操练。圣经里实行禁食的知名人物，可以编成一份名人录：传律法的摩西、君王大卫、先知以利亚、皇后以斯帖、先知但以理、女先知亚拿、使徒保罗、道成肉身的耶稣基督。在教会历史中，历代以来都有许多伟大的基督徒实行禁食，并且见证它的价值，其中有马丁·路德、约翰·加尔文、约翰·诺克斯（John Knox）、约翰·卫斯理、约拿丹·爱德华兹

（Jonathan Edwards）、毕大卫、查尔斯·芬尼（Charles Finney），以及中国的席胜魔。

禁食当然不是仅属基督教的操练，世上所有的主流宗教都认识它的果效。古波斯的琐罗亚斯德（Zoroaster）、中国的孔子和印度的瑜珈都实行禁食。柏拉图（Plato）、苏格拉底（Socrates）和亚里士多德（Aristotle）也都禁食。甚至现代医学之父希波克拉底（Hippocrates）都相信禁食。当然，不论有多少人对禁食有极高的评价，并不能说明禁食是对的，甚至不能使禁食变为值得做的，不过，这事实应该足以使我们驻足深思，愿意把今天对禁食的流行假设重新加以评估。

圣经中的禁食

圣经谈到禁食时，一直是指为了属灵目的而停止进食。它与"绝食示威"（hunger strike）的行为有别。后者的目的是要争取政治权益，或者为了一种善良的目标而吸引注意。它也与健康的饮食习惯不同，因为后者虽然也强调禁戒食物，但不过是为了肉体，而不是灵性。由于现代社会的世俗化，"禁食"（如果实行的话）的动机不是为了虚荣便是为了争取权益。这并不是说这样禁食的方式必然不对，只不过它们的目的与圣经所描述的禁食不同。圣经的禁食总是以属灵的目的为中心。

在圣经中常规的禁食，包含禁戒一切的食物，固体和流质的都在内，但不包括水。在耶稣四十天的禁食中，圣经告诉我们，他没有吃什么，到了禁食结束时，他就饿了，而撒但引诱他吃东西，这便表明，所禁戒的是食物而不是水（路4：2以下）。从物质的观点而言，这就是禁食通常所涉及的东西。

有时所描述的禁食是部分的禁食，即对饮食有所限制，但并非完全禁戒。先知但以理的禁食习惯，一般是常规的禁食，但有一次，有三个星期，他宣告说："美味我没有吃，酒肉没有入我的口，也没有用油抹我的身。"（但10：3）我们不晓得这次非常规禁食的理由，也许他在政府中所担任的职务不容许他完全禁食。

在圣经中也有几个例子，称为"绝对的禁食"，是禁戒食物和水。这似乎是用非常的办法去应付可怕的紧急事变。当以斯帖晓得自己和同胞快要被处死的时候，她吩咐末底改说："你当去招聚……所有的犹太人，为我禁食三昼三夜，不吃不喝；我和我的宫女也要这样禁食。"（斯4：16）保罗在与复活的基督相遇以后，也实行了三天绝对的禁食（徒9：9）。由于人体不能超过三天不喝水，因此，摩西和以利亚曾进行的四十昼夜的绝对禁食，必须看作是超自然的事（申9：9；王上19：8）。我们必须强调，绝对的禁食是一种例外，除非一个人有从神而来的清楚命令，否则不应该实行，并且在实行的时候，不能超过三天。

在多数的情况下，禁食是个人与神之间私人的事件。不过，有时也有团体或公众的禁食。摩西律法所要求的唯一的每年一次的公众禁食，是在赎罪日举行（利23：27）。**这日**要放在犹太人的日历中，那时百姓要以忧伤痛悔，来赎他们的罪（后来慢慢地又加添了别的禁食日子，到如今超过了二十天）。

此外，在团体或国家的非常时期，也号召人禁食："你们要在锡安吹角，分定禁食的日子，宣告严肃会。聚集众民。"（珥2：15）当犹大国受敌人入侵时，约沙法王号召全国禁食（代下20：1—4）。为了回应约拿的布道，尼尼微全城的人，包括牲畜——肯定不是自愿的——都实行禁食。在动身回耶路撒冷之前，以斯拉要那些被掳之人禁食祷告，求主保守他们平安经过强盗出没的道路（拉8：21—23）。

假如人们在心理上有所准备，同时在这些事上一心一意，那么团体的禁食是一件美妙和满有力量的事。教会或其他团体若有严重的难题，借着一致的团体祷告和禁食，会得到实质上的医治。当有足够的人，又正确地了解所涉及的内容时，号召全国性的祷告和禁食，也能够发生有益的果效。在1756年，面临法国入侵的威胁，英王号召全国人民作一天严肃的祷告和禁食。约翰·卫斯理在他当年2月6日的日记中有这样的记载："禁食日是个辉煌的日子，自从王权复兴以后，在伦敦很少看到这样的情形。城中每一间礼拜堂都挤得水泄不通。每一个人的面孔都显得庄严肃穆。神诚然垂听祷告，我们的宁静会继续延续下去。"在注脚中他写道："屈辱转为全国性的欢乐，因为逃脱了法国人入侵的威胁。"[1]

在历史上也发展出所谓经常性的禁食。到撒迦利亚先知的时候，已有四种经常的禁食（亚8：19）。在耶稣的比喻中那位法利赛人的夸口，透露了当时的一种普遍习惯："我一个星期禁食两次。"（路 18：12）*《十二使徒遗训》（*The Didache*）催促人每周在星期三和星期五两次禁食。公元六世纪的第二次奥尔良大公会议（the Second Council of Orleans）规定人必须实行经常的禁食。约翰·卫斯理想重振《十二使徒遗训》的教训，催促早期的循道宗信徒在星期三和星期五禁食。他觉得这事十分重要，如果某人在那两天不禁食的话，他会拒绝按立对方成为循道宗的牧师。

经常的或者每周的禁食在一些人身上有那么深的果效，以致他们想找出圣经对这事的命令，好叫他们可以催促所有的基督徒都这样做。这种寻找是徒然的。因为圣经中根本没有吩咐人按时禁食的规矩。不过，我们在福音中的自由并不意味着放纵，而是意味着做选择的机会。既然没有律法约束我们，我们便有自由在任何一天禁食。对保罗而言，自由的意思是，使他"常常禁食"（林后 11：27，根据 KJV 译本翻译）。我们应该时常谨记使徒的勉励："不可将我们的自由当作放纵情欲的机会。"（加 5：13）

今天，有一种相当流行的"操练"与禁食相近似，但并非完全一样，称为"警醒"（watchings），这是根据保罗论到他的受苦时所采用的词汇（林后 6：5，11：27）。其意是克制自己不睡觉，以便祷告或者担负其他属灵职守。没有迹象表明这事与禁食有任何本质上的关联，否则我们会被限制在极短期的禁食！虽然"警醒"或许有价值，而神有时可能呼召我们为了特

---

* 法利赛人常在星期一和星期四禁食，因为那两天有集市，这样便保证必然会有更多的人看见他们的敬虔而生景仰。

别的需要而不睡觉，但我们必须小心，不要高举一些只有极微小的圣经根据之事，认定它们是重要的必须履行的义务。在任何有关操练的讨论中，我们都必须把保罗的警告放在面前，免得我们所做的事"使人徒有智慧之名，用私意崇拜，自表谦卑，苦待已身，其实在克制肉体的情欲上是毫无功效"（西2：23）。

禁食是一条诚命吗？

有一个问题自然地引起了人们的关注，即圣经是否把禁食视为所有基督徒必须履行的一项义务。有无数的人都曾试过回答这个问题，结果也便有了各种不同的结论。其中一个最好的正面答案，是托马斯·卡特赖特（Thomas Cartwright）在1580年所写的《真禁食的神圣操练》（*The Holy Exercise of a True Fast*）。这本书可说是有关这问题之第一流作品。

虽然有许多讨论这个题目的经文，可是其中两处是特别重要的。第一处是耶稣关于禁食的令人惊愕的教训，出现在登山宝训中。[*]在这里立刻出现两件值得注意的事。第一，耶稣有关禁食的教训，是与另外两个教训——施舍和祷告——相伴而来的。把施舍、祷告和禁食放在一起谈论，似乎已成为当时的一种下意识的观念，仿佛三者都是基督徒灵性生活的固定部分。若我们没有理由把施舍和祷告从基督的教训中除去，自然也不能把禁食从他的教训中除去。第二，耶稣说："你们禁食的时

---

* 在此我并不打算驳斥时代论（dispensationalism）里一种异端，认为登山宝训只适用于将来的时代，而不适用于今天。关于这方面的讨论，请参富勒（Daniel P. Fuller）的一篇博士论文《时代论的解经法》（The Hermeneutics of Dispensationalism, by Daniel P. Fuller [doctoral thesis, Northwestern Baptist Seminary, Chicago, lllinois]）。

候……"（太6：16）他似乎假定人们会禁食，所需要的是教导人们怎样正确地去做。马丁·路德说："基督无意拒绝或看轻禁食……他的意思是恢复正当的禁食。"[2]

然而，说了上面的话以后，我们必须进一步地认识到，耶稣那番话并不构成一条诫命。耶稣只是指导人们怎样正确地去实行当时的一种普遍惯例。耶稣没有说这是否属于一种正当的行为，也没有说是否应该继续这样做。所以，耶稣虽然没有说"如果你禁食"，他也没有说"你**必须**禁食"。他的话非常简单，只说"你们禁食的时候"。

耶稣有关禁食的第二个重要的言论，是在回应施洗约翰的门徒的一个问题时所说的。他们对一项事实感到困惑，就是他们和法利赛人都禁食，但耶稣的门徒不禁食。于是他们问："为什么？"耶稣回答说："新郎和陪伴之人同在的时候，陪伴之人岂能哀恸呢？但日子将到，新郎要离开他们，那时候他们就要禁食。"（太9：15）论到今天的基督徒是否应该禁食，那也许是新约里面最重要的声明。

因着耶稣的来临，一个新的时代已经开始了。神的国已经临到他们中间，带着随时都能发挥效能的力量。新郎在他们中间，那是欢宴的时刻，不是禁食的时刻。然而，日子将到，那时门徒要禁食，虽然不是按照旧的律法主义的方式去实行。

关于耶稣的门徒要禁食的最自然解释，是指目前的教会时代，尤其有鉴于这段话与耶稣随后以新皮袋比喻神国度的言论的关系（太9：16—17），便更觉如此。亚瑟·华理斯（Arthur

Wallis）认为，耶稣这话是指后来的教会时代，多于指他的死和复活之间的三天时间。在结束讨论时，他写道："我们不得不承认，所谓新郎不在的日子，指的就是目前这个时代，就是从耶稣升天到父那里去直到再临的时期。这显然就是使徒们对此话的理解。因为直到他升到父那里去以后，我们才读到他们实行禁食（徒 13：2—3）……教会的这个时代就是新郎不在的时期。当我们的主说：'那时候他们就要禁食'，就是指教会这个时代而言。现在就是这个时代！"[3]

我们无法忽视耶稣在那段经文中所说的话之力量。他明显表示，他预期门徒在他离开以后要禁食。尽管从语义学上看，这些话不是用命令方式表达出来的，但就这段经文而言，基督显然支持禁食的事，也期望跟从他的人会实行。

也许最好避免"命令"这说法，因为严格说来，耶稣并未命令禁食。不过他显然以这原则为出发点，即神国的儿女会去禁食。对一位渴望与神更亲密地同行的人，耶稣这些话是有号召力的。

今天，那些对基督的呼召会作出回应的人在哪里呢？我们是否已如此习惯"廉价的恩典"，以致我们本能地逃避那比较严格的、要我们顺服的呼召呢？"廉价的恩典乃是没有门徒职分的恩典，没有十字架的恩典。"[4] 比方说，为什么金钱的奉献毫无疑问地被承认是基督徒敬虔的一种元素，而禁食则引出了那么多的争论呢？从圣经里，我们当然可以找出许多讨论禁食的证据，正如讨论金钱奉献的证据那样多（前者甚至可能多于后者）。也许在我们这个富裕的社会中，禁食比金钱的奉献，包含着更大的牺牲。

禁食之目的

耶稣对禁食问题所发表的第一篇言论，是针对动机而言的（太6：16—18），这一点实在促使我们要作出反省。利用好的事物去达到自己的目的，通常都是伪信仰的标志。我们多么容易采用禁食这类做法，促使神去做我们想要的事。有时我们那么强调禁食的福气和好处，以致会面临一种试探，就是相信只稍微禁食，便能使整个世界，包括神本身，都完全听命于我们。

然而，禁食必须永远都以神为中心。它必须由神所发动，且由神所制定。像女先知亚拿一样，我们需要"用禁食去事奉"（路2：37；和合本作"禁食祈求"）。若有任何别种目的，都要在神之下，服从神。像在安提阿的使徒团体，"禁食"和"事奉主"，乃是连在一起的（徒13：2）。司布真写道："我们在礼拜堂的禁食和祷告的季节，实在是兴高采烈的日子；天上之门从来没有开得那么大，我们的心也从来没有那么接近那荣耀的焦点。"⁵

神询问撒迦利亚那个时代的百姓："你们……禁食悲哀，岂是丝毫向我禁食吗?"（亚7：5）我们的禁食不是向着神，就是失败的。物质的利益，祷告的成功，具备能力和属灵的明见——这些东西永不能代替神，成为我们禁食的中心。约翰·卫斯理宣告："首要的是，禁食必须对主而作，让我们的眼睛专注于他。让我们立意如此，唯独如此，就是荣耀我们在天上的神……"⁶ 这是唯一的办法，让我们避免爱福气过于爱赐福气的主。

　　这一根本目的一旦在心中固定，我们便可以进一步去探讨禁食中另一些次要的目的。禁食比其他任何一种操练更能暴露出我们所受到的控制。对于真正渴望被更新、变为耶稣基督的形象之门徒来说，这乃是最美妙的好处。我们用食物和其他好东西把我们里面的东西遮盖起来，可是在禁食时，这些东西将再次浮现。如果骄傲控制我们，它几乎会立即显明出来。大卫说："我以禁食降卑我心。"（诗 69：10；"降卑"在和合本中译作"刻苦"）忿怒、痛恨、妒忌、争竞、恐惧——如果它们在我们里面，那么在禁食的时候，它们也会浮现出来。起初我们会寻求借口，说我们的忿怒是由于饥饿；但然后我们会晓得，我们之所以忿怒是因为里面有忿怒之心。我们能够因获得这种体认而高兴，因为晓得借着基督的大能可蒙医治。

　　禁食提醒我们，我们是"靠神口里所出的一切话"而活着（太 4：4）。托住我们生命的，不是食物，乃是神。万有靠基督而立（西 1：17）。所以，在禁食的经验中，我们与其说是禁戒食物，倒不如说是丰丰富富地享用神的话。禁食乃是享用盛宴！当门徒把午餐带给耶稣时，以为他饥肠辘辘，但他宣布："我有食物吃，是你们不知道的……我的食物就是遵行差我来者的旨意，作成他的工。"（约 4：32、34）这不是一个聪明的隐喻，乃是事实。耶稣已被神的能力滋养、托住了。这就是他在《马太福音》第 6 章论禁食的道理。他告诉我们，在禁食时不要面带愁容。因为事实上，我们不是落在悲惨的地步中，而是在神那里受滋养。正如以色列人在旷野，借着天上降下来的神奇吗哪而维持生命，照样，我们也借着神的话维持生命。

禁食帮助我们在生活上保持平衡。我们多么容易让次要的食物在我们的生命中占据优先位置。我们多么容易贪求一些并不需要的东西，直到受它们的奴役。保罗写道："凡事我都可行，但无论哪一件，我总不受它的辖制。"（林前6：12）人类的各种欲望好像一条河流，倾向于泛滥两岸；禁食则帮助我们把这些欲望保持在正当的河床上。保罗说："我是攻克己身，叫身服我。"（林前9：27）与此相似，大卫也写道："我……禁食，刻苦己心。"（诗35：13）那不是苦行主义，那是用操练带来自由。公元四世纪的阿斯提留（Asterius）说，禁食将保证肚子不会像茶壶一样沸腾起来，不让我们的身体对灵魂产生妨碍。[7]

无数的人曾经指出禁食的许多其他价值，例如使代祷更加有效，在作决定时获得指导，更加集中注意力，使那些受压制的得拯救、身体上获得健康、得到属灵的启示等。在禁食这事上，正如在一切其他的事上一样，我们能够期望神赏赐那些殷勤寻求他的人。

禁食的实行

现代人对禁食的实行多半都不懂。那些想禁食的人必须熟悉这方面的知识。

正如一切操练一样，必须由浅入深，按部就班去做；先学步，后学跑。开始的时候作部分的禁食，时间不超过二十四小时；许多人发觉，从午餐到午餐是最好的时间。这便意味着你有两顿不吃正餐。喝点新鲜果汁是挺好的。可以每周一次这样做，连续几星期。在开始的时候，你会为那些外在的情况而感到惊喜，可是最需要监管的是内在的敬拜态度。外表上，你会照常做每日该做的事，但内里你会在祷告、爱慕、歌唱和敬拜的心境中。从一个新的角度把一天的每件事都变为对主的一种神圣事奉。无论你的责任多么凡俗，对你而言都是一种圣事。培植一种"对属神的气息之温柔的感受力"[8]。在停止禁食的时候，先吃些新鲜的水果和蔬菜，同时内心应当满有喜乐。

经过两三个星期以后，你可以预备去尝试二十四小时正常的禁食。只喝水，但是要喝得适量。有许多人觉得蒸馏水是最好的。如果白开水使你觉得索然无味，可以加一匙柠檬汁在里面。在禁食期未完之前，你大概会感到一点饥痛（hunger pangs），或者不舒服。那并不是真正的饥饿；你的胃常年以来都受训练在一定的时刻发出饥饿的信号。在很多方面，你的胃好像宠坏了的孩子，而宠坏了的孩子不需要宽纵，需要操练和管教。马丁·路德说："肉体惯于尽情埋怨。"[9]你必须对这些埋怨毫不让步。不要理会这些信号，或者索性盼咐你那"宠坏了的孩子"安静下来，经过短时间以后，饥痛会过去。不然的话，可以慢慢地饮一杯水，那时你的胃会感到满足。你要作胃的主人，而不是它的奴仆。如果家庭责任容许的话，将通常吃饭的时间用以默想和祷告。

不消说，你应该遵照耶稣的忠告，约束自己，不让别人注意到你在禁食。只让那些必须知道你在禁食的人知道这事。如果故意让人注意你在禁食，正如耶稣所说的，会给人以深刻的印象，那便是你的赏赐。然而，你禁食是为了更加伟大和有意义的赏赐。下面各则乃是一位尝试每周禁食一次、坚持了两年之久的人所写的。请注意从禁食的表面意义进入更深的成就的那个过程：

1. 整天没有吃东西，我觉得是一个极大的成就。我祝贺自己，因为发现禁食原来那么容易……

2. 开始看出上面所说的不吃东西几乎不是禁食的目标，此时感到的饥饿，倒像是在这方面在帮助我……

3. 开始把禁食与生命中更难禁止的其他部分连结起来……在公共汽车上我不一定必须得到一个座位才觉满足，或者在夏天必须凉快、在冬天必须温暖才不会烦恼。

4. ……更多思想基督的受苦，以及那些饥饿的人和有饥饿婴孩之人的痛苦……

5. 操练禁食六个月以后，我开始看出禁食两年的建议是有道理的。过程中，我的经验在变化。在禁食的日子，饥饿感变得尖锐，吃东西的试探越来越强。我第一次使用这天去寻求神对我生命的旨意。开始思想交托自己的生命是什么意思。

6. 如今我晓得，祷告和禁食必须紧密连结在一起，没有别的途径。然而那途径在我里面还未连结在一起。[10]

已经完成几次禁食，而且略有属灵的成长以后，进一步实行三十六小时的禁食：三顿不吃。完成了这一步以后，便是在适当时候去寻求主的旨意，看看他是否要你继续更长时间的禁食。三天到七天是一个好的期限，也许对你生命的路程会有一个重大的影响。

能够预先了解在较长时间的禁食中，身体将会经历的过程，对你是有益的。最初三天，就身体上的不舒服和饥痛而言，通常是最难受的。身体开始把历年以来因不良饮食习惯所集聚的毒素除去，这过程并不好受，也会造成舌苔和口臭。不要给这些征兆所困扰，反而应该为将要增进的健康心怀感激。这时人可能感到头痛，尤其是爱喝咖啡或浓茶的人。这些都是轻微的脱瘾症状，以后会过去，虽然有一段时间可能令人极不舒服。

到第四天，饥痛开始减弱，虽然你会觉得软弱无力，并且不时晕眩。晕眩只是暂时性的，并且是因为忽然改变姿势而引起的。当移动时，动作慢一点，便不会有困难。软弱无力可能达到一种地步，甚至最简单的工作也要作极大的努力。此时休息是最好的治疗法。许多人发觉这是禁食中最困难的一段时间。

到第六或第七天，你会开始觉得比较强壮，也比较机警。饥痛会继续减弱，直到第九或第十天便只有轻微的不适。身体会消除大量的毒素，你会觉得心旷神怡。注意力会更容易集中，并且觉得似乎可以无限期地禁食下去。在身体上，这是禁食的最愉快的阶段。

从第二十一天到四十天或者更长的时期，因人而异，饥痛会重新出现。这是第一阶段的饥饿（starvation），表明身体已经用尽了它一切超额的储蓄，而开始支取活的组织。这时便应该停止禁食。

　　在禁食期间所减去的体重因人而异。开始的时候每天减少一公斤，当继续禁食下去时，每天减少不到半公斤，算是正常的情形。在禁食期间，你更易觉得寒冷，因为身体的新陈代谢没有像往常那样产生热量。如果小心保持体温，这不是难题。大家都应该明白，有些人的身体不适宜禁食。糖尿病患者、怀孕的妇女以及有心脏病的人都不宜禁食。如果你对于是否适宜禁食有更具体的问题，要向医生请教。

　　在开始较长时间的禁食之前，有些人觉得要多吃一些，好"囤积起来"。这不是明智之举，事实上，在禁食开始前一两天，比平常少吃一些反而是最好的办法。若要进行一段较长时间的禁食，开始之前的三天里，你最好也不要喝咖啡或茶。如果禁食前最后一餐吃的是水果和蔬菜，你便不会有便秘的困难。

　　经过一段时间的禁食以后，应该先喝果汁或菜汁。起初只喝一点点。请记住，你的胃缩小了许多，同时全部的消化系统都已陷入一种冬眠状态。第二天你可以吃点水果，然后喝点牛奶或酸奶。再后你可以吃新鲜的沙拉以及煮熟的蔬菜。不要在沙拉上面加配料，也不要摄入动物油脂和淀粉类食物。千万不要吃得过量。这是最好的时机，去考虑将来的饮食规则和习惯，看看对食欲是否需要更多的约束和控制。

　　虽然禁食在肉体方面的情形令我们神往，不过永不要忘记，圣经讲的禁食主要是属灵的事。在灵性方面所经历的事，要比在肉体方面所经历的事更加重要。你会从事属灵的战争，这种战争需要用《以弗所书》第6章所提到的一切武器去对付。

灵性方面最危险的一段时期，乃是肉体的禁食终止的时期，那时我们有一种自然的趋势，就是松弛下来，疏于防范。不过，我不想给人留下一种印象，认为一切禁食都是沉重的属灵争战，在我的经历中并非如此。禁食也是"……公义、和平，并圣灵中的喜乐"（罗 14：17）。

禁食能够在属灵的境界带来突破，是任何其他方法所不能达到的。它是神恩典和祝福的一种媒介，是我们不应该再予以忽略的。卫斯理这样说："……不是单从理性而来的亮光……促使神的子民，在历世历代都蒙指导，采用禁食作为一种媒介……乃是由于神自己曾经这样教导……清楚明白地彰显他的旨意……不管是什么理由推动了古人，叫他们时常热心地实施禁食的责任，那些理由仍旧具有同等的力量去推动我们这样做。"[11]

当前正是所有听见基督声音的人去遵行的时候了。

进深研究

禁食的核心理念是，为了让灵性更加活跃，去自愿地抑制自己其他的正常功能。生命中这种正常的功能并没有什么不对的地方，只是有时为了集中注意力的缘故，我们把它们放在一旁。当我们从这个角度去看禁食时，便能看出它的合理之处，也能看出它的深层意味。圣经所论的禁食，主要涉及的是食物方面，但我要把这重要原则应用到当今时代文化之其他层面上[*]。

第一，今天有一种需要，就是学习禁戒人际交往。我们有一种倾向，就是人际关系太过"饱足"，以致引起严重的"胃痛"！我建议，我们要学习禁戒人际交往，不是为了反社会潮流，反而正因为我们强烈爱人，当与他们在一起的时候，我们想要善待他们，而不是伤害他们。独处的操练以及团体的操练应携手并进。直到我们学会了独处，才能在与人相处时帮助他们，不然的话，我们会把自己的松散带到那个关系中。反过来说，直到我们学会了与人相处，独处才不致成为一件危险的事，不然的话，它会让我们对受伤痛苦的人群更加无感。

第二，让我们学习有时禁戒传媒。我时常惊奇，许许多多的人似乎不能够（或者至少不愿意）在一整天里只专注于一件事。他们的思路时常被这样或那样的要求所打断——报纸、收音机、电视机、杂志。无怪乎我们感到支离破碎。显然，传媒有时，但是无传媒也有时。我们送孩子到营会去，他们回来时心情兴奋，说"神对我说话了！"在营会中发生的事很简单：他们只是有一段够长的时间、抛弃分心的事而集中注意力。我们在日常生活里同样能够做到这一点。

第三，我会建议有时禁戒电话。电话是一种美妙的发明，但它不应该控制我们。我知道有人为了听电话而停止祷告。我

---

* 这里列举的观念，有些以不同形式在我另一本书《简朴生活真谛》（*Freedom of Simplicity*）中出现。

想告诉你一个秘诀：你没有责任每次电话铃声响起时都去听电话。在我们家，当我们吃饭时，或者当我读故事给孩子听时，我们不听电话，因为我要两个儿子知道，他们比任何电话更重要。为了响应一部机器而中断一个重要的谈话，实在是一件极端无礼的事。

第四，我想建议操练禁戒广告。我仍记得有一天，我在洛杉矶公路上开车。我忽然发觉，整整一个小时我的思想都被广告控制。我建议禁戒广告。我的意思不是说，我们必须禁止自己看广告，而是说，广告可以是一个提醒，引起我们想到另一些事情。比如，当广告中人向我们喊出"更多，更多，更多"时，让它变成对我们的一个提醒，去想到一个更丰富、更充实的概念，就是"少点，少点，少点"。当我们周围被漂亮的丰腴女子以及喂得胖胖的婴孩包围时，也许这画面能够触及我们思想中的另一世界。在那个世界中，有四亿六千万人都是严重的饥馑受害者（明天这个时候，他们中有一万人会死亡）；在那个世界中，有许多的家畜比人们过得更有保障。

由此引出了第五个、也是最后一个建议：我们要找出时间去禁戒我们那贪得无厌的、却令自己感到舒服的消费文化。为了灵魂的缘故，我们需要时间接近基督最喜爱的人——那班破碎、受伤、无依无靠的人，不是要向他们说教，乃是要从他们身上学习。为了我们的平衡，为了我们的神智清明，我们需要时间在他们中间，就是圣雄甘地（Mohandas Karamchand Gandhi）所说，那班过着"永恒的被迫禁食生活"的人。

禁食是神所定下的一项属灵操练，是为了基督徒团契的好处而定下的。愿神在我们里面找到这样敞开的心，去接受他广施恩典的这个媒介。

读经日程

- 星期日：基督的榜样（路 4：1—13）
- 星期一：神所拣选的禁食（赛 58：1—7）
- 星期二：部分的禁食（但 10：1—14）
- 星期三：正常的禁食（尼 1：4—11）
- 星期四：绝对的禁食（斯 4：12—17）
- 星期五：宣教的禁食（徒 13：1—3）
- 星期六：选立长老时的禁食（徒 14：19—23）

研讨题目

1. 检查你对禁食的第一反应（若有此反应，请打✓）：
   呃。
   唔……
   哇噢!
   可以吧。
   得自由。
   开玩笑吗?

2. 基督教的禁食与绝食抗议以及为健康禁食有何分别？

3. 给下列各项禁食下定义：

   "正常的禁食"

   "部分的禁食"

   "绝对的禁食"

4. 禁食的主要目的是什么？

5. 禁食怎样显明控制你生命的东西？

6. 对你来说，什么是禁食中最难的事？

7. 禁食两顿正餐（二十四小时），把储下的时间献给神。把你从这经验中所学到的任何事记录下来。

8. 试行禁戒传媒一周，看看你学到什么关于你自己的事？

9. 试讨论这问题：禁食只不过是基督教信仰的文化表达而已，抑或是为所有文化以及任何时代而设的？

10. 在他那个时代，约翰·卫斯理要求每一位在循道宗受按立的牧师，都必须每周禁食两天。试讨论，这种要求在我们这个时代的含义是什么。

推荐阅读

• Cartwright, Thomas. *The Holy Exercise of a True Fast.* London: 1610.

  作者卡特赖特是一位清教徒领袖，英格兰历史上第一位牧师，在改教运动之后，为了帮助信徒而创作了本书，目的是厘清为了属灵目的和健康目的而禁食的区别。

- Ehret, Arnold. *Rational Fasting*. Beaumont, Tex.: Ehret Literature Publishing Co., 1971.

  从身体的健康安全角度进行禁食之探讨。

- Knox, John. *Order and Doctrine of a General Fast*. Edinburgh: 1565.

  苏格兰改教领袖诺克斯的著作。

- Prince, Derek. *Shaping History through Prayer and Fasting*. Old Tappan, N.J.: Fleming H. Revell Co., 1973.

  书内充满了有趣的历史典故，展示了禁食对世界的影响力，作者叶光明是灵恩运动的一位领袖。

- Rogers, Eric N. *Fasting: The Phenomenon of Self Denial*. Nashville, Tenn.: Thomas Nelson Inc., 1976.

  本书概述了世界上几大宗教的禁食，包括为了政治目的和健康目的的禁食运动。

- Smith, David R. *Fasting*. Fort Washington, Penn.: Christian Literature Crusade, 1969.

  一本很好的研究禁食问题的书。

- Smith, Fred W. *Journal of a Fast*. New York: Ballantine Books, 1972.

  本书记录了一位蓝领人士的长时间禁食的过程，充满了有趣而实用的智慧，不过他的神学和哲学方面的评述有点奇怪。

- Wallis, Arthur. *God's Chosen Fast*. Fort Washington, Penn.: Christian Literature Crusade, 1971.

  我个人认为这是如今市面上最好的有关禁食的著作，兼具理论与实践。（中文版：华理斯著，《神所拣选的禁食》，何国强译，香港：以琳书房，1999 年。——编注）

5 研究的操练

单单研究人，获得的是没有灵魂的知识躯壳；
单单研究书籍，获得的是没有血肉的知识之魂。
看见，并且观察；阅读，并且反省，便是走在通
往知识的正途上，但在探究别人的心时，切不可
忽略自己的心。

——迦勒·柯尔顿（Caleb Colton）

灵性操练之目的是使人完全改变。它的目标是用全新的、赐生命的思想习惯，去代替旧的破坏性的思想习惯。这种目的在研究的操练中可以看得最清楚。使徒保罗告诉我们，我们获得改变之道是借着"心意更新"（罗 12：2）。这个"心意更新"，是通过那些能够转换我们心意的内容而实现的。"弟兄们，我还有未尽的话：凡是真实的、可敬的、公义的、清洁的、可爱的、有美名的，若有什么德行，若有什么称赞，这些事你们都要**思念**。"（腓 4：8）研究的操练乃是基本的工具，带领我们去"**思念这些事**"。所以我们应该高兴快乐，因为神不是让我们

自行设计一些方法，而是赐下这种恩典的媒介，去改变我们的
心灵。

许多基督徒仍被恐惧和焦虑所束缚，只因为他们没有好好
地采用这种研究的操练。他们可能忠实地参加教会的敬拜聚会，
诚挚地完成他们的宗教责任，然而仍旧没有改变。在此我不仅
仅是指那些只按照宗教形式而行的人，乃是指那些真心诚意寻
求敬拜顺服耶稣基督、以他为主宰、为师尊的人。他们可能欢
喜歌唱，用心祷告，按照他们所知的去过顺服的生活，甚至见
到了属神的异象和启示，然而他们生命的进程仍旧没有改变。
为什么呢？因为他们从来没有采取神用以改变我们的一种关键
方法：研究之操练。耶稣明确指出，对真理的知识会使我们得
自由。"你们必晓得真理，真理必叫我们得自由。"（约8：32）
舒服的感受不能叫我们得自由，狂喜的经历不能叫我们得自由，
内心因耶稣而兴奋也不能叫我们得自由。如果没有对真理的知
识，我们不会有自由。

在人所尽力追求的每一领域中，这个原则都是真实的。在
生物学和数学上是真实的，在婚姻以及其他人类关系中也是真
实的。但它在有关灵性生活上特别真实。许多人由于对真理愚
昧无知，以致在属灵的道路上受阻碍，感到混乱。更糟的是，
许多人被假教训带进残酷的束缚中。"你们走遍洋海陆地，勾引
一个人入教，既入了教，却使他作地狱之子，比你们还加倍。"
（太23：15）

因此，让我们学习灵性操练中"研究"这一项操练，认识

并避免那些陷阱，以喜乐的心去实行，并体验它所带来的释放
与自由。

何谓研究？

研究是一种特别的经验，在这经验中，我们借着仔细注意
所研究的事物，从而让思想朝着某种固定的方向而前进。记住，
我们的思维会沿袭一个次序，我们也会照着这个次序去思考那
些让我们集中注意力的东西。也许我们研究的是一棵树或一本
书，我们看它，触摸它。这样做的时候，我们的思想习惯便受
到树或书本身的法则所牵引。而当我们把注意力集中起来，细
心体会，反复参详，便会形成一种根深蒂固的思想习惯。

旧约教导说，要把律法写在房屋的门框上和城门上，又要
系在手上为记号，"戴在额上为经文"（申 11：18）。这教导的
目的，是引导人重复地、有规律地以固定的方式去思想神与人
之间的关系。一串念珠，或者一个祈祷轮（prayer wheel）也含
有同样的目的。当然，新约以写在心中的律法代替写在门框上
的律法，并且引导我们到永远与我们同在、居住在我们心中的
教师耶稣那里。

我们必须再次强调，逐渐形成的根深蒂固的思想习惯，**将
会**与所研究的东西的规律达成一致。我们研究些**什么**，便决定
我们会形成怎样的习惯。保罗催促我们把思想集中于真实的、
可敬的、公义的、清洁的、可爱的、有美名的事上，原因即在
于此。

研究的进程与默想有别。默想是灵修性的，研究是分析性

的。默想会细腻地欣赏一个单词，研究则会仔细地予以分析。虽然默想与研究时常重叠，并且同时发生作用，可是它们构成两种不同的经验。研究提供一种客观的架构，在这架构中，默想能够继续不断地发生作用。

在研究时，有两类"书"要研读：语言性的和非语言性的（verbal and nonverbal）。因此，书籍和讲座只构成研究范围的一半，而对自然世界的研究，以及更重要的，对各种社会事件和活动的观察研究，乃是基本的非语言的研究范围。

研究的主要任务是对一本书、一种遭遇和一桩事件等的实质有深刻的领悟。比方，一个人可能熟悉一个悲剧事件的经过和情形，可是从来没有领悟到其本质所在。可是如果一个人去仔细观察，并且对所发生的事加以反省，他会从中学到许多宝贵的教训。

研究的四个步骤

研究包含四个步骤。第一个步骤是重复（repetition）。重复是一种学习方法，即把思想有规律地引导到一个特别的方向，这样逐渐地使思想成为一种根深蒂固的习惯。我们可能会对这种古老的教学方法嗤之以鼻，但也必须认识到它的力量。仅仅重复，即便不了解所重复的究竟是什么，也会对人的思想产生影响。一个根深蒂固的思想习惯，单单借着重复就能够形成，之后便催生了行动的改变。因此，有很多灵修操练会强调有规律地重复温习神的作为。心理遗传学（psychocybernetics）背后的核心理论，就是训练一个人有规律地重复某些肯定和确认的话语（例如，我无条件地爱我自己）。甚至那人对所重复的东西是否相信也无关紧要，只要重复即可。人的思想在这一过程中受到训练，迟早会产生回应，然后就会修改自身的表现去配合这些肯定和确认。这个原理千百年前就为人所知，不过到最近才获得了科学的证实。

这也是为什么电视节目的内容那么重要的原因。因为如果每晚的电视都在黄金时间播出谋杀案，这种重复本身便足以训练人的思想，演变成具备毁灭性的思想。

专注（concentration）是研究的第二个步骤。除了用重复的方法把主题印入脑中以外，假如再加上对所研究的事物专心，那么所学到的东西会大大增加。专心会把思想集中起来，把注意力集中在所研究的事物上。人的心思有难以置信的专注的本领。它持续不断地接受数以千计的刺激，把其中每一项都收藏在记忆库中，但同时又仅仅集中注意几件事。当我们怀着单纯的目的，集中注意力在要研究的对象时，大脑的天然能力便提高了。

我们生活在一个不重视专注的文化中。每天所经历的，都是令人分心的事。比方说，许多人都会夜以继日地开着收音机做事。有些人会一边读书，一边看电视。多数人都发觉，想要一整天只专注于一件事，根本是不可能的。在这种挥霍精力的文化中，我们自己也是不被专注对待的对象。

当我们用重复把头脑瞄准一个固定方向，专注于所选的题目，而且理解了所研究的东西，便达到另一层面。那便是研究之操练的第三步：领悟（comprehension）。

记得吗，耶稣提醒我们，叫我们得自由的，不光是真理而且包括对真理的**晓得**（约 8：32）。这涉及到了真理的内容，理解的工作便聚焦于此。大家都有这样的经验，重复地阅读一些东西的时候，我们会在忽然之间懂得了它的意思。这种"我找到了！"（eureka）的豁然贯通的经验，把我们带到一个新的成长和自由的境界里。它导致新的见识和洞察力，叫我们开始对事实有更真实的认识。

不过我们还需要另一步骤：思考（reflection）。领悟能让我们认识所研究的对象，思考则揭示了我们所研究的对象的**意义**。对我们这个时代的事件加以反省和再思，会引导我们认识这些事件的内在真相。思考引导我们从神的观点去看事情。在思考中，我们不仅会了解所研究的主题，也对自己有所了解。耶稣时常说，有些人有听不明的耳和看不见的眼。当我们思想所研究的事物之意义时，便以一种新的方法去听、去看一切的事。

我们很快便会明白，研究必须有谦卑的态度。除非我们对所研究的主题存着虚心的态度，否则便无所谓研究。我们必须接纳它已有的系统，必须以学生的身份上前，而不是以老师的身份驾临。研究不仅直接仰赖谦卑，而且促成谦卑。傲慢与受教的心是互不相容的。

大家都见过一些人，他们读过某些科目或者得到某一学位，便以不可一世的傲慢态度去炫耀学得的东西。我们为这样的人深感忧伤。他们不了解"研究"这种属灵的操练，误以为所积聚的见闻便是知识，把装腔作势的话语当作智慧。多么可悲！使徒约翰认为，永生就是认识神："认识你独一的真神，并且认识你所差来的耶稣基督，这就是永生。"（约17：3）即使稍微触及这一经验知识，也足以使我们非常谦卑了。

打好了这样的根基以后，让我们进一步思考如何把研究的操练实践出来。

书本的研究

当我们思考研究时，很自然地想到书籍或其他的著作。虽然像我前面说过的，这只是研究范围的一半，但书籍的确是最明显的、最重要的部分。

不幸的是，许多人似乎认为，研究一本书是一件简单的工作。无疑，这种肤浅的态度会造成许多不良的阅读习惯。研究一本书实在是一件极其复杂的事，特别是对初学者而言。像网球和打字一样，当你初学的时候，似乎有无数细节要熟练，而你在想，怎能同时把所有的事记在心中。不过，一旦练习纯熟以后，技巧变为你的第二本能，你就能够集中于网球游戏，或者所要打字的资料内容上。

研究一本书也是如此。研究乃是一种费力的艺术，包含错综复杂的细则。主要的困难是说服人，叫他们相信他们必须**学习**如何去研究。多数的人都假定，只要自己认识书里的字，便晓得怎样研究。对研究本质的有限认识，正是那么多人从阅读书籍中得到那么少帮助的原因所在。

当我们读一本书时，有三条内在的法则和三条外在的法则，规范着我们的研究[*]。从内在的法则而言，开始的时候，可能需要三次分开来阅读，不过以后就可能同时并进。第一次阅读包含**了解**这本书：这位作者说些什么？第二次阅读包含**解释**这本书：作者所说的是什么意思？第三次阅读包含**衡量**这本书：作者对或不对？我们中多数的人都倾向于先作第三步的阅读，往往完全没有作第一和第二步的阅读。我们尚未了解一本书的内容，便对那本书作批判性的分析。我们尚未了解该书的意义，便判断它对或不对。写《传道书》的智者说，天下万物都有它的时间。对一本书作批判性分析的时间，应在仔细了解和解释那本书的内容**之后**。

不过，研究的内在法则本身并不完整。要有效阅读，还需要外在的帮助，如**经验**、**别的书籍**以及**鲜活的讨论**。

经验是唯一能让我们和自己所读的内容产生连结和认识的方法。当我们自己曾经行过死荫的幽谷时，我们会用不同的眼光去阅读一本讲述悲剧的书。经过领悟和思考的经验，会启发我们的研究，也给我们的研究供应更多的知识。

别的书籍，可以包括字典、注解和别的解释性的著述，但更重要的是能够预见或预防问题的好书。也有许多时候，一些书籍需要与其他书籍连在一起读，才能明白其含义。比如，人们如果对旧约的作品没有根底，便会发觉极难了解新约的《罗马书》和《希伯来书》。除非读过美国早期的十三个州的州宪法和美国宪法，否则很难读懂《邦联党人文集》(*The Federalist*

---

[*] 艾德勒（Mortimer J. Adler）在他所著的《如何阅读一本书》(*How to Read a Book* [New York: Simon & Schuster, 1940]）中，对此问题有极详细的讨论。在"研究的操练"一章中，我从他那里获得不少启发。

Papers）和《邦联条例》（Articles of Confederation）。那些讨论人生最关键性问题的巨著，彼此之间有交互作用。我们不能孤立地把它们分开阅读。

鲜活的讨论是指人们从事某一科目的特别研究时所引起的普通的交互作用。我和我的学生常会阅读柏拉图或圣奥古斯丁的著作，但从阅读中所得的，只有零零碎碎的意思或含义。可是当我们同在一起探讨和辩论，以及作苏格拉底式的问答时，便有好的见解出现。这些真知灼见，如果没有这类的交换意见的活动，是永不会出现的。我们与作者有交互作用，彼此间有交互作用，新的创意便由此产生。

我们要研究的第一本、也是最重要的一本书，是圣经。诗人询问说："少年人用什么洁净他的行为呢？"然后他回答自己的问题说："是要遵行你的话。"并且加上一句话说："我将你的话藏在心里，免得我得罪你。"（诗 119：9，11）也许诗人所说的"话"是指律法（Torah）而言，不过历代的基督徒发现，这在他们对全部圣经的研究上也同样真实。"圣经都是神所默示的，于教训、督责、使人归正、教导人学义都是有益的，叫属神的人得以完全，预备行各样的善事。"（提后 3：16—17）请注意经文的意思：最终的目标不是为了教义的纯正（虽然这无疑也包含在内），乃是为了内在的改变。我们来到圣经面前，是来接受改变，不是搜集资料。

然而我们必须了解，在研究圣经和以灵修为目的阅读圣经之间，有极大的分别。在研究圣经时，所关注的是解释：它的意思是什么？在灵修读经时，所关注的是圣经的应用：它对我们有何意义？人们常常匆忙掠过解释阶段，直接到达应用阶段：他们还不知道那段经文的意思，便想知道那段经文对他们有何意义！再者，在研究时，我们不是追求某种狂热的属灵经验；事实上，狂热的境界可能反而会成为一种拦阻。研究圣经中的某一卷书时，我们所要的乃是被作者的思想所控制。我们决意聆听他说些什么，不是我们想要他说什么。我们所要的是改变生命的真理，不是舒服的感受。我们愿意付上一天又一天毫无所获的代价，直到意义清楚为止。这种过程使我们的生命产生革命性的改变。

使徒彼得在"我们所亲爱的兄弟保罗"的书信中提到一些东西是"难明白的"（彼后3：15—16）。如果彼得都觉得如此，我们也当如此，并且愈发努力去研究。每天的灵修读经当然是值得赞扬的，但那不是研经。任何人如果只是寻求"今天所需要的从神而来的几句话"，他对研究的操练不会感兴趣。

一般的成人主日学实在过于浅显，而且灵修成分太重，对研究圣经帮助不多（当然也有例外，有些教会深信研经的重要，因而提供了严肃的圣经课程）。如果你住在一间神学院或者大学附近，可以旁听一些课程。特别是如果你遇到一位教师，不仅传授知识，也传递**生命**，若是这样，你是幸运的。不过，如果不具备这些条件（甚至即使这样），你仍能做几件事去开始研究圣经。

我得到的一些最得益的研究经验，是借着为自己设计的私人退修而得来的。通常，它包含两天到三天的时间。你可能会马上提出抗议说，按照你的工作节奏，你不可能抽出那么多的时间。我想让你知道，我抽出那段时间并不比任何人更容易。每次的退修，我都要极力争取，在好几个星期以前就安排好我的工作日程。我曾将这个建议提供给不同的人，包括极繁忙的专业人士、工作时间很硬性的劳工、有好几个孩子的家庭主妇以及别的人，我发觉事实上他们都能找出一段私下的研究退修时间。依我看，最困难的问题不是寻找时间，乃是说服自己：这件事足够重要，必须找出时间去完成。

圣经告诉我们，在多加奇妙地复活以后，彼得"在约帕一个硝皮匠西门的家里住了多日"（徒9：43）。当彼得在约帕逗留的时候，圣灵（采用视听教材）破除了彼得的种族歧视。假如彼得不在约帕停留几天，而是立即出发到各处讲道，把多加复活的事向人宣扬，那么会有什么事发生呢？他还会从圣灵得到那震撼人心的明见吗？"我真看出神是不偏待人。原来各国中，那敬畏主、行义的人都为主所悦纳。"（徒10：34—35）我相信这一点：神渴望我们各人都有各种不同的"逗留"处所，好叫他在那儿能用一种特别的方式教导我们。

对许多人而言，周末是个很好的尝试这种经验的时间。也有人能在一周中间安排一段时间。如果只可能抽出一天，星期天通常是最好的日子。

哪里是最好的地点？几乎随处都可以，只要离开自己的家便可。离开自己的住所，不仅使你不受电话的骚扰，放下家庭的责任，也使你预备一种学习的心态。汽车旅店很不错，乡下的仓房也很好。露营则比较不妥善，因为你会被生活的任务分心。多数退修中心都能供个人退修租用；天主教有一个久远的、鼓励个人退修的传统，往往会有带着适当设施的退修中心。

有组织的团体退修，几乎从来不把研究当作一件严肃的事去安排，因此你多半需要自行设计你的退修。由于单独一人，你便必须小心自律，并且小心安排时间。如果你对这种事经验尚浅，那么不要做得过分，以致筋疲力尽。不过有了经验以后，你会希望每天都用十至十二小时好好地研究。

该研究什么呢？全看你的需要是什么。我不晓得你的需要，但我晓得今天基督徒的一个普遍的重大需要，即大量的读经。我们阅读圣经时，多数是零零碎碎、间歇无定的。我确实知道有一些学生，他们选读了圣经的课程，但从来没有好好地阅读所研究的整卷圣经。考虑选出圣经中一卷主要的经卷，如《创世记》或《耶利米书》，从头到尾细读一遍。注意该书的结构和文体。把所得的思想和印象记录下来。有时不妨把圣经的研究与一些伟大的古典灵修书籍的研究放在一起，这样的退修经验能够改变你的生命。

另一种研究圣经的方法是选取一卷较短的著作，如《以弗所书》或《约翰一书》，每天从头到尾读一次，一连读一个月。这种办法会比任何只读一次的办法，更能够把该书的结构印入你的脑海中。在阅读时，试着不带先入为主的理解，用期待的心情，借新的方法去聆听新的事情。把你所发现的写在日记中。

在从事这些研究的过程中，你一定希望利用所能得到的最好的参考资料。

除了研究圣经以外，不要忽略研究一些分享经验的基督教古典文学。从奥古斯丁的《忏悔录》开始，然后阅读托马斯·肯培的《遵主圣范》。不要忽略劳伦斯所著的《操练与神同在》，再加上乌戈里尼（Brother Ugolino）所著的《灵花：圣法兰西斯的故事》。也许你想读一些有点分量的著作，可以读帕斯卡尔的《思想录》。在苦读加尔文的《基督教要义》（*Institutes of the Christian Religion*）之前，先欣赏马丁·路德的《桌边谈话录》（*Table Talks*）。考虑阅读信仰日志的先驱作品，如《乔治·福克斯日记》，或者比较著名的《约翰·卫斯理日记》。仔细阅读劳威廉（William Law）所著的《敬虔与圣洁生活的严肃呼召》，该书的措词带着那个时代的色彩。在二十世纪的作品中，可以读托马斯·凯利所著的《敬虔的证言》、朋霍费尔的《做门徒的代价》，以及 C. S. 路易斯（C. S Lewis）的《返璞归真》（*Mere Christianity*）。

这只是些样本。我还没有提到诺威奇的朱利安娜的《爱的启示》、圣方济沙雷的《入德之门》、伍尔曼的《约翰·伍尔曼日记》，以及其他许多书。我们也不要忽略许多研究其他学科的人所著的大量书籍。这些思想家中有不少对人类困境都有极不平凡的感悟。中国的老子和波斯的琐罗亚斯德（Zarathustra）、莎士比亚和约翰·弥尔顿（John Milton）、塞万提斯（Cervantes）和但丁（Dante）、托尔斯泰和陀思妥耶夫斯基以及二十世纪的达格·哈马舍尔德（Dag Hammarskjöld）。

有一句提醒的话：不要被你没读过的书的数量吓倒。也许你对上面所列的书籍并未全部读过，然而却读过别的此处未曾提到的书籍。我之所以列出这些书籍，目的是鼓励你，叫你晓得有极多的文学作品可供选取，作为我们灵程的指引。许多人曾经走过同样的道路，并且留下记号。请记住，研究操练的钥匙不在于阅读许多书，乃在于去体验我们所阅读的。

研究非语言的"书"

这个研究范畴，很少有人认识到，但也许是最重要的：对事、对物、对行动的实质观察。最容易开始的地方是大自然。受造秩序会教导我们很多东西，是我们不难看到的。

以赛亚告诉我们："……大山小山必在你们面前发声歌唱，田野的树木也都拍掌。"（赛 55：12）如果我们愿意聆听，创造主所造的东西能向我们说话，并教导我们。就像马丁·布伯（Martin Buber）曾说的，有一位犹太拉比每天凌晨走到一个池边去学习"青蛙赞美神的歌声"[1]。

研究大自然的第一步，是对自然事物加以注意。我们必须去**看**花鸟，必须仔细地观察它们，并以祷告的心去观察。法国作家纪德（André Gide）描述自己的经历时，提到有一次当他上课时，看见一只蛾从蛹中孵出来。他心中对这蜕变和复活充满惊奇、敬畏和喜乐。他十分兴奋地把这只蛾给他的教授看。那位教授用一种不高兴的语气回答说："什么！你难道不知道蝴蝶也是从蛹里出来的吗？每一只蝴蝶都是从蛹里出来的，这是再自然不过的事。"纪德十分扫兴。他写道："我当然懂**自然**历史，也许比他懂得更多……但就因为那是自然的事，难道就不奇妙了吗？多么可悲！从那日起，我开始不喜欢他，也厌恶上他的课。"[2] 有谁不会这样呢！纪德的教授只是收集了知识，但没有去研究。所以，研究自然的第一步，是存敬畏的心去观察。一片叶子也述说着秩序与变化，多姿与和谐。伊芙琳·恩德晓写道："打起精神，像聚拢心思的操练所教的那样。然后……用一个明显的动作，带着爱意去触碰你周围的亿万生命中的一个……对象是什么并不重要，从大山到昆虫，什么都行，带着端正的态度就好。"[3]

下一步骤是与鲜花、树木以及在地上爬行的小动物交朋友。好像童话中能和动物对话的杜立德医生（Dr. Doolittle）那样。当然，你们不能真正互相交谈……又或许你们能呢？有一种沟通是超乎言语之外的——动物，甚至植物，似乎对我们的友谊和热情都能回应。我晓得这一点，因为我曾经实验过，好些第一流的科学家也曾作过这样的实验，我们都发现了它的真实。也许那些关于圣法兰西斯的故事，比如说他驯服了古比奥的野狼、向鸟儿传道等并非牵强附会的事。至少我们能够确定这一点：如果我们爱受造物，会从其中学得许多东西。陀思妥耶夫斯基在《卡拉马佐夫兄弟》中劝告说："爱神所造的一切，爱整片沙滩和其中的每一沙粒。爱每一片叶子，爱神发出的每一道光线。爱动物，爱植物，爱每一样东西。如果你爱每一样东西，就会察觉到它身上的神圣和奥妙。一旦察觉到，你每天都会对它认识更深。"[4]

当然，除了大自然以外，还有许多其他的"书"是我们应当研究的。就连观察人与人之间的交流，都能给我们带来深度的教育。比如，可以注意一下我们平时说的话，有多少是用来为自己的行动辩护的？我们觉得，行动本身很难替我们说话，我们就去自我解释，自我证明，去说出自己的合理性。为什么我们会有这种不断想要证明自己正确的冲动呢？因为骄傲和惧怕，也是担心自己的名誉受到威胁。

这种特点在推销员、作家、牧师、教授身上特别容易看到，这一类型的职业都需要善于辞令。不过，如果我们把自己作为主要的研究对象之一，我们将摆脱傲慢自大。最终我们就不会像那法利赛人一样祷告说："神啊！我感谢你，我不像别人……"（路18：11）

不论是在家中，在学校，还是在工作场合，对你一天所遇到的普通关系加以注意。尤其是注意关系中那些试图掌控人的倾向。记住，你不是试图谴责或论断任何人，只是观察和学习。假如你果真发觉心中出现一种论断的心态，就留心观察自己的心态，从中学习功课。

正如前面提及的，我们研究的主要对象之一应该是自己。我们应该了解什么东西控制着**我们**。留心观察内心的感觉和情绪的波动。什么东西控制着我们的情绪呢？我们为什么喜欢某些人，而不喜欢另外一些人？我们从这些东西中可以学到什么

有关自己的事？[*]

我们这样做，并非试图把自己变为业余的心理学家或社会学家，我们也不希望被过分的内省所困扰。我们只想怀着一颗谦卑的心去研究这些事，在研究时也需要大量的恩典。苏格拉底说："认识你自己。"借着可称颂的圣灵，我们期望耶稣作我们永活的、时刻同在的导师。

我们最好也研究习俗和文化，以及塑造这些习俗和文化的推动力。再者，我们必须思想当今时代发生的事件——用一种敏于分辨的精神，首先注意我们的文化把什么当"大事"，把什么当"小事"。让我们审查一种文化的价值——不是人们认为的价值，而是它实在的价值。

让我们学习问问题。一个高度技术化的社会之好处和坏处在哪里？快餐店的兴起，对一家人共进晚餐的习惯有何影响？为什么在我们的文化中，我们会发觉极难腾出时间去培养人与人之间的关系？西方的个人主义是有利的呢，还是破坏性的呢？我们的文化有什么是与福音相协调的，又有什么是与福音相抵触的？当代基督徒的先知式的洞见之一，就是能够觉察到我们所处的文化作用，及其所带来的后果，并对它们作出准确而有价值的判断。

研究产生喜乐。在开始的时候，像任何生手一样，我们会发觉它十分难做。不过，越熟练，喜乐也越大。英国诗人亚历

---

* 这里的建议是给相对成熟、有很好的适应能力的人，不是给精神抑郁或处在生活重压下的人。对他们来说，这些操练压力太大，可能会弄巧成拙。如果你觉得这种研究过于沉重，请不要尝试。不过即便如此，我们也仍有希望，有些事还是可以做的，请参看后面的"认罪"和"引导"两章。

山大·蒲柏（Alexander Pope）说："任何研究，只需稍予应用，都能使我们欢喜快乐。"[5] 研究值得我们以最严肃的态度对待。

- -

进深研究

大脑通常都专注于它所收到的指令，不论那指令是什么。有一次，一位朋友把俄利根州的一座海边小屋借给我们。那是一个隐蔽的地方，附近可见的建筑物只有遥远的半岛上的一座老灯塔，而仅有的访客乃是海鸥。小屋里没有电视机，没有电话，有一台收音机，但坏了。此外还有一台唱片机和两张唱碟，一张是"Oklahoma!"，另一张"Johnny Appleseed"。我心想，多么好，一张唱碟适合小孩子听，另一张则适合大人听。在一个星期内，我们把那两张唱碟播听了大概五十次。以后几个月，我发觉自己无论在淋浴时，在开会时，在礼拜堂，都不自禁地低唱或轻哼这两首歌。甚至在梦中我都唱这两首歌。事情很简单：在不知不觉中我的头脑功能接受了音乐的指令。

这就是为什么人的思想受污染的问题那么严重。说到思想污染，我不是只想到差书籍和差电影，也包括平庸的书籍和电影。要知道，我们的水平要么蒸蒸日上，要么江河日下。这是一种慢性危害，也导致了今天的基督教文学中有那么多低劣的作品。现代世界一项可悲的事实是，在大体上，许多女性沉迷于爱情小说，男性则干脆不读书，所读的其中一些作品的素质之差，甚至很难说是文学。我们实在需要提高自己的眼光。

你曾否思想过，为什么今天的人不阅读呢？当然不是因为缺少时间。在 1981 年，美国有七万五千人次在玩电子游戏（根据 1982 年 1 月 18 日《时代周刊》的报导）。只有神晓得，还有多少万（或百万）人被电视所迷。虽然我还没有加入痴迷于电子游戏的行列（我的自我意识太强），但仍旧时不时看看电视节目。不过，成为电视的奴隶则完全是另一回事。这个星期，我儿子的五年级教师对他班上的学生做了一个调查：在这个周末，班里的多数同学看电视超过十五小时，阅读不足一小时。除了我儿子约珥以外，只有另一位学生看电视不足两小时，阅读用了大约七小时。

为了提高阅读质量，并且认真看待属灵操练中的研究操练，我在此提出一套有规律的阅读方法。我在大学授课时，通常每一科都要求学生读七八本书。起初学生觉得好像被送上了断头台，可是当学期结束时，他们的心情都很愉快，因为他们发现了一个更加丰富的世界，让"吃豆人"（Pac Man）和"赛车公爵"（The Dukes of Hazzard）显得无聊而乏味。

我们的孩子每晚被要求读书。两个男孩在晚上八点都回到自己的房间（请注意，这意味着我们必须拒绝参加教会多数的晚上聚会以及娱乐活动，虽然我们偶然也有例外）。我们同意十岁的约珥阅读一小时，七岁的拿单阅读十五分钟。我们只稍微加以鼓励，他们已读过相当多的文学作品。约珥现在正贪婪地读《魔戒》（*The Lord of the Rings*）。我们也会一起大声读。最

近，拿单想看《纳尼亚传奇》(*The Chronicles of Narnia*)，虽
然约珥已读过好几次，但我们还是在晚餐以后坐在一起，分享
故事中那些角色的美妙冒险故事，下一次我们打算阅读《天路
历程》(*The Pilgrim's Progress*)。

研究当然是一种比阅读更广的操练，有许多人虽然阅读，
但并不研究。不过，阅读是研究中一项重要的元素，不应该让
它丧失。我确信，当你下功夫研究时，你会发现神正等待着你。

读经日程

* 星期日：研究的呼召（箴1：1—9，23：12、23）
* 星期一：真理之源（雅1：5；来4：11—13；提后3：16—17）
* 星期二：研究什么（腓4：8—9；西3：1—17）
* 星期三：研究的价值（路10：38—42）
* 星期四：主动的研究（拉7：10；雅1：19—25）
* 星期五：宣教事业上的研究（徒17：1—3，10—12，19：8—10）
* 星期六：非语言之书的研究（箴24：30—34）

研讨题目

1. 为什么较充分地研究会达成属灵操练的目的，就是个人的
   改变？（即是说，它的哪些方面是其他操练代替不了的？）

2. 什么叫做研究？（这是一个重要的问题，因为这问题的答
   案，基督徒通常不晓得。）

3. 你有过研究非语言的"书"的经验吗？

4. 我所提出的四种研究步骤是：重复、专注、领悟和思考。你认为在这四项中哪一项最重要？意思是，哪一项最能达致改变一个人的目标？

5. 除了圣经以外，哪本书对你的生命影响最深？为什么？

6. 我曾说："在研究时，我们不是追求某种狂热的属灵经验；事实上，狂热的境界可能成为一种拦阻。"它怎能成为一种拦阻？

7. 列出下星期你能做的三件事，叫你能够依循苏格拉底的名言："认识你自己。"

8. 花十分钟研究一棵植物或一棵树，把你从这经验中所学得的记录下来。

9. 研究为什么会产生喜乐？

10. 买一本严肃的、有关属灵生命的书，下星期阅读。

推荐阅读

• Adler, Mortimer J. *How to Read a Book*. New York: Simon and Schuster, 1958.

本书能衡量我们阅读水准，想要正确读书的人的必读书籍。（中文版：艾德勒、范多伦著，《如何阅读一本书》，北京：郝明义、朱衣译，北京：商务印书馆，2004 年。——编注）

- Blamires, Harry. *The Christian Mind*. Ann Arbor, Mich.: Servant Books, 1963.

  本书细致地分析了当今世界文化的各种预设，呼吁人们认识一种更纯粹的基督教世界观，作者是 C. S. 路易斯的门生。

- MacDonald, Gordon. *Ordering Your Private World*. Crowborough: Highland Books, 1987.

  本书用实际的方法解释内在的生命，帮助我们重新评估自己疯狂的生活态度，并消除我们心灵的混乱，带来秩序及平安。（中文版：麦哥登著，《心意更新：如何调整内心生活》，吴李金丽译，香港：福音证主协会，1988 年。——编注）

- Richards, Lawrence O. *Creative Personal Bible Study*. Basingstoke: Marshall Pickering, 1989.

  本书向我们显明，怎样拆除我们在圣经和自己之间筑起的障碍，并且借着一连串的练习，引导我们掌握一种新鲜的、满有力量的个人研经法。

- Rutherford, Jean, et al. *How to Study the Bible*. Edited by John B. Job. Downers Grove, Ill.: InterVarsity Press, 1972.

  本书介绍了八种途径的研经方法，包括人物研经、字词研经和主题研经等。

- Sire, James E. *How to Read Slowly: A Christian Guide to Reading with the Mind*. Downers Grove, Ill.: InterVarsity Press, 1979.

  本书在提升读者阅读能力的同时，也帮助他们越来越理解作者的世界观。

- Stott, John R. W. *Understanding the Bible*. Grand Rapids, Mich.: Zondervan Publishing House, 1982.

  这是一部极有帮助的个人查经资料，包含释经和权威的问题，以及圣经故事的基本叙述。（中文版有：斯托得著，《认识圣经的八堂课》，刘良淑、臧玉芝译，台北：校园书房出版社，2012 年。——编注）

- Trueblood, Elton. *The New Man for Our Time*. New York: Harper & Row, 1970.

  这本书呼吁基督徒爱神的时候，不单尽心、尽力，也要尽意。

第二部分　外在的操练

CELEBRATION OF
DISCIPLINE

6　简朴的操练

当真正有了内在的简朴，我们整个外貌都会变得更直率、更自然。这种真正的简朴……使我们感受到某种开朗、温柔、天真、欢乐和宁静。当我们用清亮的眼睛接近它，并继续不断地观看它，就会发现它实在可爱。这种简朴何等令人愉悦！谁会将它赐给我？我愿为它舍弃一切。它乃是福音的明珠。

——芬乃伦

简单乃自由，城府为桎梏。简单能带来喜乐与平衡，城府能带来焦虑与恐怖。《传道书》的作者评论说："神造人原是正直，但他们寻出许多巧计。"（传7：29）由于我们中的许多人都曾体验过神借着简朴给我们所带来的释放，因此我们愿意再一次共同吟唱那一首古老的震颤派（Shaker）诗歌：

单纯自由是礼物，
是从天而降的祝福；

是人所向往的归宿，

是在爱与喜乐的山谷。

真实的单纯出于主，

不以屈膝顺服为羞辱；

改变改变，甘心是福，

回转回转，回到本初。

基督徒操练的简朴，是基于对**内在**事实的认知，又作用于**外在**的生活表现。在简朴的问题里，内在事实和外在生活都十分重要。假如我们以为只要有内在事实，而不必对外在生活做出深刻的改变，就是自欺。同时，如果我们企图安排一种外在的简朴生活方式，却缺乏对内在事实的领悟，则会引出致命的律法主义。

简朴从内心的专注和统一开始。它需要活出托马斯·凯利所说的"属神的中心"（The Divine Center）。克尔凯郭尔写过一本《清心志于一事》（*Purity of Heart Is to Will One Thing*），这个意味深长的书名，足以表明他对基督徒简朴的精义有极深的领悟。

经验到这一内在变化，我们的外在生活便能得到释放。说话会变得真诚，对身份和地位的贪婪将会消失，因为我们不再需要身份和地位。我们不再追求富裕奢华，不是因为我们付不起，乃是因为知道自己的原则在何处。我们开始能拿出东西与人分享，甚至会收获到李察·柏德（Richard E. Byrd）那样的经验。在荒凉的极地独自停留了好几个月以后，他在日记中写道："我渐渐懂得……一个人即使没有大量的东西，也能活得深刻而富有意义。"[1]

　　现代的文化缺少对内在事实的认识，也缺少外在的简朴生活方式。我们必须在现代世界中生活，会被它破碎的、片断的特征所影响，它们彼此矛盾，相互冲突，如迷宫一般困住我们。有时我们深思熟虑后作了决定，但再过一刻，又因担心别人会怎样想而改变了主意。我们缺乏坚定或专注的立场，去把控自己的生活方向。

　　由于缺少一种属神的中心，我们对安全感的渴求，催促我们疯狂地依附于物质。我们必须清楚了解，现代社会贪求富裕的欲望是一种心理疾病。之所以有这毛病，是因为它与事实完全脱节了。我们渴望得着那些自己既不需要、也不享受的东西，"我们渴望买自己不想要的东西，目的是展示给我们不喜欢的人看。"[2]商业社会设计的更新换代的理念，影响了我们的心理。把一套衣服穿到不能穿，把一部车子用到不能用，我们会觉得不好意思。大众传播的各种宣传都叫我们深信，赶不上时髦便是赶不上实际。如今应该是我们醒悟过来的时候，叫我们看出一项事实，就是效法一个病态的社会，便等于自己有病。除非我们看出，我们的文化在这一点上是多么不平衡，否则我们便不能对付我们里面这种崇拜"玛门"的精神，也不会羡慕基督徒的简朴。

　　这种病态心理甚至渗透到我们的"当代神话"。现代的英雄故事，是一个男孩经过奋斗，从清贫变成有钱，而不是有钱的男孩甘愿变为清贫（我们很难想象女孩子也会变成那样）。我们把人心不足称为雄心壮志，把囤积居奇称为精明过人，把贪求财富称为勤勉工作。

还有一件重要的事是我们必须了解的：专门去过反现代文化的生活，不算是一种进步。那只是表面上的改变，并未严肃地对付一个消费社会的基本问题。由于反文化的运动往往缺少一个积极的中心，结果使它无可避免地纠缠于琐事。阿瑟·吉施（Arthur Gish）曾说："反文化运动中的许多东西都是一面镜子，反映出旧的病态社会中最恶劣的特质。彻底的改革不是免费吸毒、自由性交及任意堕胎……那伪装的自由主义者的色情主义、性虐狂的特色以及许多地下出版物所登载的性广告，都是旧秩序的部分变态以及死亡的表现。"[3]

我们需要勇敢而清楚地讲明那种新的、更加合乎人性的生活方式。我们应该对现代的病态心理提出抗议，不同意它以人生产或赚得多少来评定某人的价值。我们必须尝试用大胆的、新的变通方法，去代替目前致死的制度。简朴的属灵操练并非一个已逝的梦，而是历史上一再重新出现的异象。今天的我们仍旧能够重新掌握它，也必须重新掌握它。

圣经与简朴

在未曾试行塑造基督教的简朴观之前，必须打破一种流行的看法，即认为圣经对经济问题没有明确表态。许多时候人们觉得，我们对财富的态度是个人的事。人们说，圣经在这方面的教训，完全在乎个别经文的解释。我们企图说服自己，耶稣对实际的经济问题没有发表什么意见。

任何认真地阅读圣经的人都不能证明这样的见解。圣经禁止剥削穷人以及聚敛财富的命令，乃是清楚和直接的。圣经几乎挑战了现今社会的每一项经济价值观。比方说，旧约就曾反对一般流行的看法，即人对私有财产有着绝对权利的观念。圣经说，全地是属神的，因此人不能永远占有（利25：23）。旧约有关禧年的律法规定，到了禧年的时候，所有土地都当归还原主。事实上，圣经宣告说，财富本身属于神，而禧年的一个目的是要定期把财富重新分配。这种激烈的经济见解，简直是对现代一切信念和习惯的当面批判。以色列人如果忠实地遵行有关禧年的命令，那么贫者越贫、富者越富的长期问题，早就得到妥善处理了。

圣经不断严厉地批判奴隶制度的内在精神，因为那种精神正是崇拜财富所带来的。"若财宝加增，不要放在心上。"（诗62：10）十诫的第十诫反对的是贪婪，即那种内在想要"得着"的欲望，就是这种欲望导致了偷窃与欺压。聪明的先贤们都知道"倚仗自己财物的，必跌倒"（箴11：28）。

耶稣对他那个时候的物质主义宣战（而我建议，我们也要以他的话语向我们这个时代的物质主义宣战）。亚兰语*称财富为"玛门"，而耶稣指出它是与神竞争的："一个仆人不能侍奉两个主，不是恶这个爱那个，就是重这个轻那个；你们不能又侍奉神，又侍奉玛门。"（路16：13）他时常而且毫不含糊地说起经济的问题。他说："你们贫穷的人有福了，因为神的国是你

---

* 一般认为，亚兰语是被掳时代之后的以色列人所用的通行语言，是耶稣时代的日常用语。——编注

们的"；又说："但你们富足的人有祸了，因为你们受过你们的安慰"（路6：20，24）。他用生动的语气描述有钱人进入神国的困难，说那就好像骆驼穿过针眼。在神方面当然凡事都能，但耶稣显然了解其中的困难，他看出了财富对一个人可能有的控制。他晓得"你的财宝在哪里，你的心也在那里"。因此他吩咐跟随他的人："不要为自己积攒财宝在地上。"（太6：21，19）他不是说一个人的心应该或者不应该想着财富，只是说明一件明显的事实：无论在什么地方有财富，你**将会**在那里发现你的牵挂。

他劝告那位富有的少年官，若想要神的国，他不单要有一种内在的、与他的财富分隔的态度，并且要实际上放弃他的财富（太19：16—22）。他说："你们要谨慎自守，免去一切的贪心；因为人的生命不在乎家道丰富。"（路12：15）他劝导那群来寻求神的人："你们要变卖所有的周济人，为自己预备永不坏的钱囊，用不尽的财宝在天上……"（路12：33）他讲了一个比喻：一个富有的农夫，他的人生都用来囤积粮食——耶稣称他为"无知的人"（路12：16—21）。他说，我们果真要神的国，就必须像一位搜寻上好珍珠的商人，愿意变卖一切所有的去得到它（太13：45—46）。他号召所有想要跟从他的人，过一种对财宝毫无牵挂的快乐生活："凡求你的，就给他。有人夺你的东西去，不用再要回来。"（路6：30）

耶稣对经济问题所发的言论，比对任何社会问题所发的言论更多。假如在当时比较简单的社会中，我们的主对财富在灵性上的危险都如此强调，那么生活在一个极其富裕的文化中，我们对经济问题岂不更应当认真注意吗？

　　新约书信也表达了同样的关注。保罗说："但那些想要发财的人，就陷在迷惑、落在网罗和许多无知有害的私欲里，叫人沉在败坏和灭亡中。"（提前6：9）作监督的要"不贪财"（提前3：3），作执事的要"不贪不义之财"（提前3：8）。《希伯来书》的作者劝告说："你们存心不可贪爱钱财，要以自己所有的为足。因为主曾说：'我总不撇下你，也不丢弃你。'"（来13：5）雅各把杀人和战争归咎于贪图财富："你们要抓要取，得不到就杀人；你们要贪要婪，得不到手就争就斗。"（雅4：1—2，现代中文译本）保罗称贪婪等于拜偶像，并且吩咐哥林多教会要严惩任何贪婪的人（弗5：5；林前5：11）。他把贪婪与行淫和勒索相提并论，并且宣布说，行这样的事，过这种生活的人，不能承受神的国。保罗劝勉富足的人不要倚靠他的财富，乃要倚靠神，并且要慷慨地与人分享（提前6：17—19）。

　　说了上面的话，我必须迅速补充一句，神的旨意是要我们拥有足够的物质供应。今天我们面临粮食短缺的困境，同时也面临另一种困境，即人心对物质的倚赖。被迫的贫穷是邪恶的，应该弃绝。圣经也没有宽容禁欲主义。圣经一贯地并且有力地宣告说，受造物是好的，要去享受。禁欲主义不合乎圣经教导，因为它将世界硬分为好的属灵世界和邪恶的物质世界，认为得救在乎尽可能少去关注存在的物质世界。

　　禁欲与简朴是互相矛盾的。这两者之间在实践方面偶然会有表面类似之处，但切不可因此模糊它们之间的根本分别。禁欲主义弃绝财产，简朴则对财产采取适宜的看法；禁欲主义无处容纳"流奶与蜜之地"，简朴则因这从神手中而来的仁慈供应而高兴快乐；禁欲主义需要把人降卑才能找到满足，简朴则无论处卑贱、处丰富都觉满足（腓 4：12）。

简朴乃是唯一足以重新引导我们生命的东西，叫我们可以真正欢喜享受财富，而不至于让它毁灭我们。如果没有简朴，我们不是向目前这个邪恶世代的"玛门"精神降服，便是会跌进反基督教的律法主义式的禁欲之中。这两者都导致偶像崇拜，都是灵性的致命伤。

圣经中对神赐给他子民丰富的物质供应的描述比比皆是。"耶和华你神领你进入美地……你在那地不缺食物，一无所缺。"（申 8：7—9）圣经中也有很多警告的经文，告诉我们如果不对这些物质保持正确的看法会是多么危险："恐怕你心里说：'这货财是我力量、我能力得来的。'"（申 8：17）

在这两者之间，简朴的灵性操练便给我们提供一种正确的观点。简朴释放我们，叫我们可以自由地去接纳神所赐的物品，作为一种礼物，不是叫我们自己存留，而是可以自由地与人分享。一旦认识到圣经对物质主义者和禁欲主义者同时给予严厉的指责，我们便作好预备，可以把注意力转到如何去形成一种基督徒对简朴的理解。

立足之处

阿基米德（Archimedes）有一次宣告说："给我一个支点，

我就能撬动整个地球。"在每种操练中,这样的一个支点都是重要的,就简朴而言尤其如此。在所有的操练中,简朴是最容易看得见的,因此也更容易败坏。多数基督徒对简朴的问题从未认真思想过,轻忽耶稣在这题目上所说的许多话。原因很简单,这操练直接向我们在一个富裕的生活方式中所保有的利益挑战。然而那些以认真的态度处理圣经关于简朴的教训的人,又往往严重地趋向律法主义的试探。在热心地尝试表达出耶稣有关经济的教训时,我们很容易把对这教训的表达方式当作教训本身。我们穿了朴素的衣服,买了简朴的房屋,便自夸把我们的选择是过简朴的生活。因着这种危险,我们更加需要找到如阿基米德所说的支点,并且把这支点明确地表达出来。

在耶稣的话中,我们可以发现这样的一个支点:"所以我告诉你们:不要为生命忧虑吃什么,喝什么,为身体忧虑穿什么。生命不胜于饮食吗?身体不胜于衣裳吗?你们看那天上的飞鸟,也不种,也不收,也不积蓄在仓里,你们的天父尚且养活它。你们不比飞鸟贵重得多吗?你们哪一个能用思虑使寿数多加一刻呢?何必为衣裳忧虑呢?你想野地里的百合花怎么长起来;它也不劳苦,也不纺线;然而我告诉你们:就是所罗门极荣华的时候,他所穿戴的还不如这花一朵呢!你们这小信的人哪!野地里的草今天还在,明天就丢在炉里,神还给它这样的妆饰,何况你们呢!所以,不要忧虑说:'吃什么?喝什么?穿什么?'这都是外邦人所求的。你们需用的这一切东西,你们的

天父是知道的。**你们要先求他的国和他的义，这些东西都要加给你们了。**（太6：25—33）

简朴的中心乃是求神的国和他的义，然后一切所需要的东西，都会按其正当的次序来到。我们对耶稣在这一点上的明见，不能不钦佩得五体投地。每一件事的重点都在于"知其先后"，让首要的事居先。没有什么比神的国更重要，包括对简朴生活的渴求。

如果把简朴当作比追求神的国更重要的事，那么简朴就变为偶像崇拜。克尔凯郭尔对这段经文有着特别精辟的评论，他思考有哪一种努力可以去追求神的国呢？一个人是否应该找到一个合适的职业，以便发挥他良好的影响力呢？他的回答是：不，我们必须**先**求神的国。那么，我们是否应该舍弃所有的金钱去供应穷人呢？答案又是：不，我们必须**先**求神的国。那么，也许我们要去把这真理向世人宣告，叫人先求神的国吧？再一次，答案是大声说：不，我们必须**先**求神的国。克尔凯郭尔总结说："那么，在某种意义上，我们需要什么都不做。是的，在某种意义上当然是毫无所有，在神面前变为空无一物，学习保持沉默；在这沉默中找到起点，那便是，**先**求神的国……"[4]

聚焦于神的国，会让我们生出对内在事实的把握。如果没有这内在的实质，我们会退化到律法主义的琐碎上。没有别的东西能作中心。想要脱离这种卑鄙竞争的愿望不能作为中心，世界财物的重新分配不能作为中心，对生态学的关怀不能作为中心。在简朴的属灵操练中，唯一能作中心的，就是**先**求神的国和他的义，对一个人是如此，对一个社会也是如此。

一个人如果不先求神的国，便不是求神的国。尽管其他所有关怀都是值得的，但一旦它们成为我们努力的中心，就会变为偶像崇拜。以它们为中心，会无可避免地促使我们宣布说，我们某种特别的行动便是基督教的简朴。然而事实上，当我们真诚地把神的国放在首位，那么对生态学的关怀，对穷人的关怀，对财富的平均分配，以及许多其他事件都会予以适当的关注。

耶稣的中心信息很清楚，从焦虑中得到自由，乃是先求神国的内在证据之一。简朴的内在事实，包括一种对财产不挂心的喜乐生活。贪心和吝啬的人都不懂这种事实上的自由。它与财产丰富或者财产缺少都无关联。它是一种内在的信靠精神。一个人没有什么物质生活，但这个事实并不保证他活在简朴中。保罗教导我们说，贪财是万恶之根。而往往没有钱财的人最喜爱钱财。一个人可能外表有着简朴的生活作风，内心却充满焦虑。反过来说，财富也不会带来脱离焦虑的自由。正如克尔凯郭尔说的："因为财富和丰盛虚伪地穿着羊皮到来，假装可以保证给我们安全感，让我们不再受焦虑的侵扰，然而它们本身正在成为焦虑的对象……它们向人保证不受焦虑的搅扰，正如让狼看守羊，向它们保证……不会受狼的侵害一样。"[5]

从焦虑中得到自由，借着三种内在的态度表明出来：如果我们把自己所有的当作一种礼物去接受；如果我们把自己所有的交给神去保管；如果我们愿意与他人分享我们自己所有的。

那时，我们便会享有从焦虑中得到释放的自由。**这就是简朴的内在事实**。然而，如果我们相信我们自己所有的是自己辛苦得来的；如果我们相信我们所有的必须紧紧抓住；如果我们不肯与人分享我们所有的一切；那时我们便会在焦虑中过活。这样的人永不会知道简朴是什么，不管外表上如何假装过着"简朴的生活"。

把我们所有的看作从神所领受的礼物，乃是简朴的第一个内在态度。我们作工，但我们晓得，并不是我们的工作给予了我们所享有的一切。我们靠恩典生活，即使"日用饮食"也是如此。我们仰赖神去得到生活中最简单的元素：空气、水和阳光。我们所享有的，不是我们劳苦的果效，乃是神恩典的看顾。当我们受试探，认为我们所享有的乃是自己努力的成果时，只需一点旱灾，或者一个小小的意外，便会再次向我们显明，其实我们在一切事上是多么需要彻底地仰赖主恩。

保管我们所有的东西，不是我们的事务，乃是神的事务，这是简朴的第二个内在态度。神能够保护我们所享有的。我们能够仰赖他。这是否意味着我们再也不用把汽车钥匙拔出来、再也不用锁上车门和房门呢？当然不是。但我们晓得，真正保护房屋的，不是门上的锁。执行正常的预防措施乃是常识，但如果以为只有这些措施能保护我们和我们的东西，我们就会因焦虑而焦头烂额。因为根本没有万全的"防盗"办法。这样的事显然不限于财产，也包括名誉、职业之类的东西。简朴的意思是，有自由把这些事（和一切其他的事）交托在神手中。

愿意把我们所有的东西与人分享，乃是简朴的第三个内在态度。如果我们的东西不肯与众人分享，它们便是偷来的东西。我们之所以发觉这些话那么难以接受，乃是由于我们对将来心怀恐惧。我们紧紧地抓住财富，不愿与人分享，因为我们为明天忧虑。不过，如果我们真正相信神是耶稣所说的那位神，便无须恐惧。我们看神是全能的创造主、我们慈爱的父时，便能与人分享，因为晓得他会看顾我们。如果某人有需要，我们便有自由去帮助他们。同样，普通的常识会帮助我们决定与人分享的数量多少，并避免愚蠢。

当我们先求神的国的时候，这三种态度会在我们的生活中显明出来。把它们合在一起，便能理解耶稣所说的"不要忧虑"究竟是什么意思。它们构成基督教简朴的内在事实。我们敢肯定，当围绕这事实中心而生活时，过丰盛的生活所需要的"一切东西"都会加给我们了。

简朴的外在表现

把简朴描述为只是一种内在事实，等于说它是假的。内在事实若没有外在形式，便不是事实。体验到简朴的释放精神，**将会**对我们的生活产生影响。正如我在前面警告过的，把简朴应用到特别的事上，会有一种危机，就是退化成律法主义的教条。然而，我必须冒这个危险，因为拒绝讨论特别的事件，会把这种操练贬低为一种纯粹的理论。圣经作者时常都在冒这类

的风险 *。我想列举十条监管原则,作为简朴的外在表现的说明。我们不应该把它们看作律法,只当把它们看作一种尝试,要把简朴的意义在二十世纪活出来。

第一,买东西是因着它们的效用,而不是因着它们的身价。买车时应看它的效能,而不是看它的价格。若可能的话,可以考虑骑自行车。当你想买一栋别墅、一套公寓或一间屋子时,要从它的可居住性着想,而不是想到它会给人多么深刻的印象。买房子要买得合理。说到底,夫妇两人怎会需要七个房间的大屋呢?

想想你的衣服。多数的人都不需要更多的衣服。他们喜欢买衣服,不是因为需要添衣,乃是因为想赶时髦。搁置时髦,只买你所需要的衣服。穿衣服穿到破旧为止。停止用衣着去引人注意,而用你的生活去吸引人。如果符合你实际的情形,学习自行缝制衣服将是一种乐趣。为神的缘故(这话我是按字面意思说的),穿实际有用的衣服,而不是用衣物来装饰。约翰·卫斯理宣告说:"至于衣着方面……我买最耐穿的,而且一般来说,尽可能买最简朴的。家具方面,我只买必需的和便宜的。"[6]

第二,拒绝一切会使你产生癖好的东西。学习分辨何为癖好,何为真正的心理上的需要(如令人心旷神怡的环境)。消除或减少使用那些会引起癖好又缺乏营养的饮料:如酒类、咖

---

* 令人伤心的是,许多时候,圣经试行把简朴的原则应用到某种文化上,但后人却把这些适用于某种文化的劝勉普世化,成为扼杀灵魂的律法。例如,彼得对他那个时代的人说:"你们不要以外面的辫头发、戴金饰、穿美衣为装饰"(彼前 3:3),有人因此就禁止基督徒辫头发和戴金戒指。

啡、茶、可口可乐等。如果你酷爱巧克力，不要把它变为一种摆脱不了的癖好；如果你对电视上瘾，不论如何要把你的电视机卖掉，或者把它送人。任何媒介——收音机、唱片机、杂志、电影、报纸、书籍，只要你觉得少不了它，便要除掉。如果金钱紧紧地抓住了你的心，就送掉一些，体验内在获得释放的感受。简朴是自由，不是奴役。除了神以外，要拒绝作任何事物的奴隶。

请记住，一种癖好，就其本性而言，乃是你不能控制的东西。对一个真正的癖好，单靠意志力是不能把它击败的，你不能做一个决定便把它祛除。不过，你能够决定打开生命中的那一角，让神赦罪之恩和医治的能力临到你。你能决定，让爱你又懂得如何祷告的朋友与你站在一起、支持你。你能决定，一天又一天，安静倚靠神的介入和干预。

怎样去辨识一种癖好呢？很简单，你留心那不受拘束、不能抗拒的行动。我有一位学生朋友，他说有一天早上，当他到门外拿报纸时，发觉没有报纸。他惊惶失措，心想怎能没有报纸就开始一天的生活呢？然后他注意到，邻居的院子里有一份早报。他开始想办法悄悄进去偷报纸。他立即认识到，报纸已经成了他的一个真正的癖好。于是他冲进屋子，打电话给报馆办事处，取消了他的订阅。办事处的接待员一边填表，一边礼貌地询问：你为什么要取消订阅这份报纸呢？我的朋友冲口而出："因为我对它上了瘾！"接待员不气馁地回答说："你是要取消全部订阅，还是保留星期日那天的报纸呢？"听到这句话，我的朋友喊着说："不，我要断绝毒瘾！"当然了，并非每个人都要取消订阅报纸，但对这个青年来说，这是一个重要行动。

第三，养成一种把东西送掉的习惯。如果你发觉自己渐渐开始深度依恋某种东西，就考虑把它送给一个需要它的人。我仍记得有一年的圣诞节，我决定与其买一件、甚至做一件礼物给某一个人，不如把自己十分喜爱的一件东西送给他。我这个动机是自私的：我想体验一下从这简单的"自愿贫穷"的行动所带来的自由。所送出去的礼物是一辆可以十档变速的自行车。我骑着那辆自行车到他家中去送出这份礼物，记得自己口中唱着那首熟悉的赞美诗，而感受到新的意义："白白得来，白白舍去。"昨天，我六岁的儿子听见班里一位同学需要一个盛午餐的饭盒，问我可否把他自己的午餐盒送给那位同学。哈利路亚！

将积聚的东西散发出去！积聚不需要的东西会使生活变得复杂。它们必须加以分类、收藏、拂尘、再分类、再收藏，简直令人作呕。我们中多数的人都能丢掉我们所拥有的东西之一半，而不会感觉自己牺牲甚大。我们最好听从梭罗（Thoreau）的建议："简化，再简化。"

第四，别为现代各种精巧的器械或电器所迷惑。不要被宣传牵着鼻子走，许多省时的器械几乎从来都不会节省时间。小心那些广告："六个月内归本。"多数小巧的机器都是易坏、易旧的，也因此使我们的生活更加复杂，而不会增加我们的生命力。这种问题在玩具业十分猖獗。我们的孩子无须那些能哭、能吃、能小便、能出汗、能吐口水的玩偶朋友的陪伴，才能获得快乐。一个旧的碎布玩偶可能更有趣、更耐用。往往小孩子发觉，玩旧的瓶罐锅盆，比最新式的太空玩具更加有趣。找那些具有教育意味而又耐用的玩具，可以的话就自己做一些。

通常，精巧的机器往往会对世界的能源作不必要的消耗。美国的人口占全世界人口不到百分之六，可是美国人所消耗的能源却占全球能源耗量约百分之三十三。在美国，单是空调所用的能源，便相当于整个中国所使用的能源。[7]仅是环境方面的责任，便应该使我们远远避开今天所出售的大多数精巧的机器。

广告企图说服我们，叫我们深信，由于最新的这种或那种产品有一个新特色（或新装饰？），因此我们必须把旧的卖掉去买新的。缝纫机有新的缝针，录音机有新的按钮，百科全书有新的索引，这一类的传播信息需要小心去审视。"新事物"往往只是一种方法，去引诱我们买自己不需要的东西。也许那台冰箱在我们余下的年日中，会好好地供我们使用，虽然它没有自动制冰的功能，也没有豪华的外表。

第五，学习不拥有而享受。所有权是我们文化的一种顽固信念。我们觉得拥有它就能够控制它，如果能够控制它，它就会给我们更多的快乐。这种观念是一种错觉。生活中有许多东西，都无须拥有或控制而仍旧能够享受，以及与人共同享受。在沙滩上享受一番，无须购买一段沙滩。享受公园和公共图书馆的便利也是如此。

第六，培养一种更深的对受造物的欣赏。更多亲近泥土，尽可能多步行。静听雀鸟鸣唱，欣赏青草和绿叶的肌理，惊叹随处可见的丰富颜色。简朴的意思是再次发现"地和其中所充满的，世界和住在其间的，都属耶和华"（诗24：1）。

第七，对所有"先取货，后付钱"的做法，都以健康的怀疑目光去看它们。它们乃是陷阱，使我们更加泥足深陷，不能自拔。新旧约对高利贷都加以责难，这是有充分理由的（"高利贷"在圣经中的用法，与现代意义上的利息过高不同；它是指收取任何形式的利息）。收取利息被看作没有兄弟之情的剥削行为，是利用他人的不幸以求私利的丑行，因此否定了基督徒互为肢体的关系。耶稣指责高利贷，认为它是旧生命的一种象征，并且劝勉他的门徒"要借给人不指望偿还"（路6：35）。

圣经中的这些话，不应该被解作某种普世性的律例，或是所有文化在任何时候都必须奉行的。但我们也不应该认为它们与现代社会毫无关系。在那些圣经的禁令背后，有许多个世纪所积累的智慧支持着（也许是从一些极其痛苦的经验中得来的）。当然，谨慎和简朴都要求我们在借贷以前要极度小心。

第八，遵守耶稣有关说话要简单、诚实的教训。"你们的话，是，就说是；不是，就说不是；若再多说，就是出于那恶者。"（太5：37）如果你同意做一件事，就去做，避免阿谀。让诚实和正直成为你说话的明显特色。拒绝喋喋不休的闲谈以及抽象的臆测——这种说话的态度，其目的是使事情变得模糊不清以及令人感到莫测高深，而不是要阐明一件事以及给人提供信息。

172

简单地说话之所以那么困难，是由于我们极少过以神为中心的生活，极少只回应属天的提示。我们时常担心别人会怎样想，或者有上百的其他动机去决定我们的"是"或"不是"，而并非顺服从神而来的催促。于是，如果有一种比较有吸引力的机会来到，我们便赶快反转自己的决定。可是如果我们的说话，是从内在的、属神的中心的指示而来，我们会发觉没有理由去把我们的"是"变成"不是"，又把我们的"不是"变成"是"。我们的话语只有一个来源，才会简朴。克尔凯郭尔写道："如果你绝对顺服神，那么在你里头不会有暧昧不明的情形……你在神面前简朴无华……有一件事是撒但所有的诡谲以及试探的一切网罗都不能出其不意地突袭的，那就是简朴。"[8]

第九，拒绝任何会压迫到他人的事。也许没有别人比十八世纪贵格会的一位裁缝约翰·伍尔曼更充分地把这一原则具体表现出来。他那本著名的《约翰·伍尔曼日记》满是亲切的记录，表明他多么渴望过一种不会压迫他人的生活："我对自己做严谨而精细的检讨，我作为一个人，是否远离一切会激发争战或与争战相关的事……我的心深切关怀，在将来，我是否在一切事上稳健地持守纯正的真理，生活和行走在一个真诚的基督门徒的清淡和简朴中……奢侈和贪婪以及无数与它们相联的压迫和别的邪恶，都会给我带来巨大的痛苦……"[9]那是我们这些基督徒所面对的最困难、最敏感的问题之一，然而我们必须面对它。我们喝咖啡、吃香蕉的时候，是否剥削了拉丁美洲的农民呢？在一个资源有限的世界中，我们贪求财富的欲望是否意味着使别人贫穷呢？有一些产品的生产过程，是强迫人在枯燥的流水线中做沉闷的工作，我们该不该购买呢？我们是否非常享受公司或工厂里的领导与下属的关系，把别人压在自己下面呢？我们是否压迫我们的儿女或配偶，因为某些家务不值得我们去做呢？

压迫行为时常都带有种族优越感、性别歧视和民族主义的色彩。一个人的肤色仍旧影响他在公司的地位。一个人来自哪一个民族或国家，仍旧影响他如何被理解。愿神今天兴起像约翰·伍尔曼那样的先知，号召我们，"不要贪图财富"，好叫我们能够"折断欺压之轭"。[10]

第十，规避任何会使你分心而不先求神的国的东西。我们极容易去追求一些合法的、看上去没什么不对的东西——职业、地位、身份、家庭、朋友、安全以及更多的东西。它们都能很快成为我们注意力的中心。乔治·福克斯警告说："然而对你来说，有一种危险和试探，就是使你全神贯注于你的业务，受它的拦阻，以致你几乎没法去事奉神……你的心思会进入事物里，而不是超乎事物之上……然后，如果神阻拦你，会在海洋或者陆地叫你停航止步，把你的货物和习惯拿去，叫你的心思不受不该受的拖累；你的心思若受拖累，便会烦躁不安，失去神的能力。"[11]

愿神赐我们勇气、智慧和力量，时常把"先求神的国和他的义"作为生活的第一要务，这样做就是过简朴的生活了。*

---

* 想要进一步全面了解基督教的简朴操练的读者，请参看我的《简朴生活真谛》（周天和译，南方出版社，2012 年）。

进深研究

简朴是开放，不扭捏，自自然然。它是精明、狡猾、口是心非的反面。

简朴就是说一是一，说二是二，并无隐秘的涵义。然而，简朴不等于"容易了解"。耶稣不是容易了解的，保罗也不是，然而他们两人说话的特色却是简朴。他们的意向不是要使人迷茫或受骗，而是要澄清和启发。

简朴释放我们脱离自我的暴虐，脱离事物的专横，脱离人们的辖制。*

人的自我，大声地要求别人的注意，要求受人赞赏，要求自我认可。借着富有技巧的手法，它能让人感觉自己更年轻、更聪明、更富有，也更圣洁。它会千方百计使自己看来似乎属于知识阶级。在会议中，它会引证它从未读过的某著作，或者保持一种高深莫测的缄默，借以显示自己似乎比那班少受教育的人高明得多。

我们可用下列的问题面对自我的专横，向它挑战：

- 我是否假冒专家，但事实上只是一个业余分子？
- 我真的读过我所引用的书吗？
- 我是否用浮夸的词语作为遮掩，去隐藏我真正的动机？

---

* 这几句话引自阿尔伯特·戴（Albert Day）的著作 *Discipline and Discovery*。

- 我是否看上去很敬虔（或者很世俗，只要那能在人群中增添自己的身份），其实却表里不符？

- 我是否喜欢用学位、头衔或荣誉，使人对自己有深刻的印象？

简朴也能胜过外表的追求。由于害怕别人发现我们的真相，我们创造了一个人工的世界，虚张声势，穿金戴银，摩登时髦。我们造访美容专家、高级裁缝、时装设计师，借以塑造一个永久年轻的印象。我们购买衣裳、汽车、房子，超过自己的经济能力，疯狂地企图在人面前显得成功。

我们要用下列的问题去反思对外表的追求：

- 我是否在自己经济收入的范围内过活而心满意足？

- 我的举止是否适合我的年龄？

- 我有没有过度消费？

- 我是否倚赖精巧的饰品，去给人制造深刻的印象？

- 我的消费行为是否符合自己的经济能力，有没有令我忘却关顾贫苦的责任？

最后，还有来自他人的辖制。只为了保证别人对自己有好的看法，我们会把自己置于多么可怕的操练中！我们多么迫切、诚恳、辛辛苦苦地制造好印象。我们不是使自己成为善良的人，而是采取各种各样的方法去使人认为我们是好人。

高高兴兴地用下列的问题，去抗击来自他人的辖制：

- 我能容许一个对自己不利的批评存在，无须把事情的真相弄清楚吗？
- 在重述事件时，我是否把故事略加润色，好叫自己显得稍为光彩呢？
- 我是否常为自己的行为找借口？
- 不管别人怎么说、怎么想，我都试图把工作做到最好吗？
- 我是否自由地接纳人们的赞赏，而无须用自觉的谦虚去表示自己的不配呢？

只有简朴才是自由。其他一切都被满怀野心的自我、借着外表求得的认可，以及对别人意见的介怀所辖制。芬乃伦宣告说："简朴是心灵的一种正直，这种正直会防止自我意识，这样的简朴实在是伟大的宝藏！"

读经日程

- 星期日：简朴是内心的专一（太 6：19—24）
- 星期一：简朴作为信靠（太 6：25—34）
- 星期二：简朴作为顺服（创 15 章）
- 星期三：简朴的慷慨（利 25：8—12）

- 星期四：言词的简朴（太 5：33—37；雅 5：12）
- 星期五：简朴与公义（摩 5：11—15、24；路 4：16—21）
- 星期六：脱离贪婪的束缚（路 12：13—34）

研讨题目

1. 简朴生活方式有哪两方面？为什么这两方面都是非常重要的？

2. 用一段话尝试说明圣经有关财富的教训。

3. 现代社会怎样看待禧年的观念？（利 25：8—12）

4. 我所提出的了解基督教的简朴的主要观点是什么？

5. 简朴的三种内在态度为何？在这三种态度中，你个人认为最难的是什么？

6. 列出基督教的简朴之外在方式有什么大危险？我们为什么必须冒这个险？

7. 控制外在的简朴十项原则中，哪一项对你最有帮助？其中有没有你认为不切实际的？

8. 什么东西曾是你的癖好？

9. 努力解决第九项原则所牵涉的问题（拒绝任何会导致压迫他人的事）。

10. 列出下星期你能做的简化生活的一件事，并加以实行。

推荐阅读

- Cooper, John C. *Finding a Simpler Life*. Philadelphia: United Church Press, 1974.

  本书能帮助人们打下基础，在现代社会里过上真实的简朴生活。

- Cooper, John C. *The Joy of the Plain Life*. Nashville, Tenn.: Impact Books, 1981.

  本书是对简朴生活的一次喜乐的颂赞。特别有帮助的部分是，在每一章的末尾都有一些来自各行各业的真人实例，来分享他们各自不同的实际生活经验。

- Edwards, Tilden. *Living Simply through the Day*. New York: Paulist Press, 1977.

  本书以个人经历为引子，教给我们一些与日常的吃饭、玩乐、服事、睡觉有关的简单操练，帮助我们摆脱焦虑感盛行的社会文化氛围。

- Eller, Vernard. *The Simple Life*. Grand Rapids, Mich.: Eerdmans Publishing Co., 1973.

  借助福音书的记载和克尔凯郭尔的著作，这本书帮助我们去窥看一颗简朴心灵的样式。

- Foster, Richard. *Freedom of Simplicity*. San Francisco: Harper & Row, 1981.

  本书试行把简朴放在基督徒灵修的整个范畴内，并且把内在和外在的简朴之不同着重连结在一起。

- Gish, Arthur G. *Beyond the Rat Race*. New Canaan, Conn.: Keats Publishing, 1973.

  本书向物质主义潮流发起了坚决的冲锋，作者亚瑟·吉施所呼吁的外在的简朴，将震荡你心灵的深处。

- Hengel, Martin. *Property and Riches in the Early Church*. Philadelphia: Fortress Press, 1974.

  本书是一本学术研究著作，研究从基督的时代起到约四世纪时，基督徒对财富和资产如何处理。其中对旧约的看法也进行了简单的讨论，对尼西亚大会之前的教父观点有详尽的讨论。

- Longacre, Doris Janzen. *Living More with Less*. Scottsdale, Ariz.: Herald Press, 1980.

  本书是作者之前那本畅销之作 *More-With-Less Cookbook* 的姊妹篇，书中提供了来自门诺会的大量而丰富的实用建议。

- Sider, Ronald J. *Rich Christians in an Age of Hunger: A Biblical Study*. Downers Grove, Ill.: InterVarsity Press, 1979.

  本书从圣经和现实的观点对现代社会中的公义问题进行研究，很有价值，是一本"必读"的书。

- Sugden, Christopher. *Radical Discipleship*. Basingstoke: Marshall Pickering, 1981.

  这是一本富挑战性的书。它从圣经的观点去分析一个呼召，即如何以真正的基督徒态度去生活。

- Taylor, Richard K. *Economics and the Gospel*. Philadelphia: United Church Press, 1973.

在基督教伦理的视角下再论经济公正的议题，有着强大的
说服力。

- Ziegler, Edward K. *Simple Living*. Elgin, Ill.: The Brethren
  Press, 1974.
  本书展示了弟兄会的简朴观。

7 独处的操练

在独处中安顿你自己，你便会以真我来到他面前。

——亚维拉的德兰

耶稣呼召我们从孤独进入独处。担心被人撇下，孤立无助，这种忧虑使人畏惧。附近有一位新来的一年级小朋友在他母亲面前哭诉说："从来没有人跟我玩。"大学里的一位一年级新生怀念她在中学读书时备受关注的时光，她说："现在我什么也不是。"一位高管在办公室中垂头丧气地坐着，他大权在握，但孤寂落寞；一位老人躺在敬老院中，默默地等待"回家的时刻"。

我们害怕孤独。这种惧怕驱使我们往喧嚣的人群里跑。我们的嘴巴不停地说话。即使所说的话毫无意义，我们还是哇啦哇啦地说个不停。我们买可以绑在手腕上或者塞进耳朵中的播放器，好叫没有人在我们周围时，我们也不必面对一片寂静。

艾略特（T. S. Eliot）在分析我们的文化时说得好："在何处可以找到世界，在何处可以听到回声？不是此地，因为没有足够的宁静。"[1]

不过，孤独或嘈杂不是我们仅有的选择。我们能够培养一种内在的独处和静默，由此脱离孤独和惧怕。孤独是内在的空虚，独处是内在的丰满。

独处的意义，主要不在于找到某个地方，而在于内在精神的一种状态。有一种内心的独处是时常能够保持的。有无人群，对这种内在的专注都极少影响，旷野中的隐士也不一定能体验到独处的真谛。然而，如果我们懂得这种内心的独处，便不会惧怕孤单一人，因为晓得我们并不孤独。我们也不会惧怕与别人同在一起，因为知道自己不会被他们所控制。在噪音和混乱之中，我们安顿在一种深度的内心的静默之中。无论是单独或是在人群中，我们总与心灵的圣所同在。

内在的独处会有外在的表现。单独一人的自由，不是为了要与人远离，乃是为更清楚听见神的微声。耶稣常常生活在"心灵的独处"之中，他也时常经历到外面的独处。他在开创事工时，便花了四十天独自在旷野中（太4：1—11）。在拣选十二使徒之前，他也整夜独自在旷野的山上祷告（路6：12）。当他听到施洗约翰的死讯时，"就上船从那里独自退到野地里去"（太14：13）。当他行神迹给五千人吃饱以后，"独自上山去祷告……"（太14：23）经过长夜工作以后，"次日早晨，天未亮的时候，耶稣起来，到旷野地方去……"（可1：35）当十二使徒完成了一次传道医病的任务，回到耶稣跟前时，他吩咐他们说："你们来同我暗暗地到旷野地方去……"（可6：31）在医治一个长大麻风的病人以后，耶稣"退到旷野去祷告"（路5：16）。他又带了三个门徒到一座寂静的山头，在那里变化形像（太17：1—9）。当他准备自己去完成那最崇高、最神圣的事工时，耶稣在客西马尼园中独处（太26：36—46）。诸如此类的事例不胜枚举。但上述各则，大概足以显明，寻求一个人迹罕见的地方，乃是耶稣经常的行动。我们也当如此行。

朋霍费尔的《团契生活》（*Life Together*）中有一章的标题是"共同的日子"。耐人寻味的是，下一章的标题则是"独处的日子"。这两者都是灵性成功的主要因素。他写道："一个不能独处的人要提防团体……一个不在团体中的人，要提防独处……其中一种情况本身来说都有极深的陷阱与危机。一个只要团契而无独处的人，会陷入言辞和感觉的空虚中，一个寻求独处而无团契的人，会在虚荣、自恋和失望的深渊中灭亡。"[2]

因此，如果我们要与人相处得富有意义，必须寻求安闲独处的宁静。如果想要安全地独处，我们必须寻求团契，并且注意对别人的责任。如果我们想要在顺服中生活，必须二者并重，在两方面培植追求。

独处与静默

没有静默便没有独处。静默不仅是不语，也包括了聆听。仅仅禁戒言语，而无聆听神的心，则不是静默。"充满喧嚣和声音的一天可能是静默的一天，如果那些声音对我们而言，成为神同在的回声，成为神对我们的信息和请求的话。当我们谈论自己，充满自我的时候，便把静默排除在外。当我们重述神留在我们里面的亲密言语时，我们的静默是完整的。"[3]

我们必须了解独处与静默之间的关联，二者是不能分开的。所有精通内在生活的名师都一口气地谈论这两件事。例如，《遵主圣范》是五百年来一致推崇的灵修名著，里面有一段的标题是："论爱好独处与静默"。朋霍费尔《团契生活》一书中把这二者联在一起，成为不能分割的整体，牟敦在他所著《独处中的沉思》（*Thoughts in Solitude*）一书中也是二者并论。事实上，由于这二者在所有著名的灵修书籍中都如此紧密地连在一起，以致我曾一再考虑，究竟应该把这一章的标题定为"独处的操练"，还是"静默的操练"？所以，如果我们要了解独处的意义，必须先行了解并体验静默的改造力量。

有一句古老的格言，大意是："张口者，闭双目！"静默和独处的目的是使我们能看能听。静默之钥是控制言辞，而非毫无声息。雅各清楚地看出，一个人若能控制他的舌头，便是完全人（雅3：1—12）。在静默与独处的操练中，我们学习何时说话，何时闭嘴。一个把操练看作律法的人，一定会把静默搞得很荒谬："以后四十天我不说话！"对任何想过静默与独处生活的真门徒，这都是个大试探。托马斯·肯培写道："完全沉默比有节制地说话容易。"[4]聪明的传道者说："静默有时，言语有时。"（传3：7）关键在于懂得控制。

雅各所采取的船舵和嚼环的比方提醒我们，舌头引导我们，也控制我们。舌头在多方面引导我们的行程。如果说一次谎，我们便不得不说出更多的谎言去遮掩第一个谎言。很快地，我们便被迫要有某种行动，以便使谎言变得可信。无怪乎雅各宣告说，"舌头是火"（雅3：6）。

有操练的人，是一个在必要的时候做必要之事的人。能得冠军的篮球队就是在需要得分时便能得分的球队。我们中多数的人最后都能把球投入篮中，可是我们不能在必须得分的时候做到这一点。照样，一位在静默的操练上有成就的人，乃是在必要的时候能够说出必须说的话的人。"一句话说得合宜，就如金苹果在银网子里。"（箴25：11）如果在应该说话的时候保持沉默，我们就不是生活在静默的操练中；如果在应当沉默的时候说话，我们也照样不合格。

愚昧人的祭

在《传道书》中我们读到这样的话："近前听，胜过愚昧人献祭。"（传5：1）愚昧人的祭是从人的方面发起的宗教言论。传道者继续说："你在神面前不可冒失开口，也不可心急发言，因为神在天上，你在地下，所以你的言语要寡少。"（传5：2）

当耶稣领彼得、雅各和约翰上山，在他们面前变了形像时，摩西和以利亚出现，与耶稣谈话。希腊文圣经说："彼得回答对耶稣说……你若愿意，我就在这里搭三座棚……"（太17：4）这句话中的"回答"二字意味深长。当时没有人对彼得说话，是他主动献上了愚昧人的祭。

《约翰·伍尔曼日记》中有一段动人而细腻的关于学习控制舌头的描述。他的措辞是那么生动，最好全部引述：

> 我以一种敬畏的心态参加聚会，力求在内心熟悉那位真正牧者之言辞。有一天，带着强烈的操练的心，我站了起来，在会中说了一些话；然而我当时没有紧密地与神圣的泉源相连，结果说的多于我所当说的。我很快便体会到自己的错误。内心有好几个星期都痛苦异常，丝毫没有安慰的亮光，甚至对什么事都感到不满。我记起神，心中深感不安。但当我痛苦至极时，他怜悯了我，差遣他的安慰者来到我心中。那时我感受到罪得赦免；我的心灵平静下来，而我对满有恩慈的救赎主之怜悯真诚感激。这事以后大约六个星期，感觉到神之爱的泉源开放，并且有说话的感动，于是在一次聚会中我说了一些话，心中满有平安。由于在十字架下受了这样的挫折和管教，我的领悟力增强了，使我更能单纯地分辨在心中运行的圣灵。他教导我静默等待，有时一连好几个星期，直到我感受到那种准备的力量在我里面兴起，叫我站立起来，像号筒一样，让主借以和他的群羊说话。[5]

这是一段多么美妙的学习沉默之操练的描绘！特别有意义的乃是他从这次的经验获得极大的帮助，叫他更能"单纯地分辨在心中运行的圣灵"。

我们很难保持静默的理由之一是，静默使我们觉得无能。我们习惯于借用言辞去操纵和控制别人。如果静默不言，谁会掌管呢？神会掌管；但是除非我们信任他，我们不会让他掌管一切。所以静默与信赖密切相联。

舌头是我们最有力量的操纵武器。滔滔不绝的话语从口中出来，让我们能继续不断地修正自己在众人心目中的形象。我们认为别人对我们有某些看法，我们又对这些"看法"深怀恐惧，所以要说话，好叫别人对我们有"正确"的了解。假如我做错了（或者甚至做对了，但怕别人误会），我会极力让你了解我的动机。静默是圣灵最深的操练之一，因为它制止我们自义。

静默的果效之一，是叫我们有自由把自己的行动完全交给神去判断，让我们无须设法叫人对自己有正确的了解。有个故事说到中世纪的一位修道士被人冤枉，说他做了某些不该做的事。有一天他往窗外望，看见一只狗正在撕扯一块挂在外面晾干的地毯。当他观看的时候，主对他说："这就是在你的声誉上正发生的事。不过，如果你信任我，我会照顾你，包括声誉和其他一切。"也许最要紧的是，静默使我们相信，神能够照顾我们，包括我们的声誉和其他一切。

乔治·福克斯常说及"受捆绑的心态"（罗8：15，和合本译为"奴仆的心"），又说世人如何处于那种心态的压力下。他常把受捆绑的心态与对别人卑躬屈节的心态相提并论。他在《乔治·福克斯日记》中说到"带人脱离人"（bringing people off of men），脱离被别人的律法所辖制的状态。静默就是带领我们达到那自由的一种方法。

舌头是温度计，它告诉我们本身属灵的温度。它又是恒温器，控制我们属灵的温度。控制舌头便能够掌握一切的事。我们是否已得释放，以致能够缄口不言呢？朋霍费尔写道："真正的沉默，真正的安静，真正的勒住舌头，只可能是郑重的灵性安静的成果。"[6] 圣多明我（St. Dominic）曾经拜访圣法兰西斯，在他们相会的全部时间中，彼此一句话都没有说。只有学会了真正的静默，才能在需要说话时，说出必须说的话。

嘉芙莲·杜赫弟（Catherine de Haeck Doherty）曾写道："在我里面全是静默……而我沉浸于神的静默之中。"[7] 在独处中我们体会到"神的静默"，这样便能领受我们心中所渴望的内在静默。

灵魂的黑夜

如果认真看待独处的操练，那么在生命途程的某一点或某几点上，我们会进入十架约翰生动地描述的"灵魂的黑夜"之中。他呼召我们进入的"黑夜"，并非是什么不好或者破坏性的经历。相反的，他认为那是一种应被我们欢喜接纳的体验，就像一个病人欢迎能让他恢复健康的手术一样。黑夜之目的，不是要刑罚我们或使我们受苦，乃是要释放我们。十架约翰接受灵魂的黑夜，认为它是神的约见，是一次特别的机会，可以亲近那属神的中心。他称那黑夜为"纯粹的恩典"，并且以下面这首诗为记：

> 导引之夜啊，
> 你比晨曦更可爱！
> 那是连结爱人与被爱者之夜，

让被爱者在她的爱人里获得更新。⁸

进入灵魂的黑夜意味着什么？可能是枯燥、消沉，甚至是失落。它剥夺我们对情感生活的过分倚赖。今天的信徒常常努力躲避它，又说我们应该生活在和平、安舒、喜乐、颂赞中，这种说法只显明了现代人的灵性经验肤浅的事实。黑夜是神采用的一种方法，要把我们带到一种肃穆、安静的状态中，好叫他能对我们的灵魂施行改变。

这种黑夜在日常生活中是什么样子呢？当我们认真追求独处时，通常有一刹那开头的成功，然后便是无可避免的失望——与此同来的是一种完全放弃这种追求的欲望。感观的体验离去，换来的是一种意识，觉得我们与神的关系不通。十架约翰这样去描述这种心灵状态："……在此所提及的灵魂黑暗……会催眠人的感知的能力和灵性的渴望……它捆绑人的想象力，拦阻人去做任何好的、合理的事务。它终止记忆力，削弱智力和认知能力，让意志也变得呆板和受限，一切的机能都变得空洞无用。而最可怕的是，它在人的心头蒙上一层厚厚的阴云，叫我们的灵魂受苦，使它从神面前退缩。"⁹

在他所写的《灵魂之歌》(*Canciones del Alma*)这首诗里，十架约翰两次采用了这个短语："我的内室今全安静。"¹⁰通过这个生动的句子，他指出了使所有身体的、情感的、心理的甚至灵性的感觉安静下来的重要性。身体、心思和灵性的一切纷扰，都必须置于一种假死的状态之下，然后神的深入作为才能在灵魂里发生。这就像麻醉剂必须生效，然后才能施行手术。内心

191

的静默、和平、安静也便来到。在这段黑暗的时期里，读经、讲道、知识辩论，都无法感动和激励我们。

当神慈爱地把我们带入灵魂的黑夜时，我们常会遭遇一种试探，就是想要把我们内在的暗晦迟钝，归咎于身边的每一个人和每一件事，以寻求脱离那境况。牧师变得那么讨厌，唱赞美诗也变得那么乏味，敬拜变得死气沉沉。我们可能会开始在周围找寻另一间教会或者一个新的经验，以便给我们一些"灵性的刺激"（spiritual goose bumps）。那将是一个严重的错误。对黑夜的本质应有正确的认识，应该感谢神慈爱地带你离开各种纷扰，好叫你能看见他。不要烦恼挣扎，只要安静等候。

注意，在此所说到的，不是因罪或不顺服而产生的对属灵之事的迟钝。我说的是一个竭力寻求神的人，并且在他心中没有藏匿自己明知的罪。

> 你们中间谁是敬畏耶和华，
> 听从他仆人之话的，
> **这人行在暗中，没有亮光，**
> 当倚靠耶和华的名，
> 仗赖自己的神。
> （赛 50：10）

这节经文的要点是，虽然敬畏、顺服、信靠、仗赖耶和华，很可能仍旧"行在暗中，没有亮光"。你在顺服中生活，但进入了一个灵魂的黑夜。

十架约翰指出，在这种经验中，有一种恩慈的护卫，保守你脱离邪恶，又在神国度的事上有奇妙的长进："如果一个人在这些黑暗的时刻仔细观察，他会清楚看出，欲望和本能很少被无用有害之物迷惑，他又多么安全，不受虚荣、骄傲、冒昧、空虚以及虚假的喜乐并许多别的邪恶所侵扰。借着在黑暗中行走，心灵不仅免于迷路，并且迅速前进，因为它这样反而增长美德。"[11]

在这种内在受苦的时刻我们该做什么呢？首先，别管"好心的朋友"要我们立刻中止这种情况的劝告。他们不了解所发生的事。我们这个时代对这样的事是那么无知，因此我主张你甚至不要与人谈论这些事。最重要的是，不要尝试解释或者为自己辩护，你为何会"心情不好"。神是判断你的主，把你的事情交付给他。如果你能实际退到"旷野"一段时期，那么就这样做吧。否则你便继续做你日常的事务。不过，无论是在"旷野"或是在家，在你心中维持一种深刻的、内在的、聆听的静默——平静安稳，直到独处的工作完成。

也许十架约翰引导我们进入的水深之处，过于我们愿意进入的地步。当然他所谈论的境界，就我们中多数的人而论，都只是"对着镜子观看，模糊不清"（林前13：12）。然而我们无须为自己怯于攀登这些灵魂雪峰而自责。这些事最好是谨慎处理。不过，也许他已在我们里面动工，带我们进入更高、更深的经历，无论这推动的工作看起来有多么微小。这好像是将我们生命的门轻轻地朝这境界开启一条缝隙。这就是神所要求的，这就是他所需要的一切。

在结束我们进入这灵魂黑夜之旅程时，让我们思想这位属灵导师满有力量的话:"属神的灵魂啊,当你发现自己的渴慕消退,发现自己爱意枯竭且爱得勉强,发现你的天赋才干无法用于任何操练,不要心中伤恸,去把它当作恩典,因为神正在救你脱离自己,从你身上拿走你自己的作为。"[12]

独处的步骤

属灵的操练在乎我们的作为,这是我们永不该忽视的。敬虔地谈论"内心的独处"是一件事,但若没有付诸行动,进入我们的经验中,便错过了操练的要点。我们所对付的是行动,不单是心态。若说:"好吧,我确信自己具有内在的独处与静默,再没有什么我必须做的事",这是不够的。所有进到真实的静默境界的人都曾做过某些事,也曾使他们的生活依循一定的规则,以便接受"那出人意外的平安"。我们要成功,就必须超越理论之外,进入生活环境中。

进入独处的步骤是什么?我们所能做的第一件事是利用每天"小小的独处"时机。考虑一下清晨当家人还未起来,你自己仍旧在床上的片刻独处。想一想你还未开始一天的工作,而静静喝咖啡的片刻独处。在上班路上,交通拥挤时,你也可以有片刻的独处。当我们转一个弯角,看见一盆花或一棵树时,也可以有片刻的休息而神清气爽。在餐桌前,不妨邀请每个人共同静默片刻,代替出声祷告。有一次,我满载一车叽叽喳喳、喋喋不休的小孩和大人前往机场,我大声说:"让我们玩一个游戏,看看大家是否能够在抵达机场前(约五分钟车程)保持绝对的沉默。"我们果然做到了,而且大家都觉得那是蒙福的片刻。从地铁站出来，步行回家的一小段路程中，你可以找到新的喜乐和意义。晚上睡觉之前，也可以静静地溜到屋外去，品尝静夜的滋味。

我们时常让这些片断的时间白白溜掉。多么可惜！它们也应该能够赎回来。它们是给我们营造内在安静的时间，像指南针一样，让我们借以调整生活的方向。这些片段的时间能够帮助我们安静自己的心。

我们还可以做什么？我们还可以找到或者开发一个"安静之地"，作静默和独处之用。家总是处在不断的建设过程中。不妨考虑在车房或内院里面间隔一小部分。如果你住在公寓中，要发挥你的创造力，找出别的方法设计一个独处场所。我知道一个家庭，他们家中有一张特别的椅子，任何时候，某个人坐到那张椅子上，便等于说："请勿打扰，我要独思。"

让我们在家门之外找一些地方：公园的一角，礼拜堂（不锁门的那种），甚至某个储物室。我家附近的一个退修中心里面有一个单人小屋，专供个人私下默想和独处之用。他们称之为"静室"。教会投入数以百万计的资金在建筑物上，为什么不建造一处地方，让个人能够前来单独住上几天呢？嘉芙莲·杜赫弟在北美首创了"静隐之所"（Poustinias，俄语"旷野"之意）。这些都是特别为独处和静默设计的场所。*

在讨论研究的操练那一章中，我们提到了有一项很重要的操练，就是看看我们有多么频繁地急于为自己的行为做出解释

---

* 这些场所的详细的建立过程，可以参见嘉芙莲·杜赫弟的 *Poustinia: Christian Spirituality of the East for Western Man* (Notre Dame，IN: Ave Maria Press，1974）。

和辩护。假如你发现自己有这个问题,那么试试一味做事不加解释的方式。注意自己心里对人们误解自己的那种忧虑,试着让神作你的判断者。

操练自己,好叫你的言辞稀少而充实。让别人认识你是一位在发言时"言之有物"的人。保持平易的言辞。做你说过你会做的事。"你许愿不还,不如不许。"(传5:5)当我们的舌头受到控制时,朋霍费尔的话对我们即变得真实:"许多不需要说的话便保留不说。但是基本和有益的事,三言两语便可说明。"[13]

再进一步,试着整天一言不发。不是把它当作一条律法,乃是当作一种尝试。注意你那无助的、极度倚赖言辞去沟通的感觉。试着用新的方法与人沟通,不要倚靠言辞。欣赏这一天,享受这一天。从这一天的经验去学习一些功课。

一年四次,退修三至四个钟头,去重新校正你的人生目标。这事很容易在一天晚上办妥。在你的办公室逗留至深夜,或者在家中做,或者在公共图书馆中找到一个安静的角落,重新衡量你生活中的目标和任务。一年以后,你希望完成些什么?十年以后呢?我们的倾向是,对一年内能达到的目标估计过高,对十年内所能达到的目标又估计过低。定下实际的目标,但要愿意梦想,愿意伸展(本书是我好几年来的梦想,然后才写成)。在那几个钟头的静默里,聆听神沉默的雷鸣,把临到你内心的感受记录下来。

方向的重置和目标的厘定,无须像有些人所认为的,要冷冰冰地、仔细地计算。目标是发现的，而不是制造的。神喜欢向我们显示，将来的那些令人兴奋的、新的选择。也许当你进入一种聆听的静默时，有一种愉快的印象出现，要在这一年学习怎样纺织或者怎样做陶器。这难道不是一个"太世俗""太不属灵"的目标吗？然而神对这样的事深感兴趣。你是否也感兴趣呢？也许你会想多学习（或多体会）一点有关属灵的恩赐，如行神迹、医病和说方言等。或者你会像我所认识的一位朋友那样，把大部分的时间用在"帮助人的"恩赐上（林前12：28），学习怎样做一个仆人。也许第二年你会想阅读 C. S. 路易斯或者杜必律的全部作品。也许五年以后，你想获得在残疾和智障的儿童中工作的资历。制定这一类目标，像是在制定商业计划吗？当然不是。它是为你的人生安排的方向。你终究要走向某处，有一个方向岂不好得多吗？何况这方向是依着属神的中心而制定的。

在研究的操练那章中我们曾经探讨一种操练，就是作两至三天的退修研究。带着一种内在的沉浸于神的静默，将会提升退修的果效。像耶稣一样，我们必须离开群众，好叫我们与群众同在一起时，能够真正在他们中间。一年来一次这样的退修，不带任何目的，只为独处。

独处的果实，是增加对他人的敏感性和同情心。与人同在时，会有一种新的自由；对他们的需要，会有新的关怀；对他们的创伤，会有新的回应。牟敦有这样的观察："在深沉独处时我找到一种温柔，使我能够真正爱我的弟兄。我越发孤独，对他们的爱也便越发加增……独处与静默教导我爱我的弟兄：为了他们是什么而爱他们，不是为了他们说什么而爱他们。"[14]

你没有感受到一种推动，一种渴望，要沉浸于神的静默和独处中吗？你不是渴望更多的东西吗？每一次的呼吸，岂不是一种渴望在他面前更深、更完全地敞开吗？独处的操练会开启这门户。欢迎你进来，"在神那奇妙、可畏、温柔、可爱，包含一切的静默中，聆听神的话语。"[15]

- -

进深研究

卢云注意到，"没有独处，其实便不可能过属灵的生活。"为什么这样说呢？因为在独处时，我们从人的奴役中获得释放，也从我们内在的、不能抗拒的冲动中获得解脱。我们便能自由地爱神，也真正地怜悯他人。

要进入独处，我们必须抛开对别人想法的担忧。谁会了解这种叫人进入孤独的呼召？即使我们最亲密的朋友也难免认为，那样做大大浪费了宝贵的时间，并且觉得那未免过于自私、过于自我中心了。然而，当我们对别人的见解置之不顾时，我们的心是多么自由啊！我们越少被人的声音迷住，便越能听见神的声音。我们越少被人的期望所拘绊，便越发把自己开放给神的期望。

不过，在独处中，我们不仅向他人死，也向自己死。当然，起初的时候，我们会觉得独处是重新充电的一种方法，叫我们能够以新的气势和力量进入生活的竞争中。然而，渐渐地，我们发觉，独处并没有赐力量给我们去赢得那虚浮的赛跑；相反地，它教导我们完全置之不顾。慢慢地，我们发觉，自己放弃了内心那种不能抗拒的要赢的冲动，以及要达到某种地步的疯狂努力。在宁静中，那个错谬的、忙碌的自我被揭露出来，其骗局被识破。

从他人及自我获得释放后，我们的耳朵便打开，能够聆听，遮蔽眼睛的帷幕也揭开了，我们能看见神的善良。我们能够爱神，因为我们无须爱世界。借着独处，我们创造了一个内在的宽敞的空间，神借此找到我们。在独处中我们经历到第二次（第三次、第四次、第五次……）的改变。我们以一种比较深刻、奇妙的方式从世上的偶像转向耶稣基督面前神的荣耀。神采取这种"无用"的操练，这种时间的"浪费"，使我们成为他的朋友。

成为神朋友的一个愉快副产品，是对别人增添同情。我们一旦得以窥见自己虚荣的深渊，便不再能以纡尊降贵、高人一等的心态去看别人的挣扎。我们一旦在独处中面对失望的鬼魔，便不再能对那些我们所遇见的人的沉默、沮丧以及忧愁孤单，轻轻放过。我们会与所有受伤和恐惧的人成为一体，自由地把我们所拥有的最大恩赐送给他们——这恩赐就是我们自己。

私人的退修是培养独处的一种方法。关于在私人退修中做些什么，之前我们曾分享了几个观念，然而更重要的是，我们不要忘记退修的主要事务。这事务，一言以蔽之："祷告"。我们进入那令人肃穆的静默中去聆听神，去体验彼此相交。必须把这目的摆在自己面前，因为开头的时候，这样消磨时间似乎毫无意义，十分浪费时间。很快，我们会受到强烈的试探，要"善用时间"，读许多书，写许多著作。我们必须清楚了解以及强调的是，在退修中，真正的任务是在生活中开创一个空间，叫神可以临到我们。一旦开创了那个空间，我们便安静等候，以期待的心等候，因为从那一刻开始，工作属乎神。我发觉他极其迫切地要引导我们进入至圣所，与我们分享神国的荣耀。

彭威廉在他所著《独处的果实》（*Fruits of Solitude*）一书中观察到，独处是"一个很少有人想在其中学习的学校，虽然没有哪一间学校能把我们教得更好"。愿我们也在这少数人中，就是想借着神的这种恩慈之法去学习的人。

读经日程

- 星期日：控制舌头之自由（雅 3：1—12；路 23：6—9）
- 星期一：祷告与独处（太 6：5—6；路 5：16）
- 星期二：独处的洞见（诗 8 篇）
- 星期三：灵魂的黑夜（耶 20：7—18）
- 星期四：园中的独处（太 26：36—46）
- 星期五：十字架的独处（太 27：32—50）
- 星期六：从独处而来的同情心（太 9：35—38，23：37）

研讨题目

1. 孤单和独处之间有何分别？你较多体验的是哪一种？

2. 为什么说达致灵性的成功，既需要个人独处，也需要群体生活？

3. 你为什么认为独处和静默密切相联？

4. "愚昧人的祭"是什么？你曾否犯过这类的错误？

5. 你曾否有过与嘉芙莲·杜赫弟类似的经验："在我里面全是静默……而我沉浸于神的静默之中"？如果你有过这样的经验，你可能想要与人分享；如果没有，你可能需要思考，为什么没有那样的经验？

6. 你曾否经历过"灵魂的黑夜"？

7. 我提及进入独处的五个可能步骤。目前在你生命中，你发觉哪一个步骤最有帮助？

8. 你不想进入独处的理由是什么？

9. 在你的生命中有什么可以实际重整的，以便给神开创更多的空间？

10. 从现在起，两年内，你想在独处中获得哪些目前缺乏的经验？你是否愿意在这个星期便计划，在以后二十四个月的日程表中拨出一些独处的时间？

推荐阅读

- Doherty, Catherine de Hueck. *Poustinia: Christian Spirituality of the East for Western Man*. Notre Dame: Ave Maria Press, 1974.

  本书对在西方文化中如何找到空间，从事独处的生活，有很敏锐以及相当合用的讨论。（中文版：杜赫弟著，《静隐之所》，梁伟德译，台北：光启出版社，1994年。——编注）

- Dunne, John S. *The Reasons of the Heart*. London: SCM Press, 1978.

  本书叙述进入独处再回来的旅程。它审视基督教信仰可能改变痛苦和孤寂的方法。

- Hoyland, Geoffrey. *The Use of Silence. Inner Life Series #5*. London: SPCK, 1955.

  一本按照贵格会的静修经验写成的小册子，个人或团体都适用。

- Maloney, George A., S. J. *Alone with the Alone*. Notre Dame: Ave Maria Press, 1982.

  本书透过八天退修的形式，帮助个人进入与神的团契中。

- Nee, Watchman. *Deep Calleth unto Deep*. Los Angeles: The Stream.

  一本小书，召唤你进入内在的圣所。（原著：倪柝声，"深处与深处响应"，载于《倪柝声著述全集（第二十五卷）：碎饼碎鱼》，香港：天粮出版社，1994年。——编注）

- Nouwen, Henri J. M. *The Genesee Diary.* New York: Doubleday, 1976.

  从耶鲁神学院活跃的教职生活，到七个月之久的熙笃会的隐修生活，卢云向我们分享了他的旅程。

- Nouwen, Henri J. M. *Out of Solitude.* Notre Dame: Ave Maria Press, 1974.

  用三个简要的章节，介绍了独处对当代事工的益处。（中文版：卢云著，《始于宁谧处》，洪丽婷译，香港：基道书楼，1991 年。——编注）

- Nouwen, Henri J. M. *The Way of the Heart.* New York: The Seabury Press, 1981.

  卢云著作，一本意义非凡的书，向当今世界的人讲解沙漠教父的智慧。

- Oats, Wayne. *Nurturing Silence in a Noisy Heart.* New York: Doubleday, 1979.

  如何在繁忙生活之中依然保持内心的独处，这本书给出了最有用的建议。

- Waddell, Helen. *The Desert Fathers.* Ann Arbor, Mich.: University of Michigan Press, 1957.

  本书包含沙漠教父许多智慧之言，以及他们所经历的故事。

8 顺服的操练

基督徒是最自由的主人，为众人之主，不受任何人的束缚；基督徒又是最尽忠的仆人，为众人之仆，愿受任何人的管辖。

——马丁·路德

在所有属灵的操练中，没有比顺服的操练更多被人滥用的了。人类似乎有一种特别的技巧，用最好的教训带来最坏的结果。没有什么东西能像宗教那样束缚人，而在宗教里面，没有什么东西比关于顺服的不健全教训更能严重地支配和毁灭人。所以，我们必须十分小心、同时满有洞察力地去仔细讨论这种操练，好叫自己成为生命的执事，而不是死亡的执事。

每一种操练都能带来相应的自由。如果我曾在修辞学上训练自己，那么便能在需要时自由地发表一篇动人的演讲。狄摩西尼（Demosthenes）能够成为一个随心所欲的演说家，只因为他曾经在口中衔着小圆石，面对海浪的咆哮练习演讲。操练的目的是自由。我们的目的是自由，不是操练本身。一旦把操练当作中心点，我们便会把它变为律法，结果也便失去了相应的自由。

操练的目的是带来一种更大的善。操练本身并无价值，只有把它当作一种媒介，把我们安置在神面前，好叫他能够赐给我们所寻求的自由时，它才有价值。自由是目的，操练**只是媒介**——它们本身不是答案，只是把我们引向答案。我们要避免受操练的捆绑，就必须清楚了解操练的有限性。我们不单要了解，并且要一再对自己强调，因为推崇操练的试探是那么强烈。让我们永远以基督为中心，并且看各种属灵的操练为一种途径，吸引我们更贴近他的胸怀。

顺服的自由

我曾说，每一项操练都能带来相应的自由。与顺服相应的自由是什么呢？是一种能力，叫我们能够放下那可怕的重担，就是永远都要"照我的意思而行"的重担。今天人类社会最大的束缚之一是一种欲望，就是要求一切都要按照我们自己的意思而行。人们会一连几个星期、几个月甚至几年，满怀忿怒，郁郁寡欢，只因为一件小小的事没有按照他们的意思成就。他们会小题大做，大发雷霆。他们会有所行动，好像这是生死攸关的大事，甚至会为之急出病来。

在顺服的操练中，我们得到释放，放下这事，忘记这事。坦白地说，人生的各种事务大都不像我们想象的那么重要，如果这个或那个没有发生，我们的生命不会因此完结。

留心观察这些事，你会发现，例如教会里一切争端和分裂的发生，几乎都是因为人们认为自己不可以让步。我们坚称，这是一个重要到非解决不可的问题，认定我们是在为一条神圣的原则而斗争。有时候，也许我们是对的，但通常并不是这样。多半情况下我们不肯让步，只因为那意味着事情不能按照我们的意思而行。只有在顺服中，我们才能从那种争竞的精神中得到解脱，叫它不再控制我们。只有顺服才能使我们有足够的自由去分辨，何为真正的原则之争，何为固执的自我意志。

当我们看到，生活中的许多事都没有那么重要，我们才不会过于固执。我们发现它们"没那么要紧"。我们常说"我不在乎"，然而事实上，我们真实的意思（以及传达出来的意思）是我们特别在乎。就在这里，静默的操练会是其他各种操练的良配。通常，在许多事上顺服下来的最好的方法就是：不说什么。在任何言语或行动之上，我们需要一种恩典精神下的广大的包容之心。这样做的时候，我们便释放了别人，也释放了自己。

圣经关于顺服的教训，主要集中在我们看待别人的方式上。圣经并不想建立一连串阶级组织的关系，而是想给我们传达一种互相顺服的态度。例如，彼得呼召他那时代的奴隶顺服他们的主人（彼前2：18）。这种劝告看似不必要，但是只要知道，奴隶在日常生活中很可能表面服从主人的命令，却对他没有顺服的心，就会明白这教训的重要性。外表上我们可能做人所要求的事，但内在有反抗他们的心。对别人要体谅，这种关怀遍布于全部新约。旧约规定我们不可杀人。但耶稣强调，真正的问题在于内在的杀机，就是我们对待别人的那种可怕心态。

顺服的事也是如此，它真正的问题在于，与别人相处时，我们有没有体谅和尊重的心。

在顺服中，我们终于有自由去看重别人。他们的梦想和计划，对我们而言变得重要。我们已经进入一种新的、奇妙的、光荣的自由境地，可以自由地为别人的好处而放弃自己的权利。我们第一次能够毫无条件地爱人，放弃了要他们报答的权利。我们不再觉得必须得到某种待遇，而能够因他们的成功而快乐。当他们失败时，我们真的觉得忧伤。如果他们的计划成功，我们不会计较自己的失败。我们会发觉，服事我们的邻舍比按照自己的心意而行要美好得多。

你晓得放弃你的权利是何等自由吗？那意味着你已从那沸腾的忿怒与怨恨中获得释放；别人没有按你认为应当的态度对待你，也不再让你忿懑和怨恨。那意味着，你终于能够冲破那条残暴的交往法则："你敬我一尺，我还你一丈"；那意味着，你终于能有自由遵守耶稣的命令："爱你的仇敌，为那逼迫你们的祷告。"（太5：44）那意味着，我们将第一次了解，放弃报复的权利为什么是可能的："有人打你的右脸，连左脸也转过来由他打。"（太5：39）

顺服的标准

也许你已经注意到，我是从后门进入了顺服的话题。我没有先讲顺服的定义，而是先解释它的功用。这是故意的。很多人听过的有关顺服的圣经教训，都是碎片化的，以致他们不是学习了残缺不全的教训，便是完全弃绝这种操练。前者导致我们自我憎恨，后者叫我们骄傲狂妄。在落入这种进退维谷的境地之前，要知道还有第三条路可走。

圣经上检验顺服的标准，是《马可福音》8：34："若有人要跟从我，就当舍己，背起他的十字架，来跟从我。"我们几乎本能地在这句话面前退缩。比较"自我否定"或"舍己"，我们对"自我完善"和"自我实现"等术语感到更舒服（事实上，耶稣论舍己的教训，是唯一真正能够带来自我完善和自我实现的方法）。自我否定的观念，给我们造成卑躬屈膝和自我憎恨的印象。我们发现，它必然意味着弃绝我们的个性，也会导致各种形式的不自重。

事实与此相反，耶稣呼召我们自我否定，而不是自我憎恨。自我否定只是一种方法，叫我们了解，一切的事不一定要按照我们的意思而行；我们的快乐不建基于得到我们想得到的东西。

有些人担心，自我否定会丧失自己的身份，而没有身份，更谈不上彼此顺服。那么，当耶稣走向各各他时，是否失去了他本人的身份呢？当彼得回应耶稣的呼召，背起十字架跟从他时（约21：19），是否丧失了他本人的身份呢？当保罗把自己交托给主——这位主甚至曾论保罗说"我也要指示他，为我的名必须受许多的苦难"（徒9：16）——是否丧失了他本人的身份呢？当然没有。我们晓得事实恰巧相反。他们在自我否定中找到了自己的身份。

自我否定与自我轻视不是同一件事。自我轻视声称我们没有价值，甚至即便有价值，也要弃绝它。自我否定却宣告，我们有无穷的价值，并向我们显明怎样去认识这一点。自我轻视否认创造的善良，自我否定肯定创造的美好。我们爱自己的本能，在耶稣手中成了我们向外伸展、去爱他人的先决条件（太22：39）。自爱和舍己并不冲突。耶稣不止一次清楚显明，舍己（自我否定）乃是爱自己的唯一可靠方法。"得着生命的，将要失丧生命；为我失丧生命的，将要得着生命。"（太10：39）

　　然而，我们要再次向自己强调，自我否定意味着有自由对别人退让。它意味着关怀别人的利益，过于自己的利益。这么一来，自我否定释放了我们，让我们脱离自怜。如果我们没有否定自己和舍己，就会要求事情按自己的意思而行。当事情不如意时，我们重回自怜的境地——"只有我这么不幸，我才是真正的可怜人！"我们可能在外表上佯作温顺，内心却存着一种殉道者的悲壮感。自怜和殉道的感受足以说明，我们操练顺服的心已然荡然无存。这是为什么自我否定需要成为这种操练的基础；它能拯救我们脱离自怜。

　　现代人极难阅读伟大的灵修名家的著作，因为这些名家喜用自我否定的语句。我们不太喜欢托马斯·肯培的话："没有自己的意见，总是认可和推崇他人，乃是伟大的智慧和完全。"[1]我们也纠结地聆听耶稣的话："若有人要跟从我，就当舍己，背起他的十字架，来跟从我。"（可8：34）这一切都因为我们不了解耶稣的教训，即通过否定自己和舍己才能达到自我完全。凡要救自己生命的，必丧掉生命；凡为基督的缘故丧掉生命的，必救了生命（可 8：35）。乔治·马德逊（George Matheson）写了一首圣诗，表明这种借自我否定而达到自我完全的矛盾的真理：

> 但愿做主的囚，
> 因此真得自由；
> 但愿放下手中的剑，
> 因此战功能收；
> 当我自仗英豪，
> 一生常闻警报；
> 当我被囚于主臂间，
> 反得坚强倚靠。[2]

也许现在我们已经足够清楚，能把自我否定当作一种真正的自由。我们必须深信这一点，因为正如前述，自我否定乃是顺服的操练的标准。

耶稣所教导的革命性的顺服[*]

耶稣发表过的最激进的公开教导，是把当时的成功观彻底地颠倒过来：领导在于成为众人的仆人，权柄来源于顺服。这种激进的仆人观念的最大标志，就是十字架。"（耶稣）就自己卑微，存心顺服，以致于死，且死在十字架上。"（腓 2：8）但请注意这一点：基督不仅经历了"十字架式的死亡"，他也活出了"十字架式的生活"。十字架之道，受苦仆人之道，是他事工

---

[*] 这个名词以及本章中的几个观念，都是受益于约翰·尤达（John Howard Yoder）的著作《耶稣政治》（*The Politics of Jesus* [Grand Rapids, MI: Eerdmans, 1972]）。该书中有一章对"革命性的顺服"（Revolutionary Subordination）进行了极佳的论述。

的核心所在。选择十字架式的生活，表明耶稣伏在了全人类之下，由此成为众人之仆。当他说"你们不要受拉比的称呼……也不要受师尊的称呼"（太23：8—10）的时候，他断然拒绝当时的文化对地位和权力的癖好。为要活出十字架式的生活，他尊重妇女，接纳儿童，粉碎了当时的文化习俗。为要活出十字架式的生活，他拿一条毛巾去洗门徒的脚。这位耶稣，本可号召大队的天使下来帮助他，却选择在各各他山钉十字架而死。他的生活，是顺服和服事的十字架之生活；他的死亡，是征服死之痛苦的十字架之死亡。

在这一点上，我们必须大大强调耶稣生活和教训的革命性。它完全否定了一切的特权和地位，呼召一种全新的领导制度。耶稣的十字架生活，动摇了一切基于权力和自我利益的社会制度。*

正如前面说过的，耶稣号召跟从他的人，去过十字架式的生活。"若有人要跟从我，就当舍己，背起他的十字架，来跟从我。"（可8：34）他坦率地告诉门徒："若有人愿意作首先的，他必作众人末后的，作众人的用人。"（可9：35）当耶稣借着洗门徒的脚而永远树立了十字架生活的原则时，他加上了这句话："我给你们作了榜样，叫你们照着我向你们所作的去作。"（约13：15）十字架式的生活是自愿顺服的生活。十字架式的

---

* 今天的教会不了解"十字架式的生活"对人类社会的意义，或者了解，但没有遵行。赫施柏革（Guy Hershberger）在他的 The Way of the Cross in Human Relations（Scottsdale, PA: Herald Press, 1958）一书中，大胆地探索了这方面的意义。他讨论了仆人之道应该如何影响战争、资本主义、贸易公会、劳工协会、物质主义、劳资关系，等等（"十字架式的生活"一语即出自赫施柏革）。

生活是自由地接纳仆人身份的生活。

使徒书信中所教导的革命性的顺服

耶稣做了榜样，并号召跟随他的人走十字架的道路，为使徒的顺服教训奠定了基础。使徒保罗吩咐教会信徒"各人看别人比自己强"，这种命令是建立在主为了拯救我们而顺服、舍己的行为上。"他……反倒虚己，取了奴仆的形像……"（腓2：4—7）。使徒彼得在讨论有关顺服的劝勉中，直接诉诸耶稣的榜样作为顺服的理由。"你们蒙召原是为此，因基督也为你们受过苦，给你们留下榜样，叫你们跟随他的脚踪行……他被骂不还口；受害不说威吓的话，只将自己交托那按公义审判人的主。"（彼前2：21—23）在给以弗所人的"家训"（*Haustafel*[*]）中，我们读到的第一句话是："又当**存敬畏基督的心，彼此顺服**。"（弗5：21）对基督徒过十字架生活的呼召，都是以耶稣自己的十字架生活为根本。

由于不懂得在这较广的含义中理解它，顺服的操练曾被人严重误解和滥用。顺服是一个伦理主题，遍及全部新约。它是**所有**基督徒，男人和女人，父亲和孩子，主人和仆人都必须有的一种状态。我们都被命令要过顺服的生活，不是因为我们处在某个特定的位置或阶层，而只是因为耶稣过的是顺服的生活。自我否定是一种状态，适合于那些跟从钉十架之主的人。在"家训"里面，无论任何一部分都说明，顺服的唯一强制理由是

---

[*] 这个名词是马丁·路德所创，直译就是"家训"，即一套基督徒家庭守则。"家训"已经被确认是圣经里一种特定的文学形式，在以下经文中都可见到：弗5：21—6：9；西3：18—4：1；多2：4—10；彼前2：18—3：7。

耶稣所立的榜样。

当我们把这个唯一的顺服理由，与公元一世纪世界上的其他著作比较时，我们会感到惊愕。那些作者提出的顺服的理由是，因为那是一个人所处的阶层和位置所定的，是众神的创造和安排。然而没有一个新约作者根据这样的理由去呼吁顺服。他们完全忽视了同时代将人分成等级的各种社会偏见，号召每个人"看别人比自己强"（腓 2：3）。这教训是革命性的。

新约书信首先呼唤的顺服者，是那些依照当时的习俗被划分为下等、附属的人。"你们作妻子的，当顺服自己的丈夫……你们作儿女的，要凡事听从父母……你们作仆人的，要凡事听从你们肉身的主人。"（西 3：18—22，以及平行的经文）这种教训之革命性在于，按照公元一世纪的文化，这些人本无选择的自由，然而保罗却把他们当作自由人去讲说。保罗给那些在他们的文化中没有律法上或道德上的地位的人，赋予个人的道德责任。他把那些不准有所决断的人看作是可以自行决断的人。

奇怪的是保罗吩咐他们要顺服，尽管在一世纪的文化中，依照他们的地位，顺服是理所当然的。这样的吩咐唯一合理的解释就是由于福音信息，他们知道自己脱离了社会中次等身份。他们晓得，福音已经向次等公民的身份提出了异议。保罗催促他们自愿顺服，不是因为他们在生命中的地位，乃是因为"这在主里面是相宜的"（西 3：18）。

对文化上居于下属地位的人进行道德的教训，这种特色若与同时代的文学作品比较，也是截然不同的。例如，斯多亚派只向社会制度中的上层人士说话，勉励他们在当时看做天经地义的超越地位中有好行为。而保罗首先对那些按照当时的文化而言，甚至没必要被认真对待的人说话，号召他们过耶稣的十字架生活。

接着，新约书信转向占据上位的人说话，同样号召他们过耶稣的十字架生活。顺服的命令是交互性的。"你们作丈夫的，要爱你们的妻子……你们作父亲的，不要惹儿女的气……你们作主人的，要公公平平地待仆人……"（西3：19—4：1，以及平行经文）可能有人会反对说，为什么对上位的人的吩咐，没有采用顺服的字眼。但你可能不了解，以当时的文化背景而言，这些吩咐对上位者的要求是多么难。对一世纪的丈夫、父亲和主人而言，顺从保罗的命令，将迫使他们在行为上做出极大的改变。而一世纪的妻子、孩子和奴仆，一点都不需要改变便能遵从保罗的吩咐。如果说这教训有何刺痛的话，那刺痛就落在上位一方。[3]

还有，我们必须看出，那些对丈夫、父亲和主人的命令，是在呼召他们进行一种自我否定。这种呼召用了不同的语句，去传达相同的真理：丈夫、父亲和主人不要再凡事必须按己意而行，而要从那种欲望中获得释放。如果一位丈夫爱他的妻子，他会在生活上凡事顾及妻子的需要。他将得到释放，看妻子、儿女的需求比自己的更重要（腓2：3）。

在《以弗所书》中保罗勉励奴仆以一种快乐的、自愿的、甘心乐意的精神，去服事他们世上的主人。然后他劝告作主人的，"你们作主人的待仆人也是一理"（弗6：9）。这种话在一世纪的人听来真是难以置信。奴隶被认为是财产，而不是人。然而保罗以属神的权威劝告主人，对他们的奴仆需要让步。

也许这种革命性的顺服最完美的例证，乃是保罗致腓利门的那封简短的信。腓利门出走的奴仆阿尼西母成了基督徒。按照基督门徒的做法，他自愿回到腓利门那里去。保罗力劝腓利门欢迎阿尼西母，不再把他当作奴仆，"乃是高过奴仆，是亲爱的兄弟"（门 16 节）。约翰·尤达评论说："保罗等于是用一种适于基督徒弟兄的非强迫性的指示，劝腓利门……要把阿尼西母释放。"[4] 阿尼西母要通过回归，向腓利门表达顺服；腓利门则要借着释放他而向阿尼西母表达顺服。双方都要存敬畏基督的心彼此顺服（弗 5：21）。

新约书信没有尊崇当时存在的阶级架构。借着吩咐所有人的顺服，反而削弱了这架构，将之变为可有可无。书信号召基督徒成为新制度下的公民，而这新制度的最基本特色，就是人人都顺服。

顺服的限度

当顺服的操练带有破坏性的时候，便当止步。因为那时顺服变为律法，否定了耶稣所教导的爱，且对真正的圣经的顺服构成了侮辱（太 5、6、7 章，特别是 22：37—39）。

当彼得写出下面的话时，他是号召基督徒对国家作彻底的顺服，他说："你们为主的缘故，要顺服人的一切制度，或是在上的君王，或是君王所派、罚恶赏善的臣宰。"（彼前 2：13—14）然而，当拥有权柄的政府吩咐当时尚属婴孩的教会停止宣讲基督时，彼得回答说："听从你们，不听从神，这在神面前合理不合理，你们自己酌量吧！我们所看见的、所听见的，不能不说。"（徒4：19—20）在另一个类似的场合中彼得直截了当地说："顺从神，不顺从人，是应当的。"（徒5：29）

保罗了解耶稣的十字架生活，他说："在上有权柄的，人人当顺服他。"（罗13：1）然而当保罗看见国家没有完成神命定的任务，没有执行公义时，他提醒它的责任，并且坚持要把错误矫正过来（徒16：37）。

彼得和保罗是否违反他们的自我否定和顺服的原则呢？不是。他们只是明白到，当顺服具有破坏性时，顺服便到达了终点。事实上，他们以行动阐明何为革命性的顺服，即温和地拒绝一个破坏性的命令，并且愿意承担其后果。德国的思想家约翰内斯·哈梅尔（Johannes Hamel）曾说，顺服包含了"一种由心灵所催促的反抗，一种正确的否定和拒绝，并准备为之承受苦难的决心"。[5]

顺服的限度有时很容易看出。丈夫要求妻子无理地责打孩子；成人要求孩子帮他做不合法的事；国家要求公民为国家的缘故违反圣经和良心的明确指示。在每一件这样的事上，基督徒都加以拒绝，不是以傲慢的态度去拒绝，乃是以一种温柔和顺服的精神去拒绝。

然而许多时候，顺服的限度极难确定。在婚姻关系上，其中一方因对方的缘故，感到沉闷得透不过气来，并且得不到个人的满足，这该怎么办呢？这是一种合宜的自我否定，还是一

种带着破坏性的顺服？教师不公平地给学生的评分呢？学生要
顺服还是反抗？雇主根据个人的好恶，为了既定利益而提拔自
己喜欢的雇员呢？那位被剥夺了应得权利的人要怎样做呢，特
别是他或她的家庭极其需要那次提拔的机会的时候？

这些都是极端复杂的问题，因为人与人之间的关系原是十
分复杂的。这些问题不能有简单的答案。没有可以包含每一情
形的顺服法则。任何声称能够适用于所有情况的法则，我们都
必须存疑。教条性的伦理教导势必靠不住。

只能说，在决定何为顺服的限度时，我们无法不深深倚赖
圣灵的指引。这种说法不是对问题的逃避。毕竟，如果有一本
法规，可以适用于生活中的每一种情形，我们就无须倚赖谁了。
圣灵对别人和我们自己心中的思想和动机都能准确辨认。他是
我们随时的教师和先知，教导我们在每一情形中怎样去做。

顺服的行动

顺服和服事是同时运作的。因此有关顺服的许多实际措
施，会在下一章"服事"里面来讨论。然而有七种顺服的行动
应当在此简单评述。

第一是对三位一体之神的顺服。在一天开始时，我们在
父、子、圣灵面前等候，用圣诗作者的话是"降服和安静"。我
们用托马斯·肯培的祷文作一天最初的话语："不论什么事情，
不论什么时间，只要是你的旨意。"[6]我们为成就他的使命，交
付我们的身体、思想和心灵。照样，在顺服的行为中过一天的
生活，伴随着不断释放出来的内心的降服。早上所领受的话语

是顺服，照样，晚上所领受的话语也可以是顺服。在漫漫长夜，我们把身体、思想和心灵交在神手中。

第二是对圣经的顺服。正如顺服道成肉身的神的话语（耶稣），照样我们要顺服写成文字的神的话语（圣经）。我们首先把自己交出来，聆听这话，其次接受这话，然后遵行这话。我们仰望那赐圣经的圣灵去解释圣经，把它应用到我们的生活中。圣经的话，借着圣灵变得生动活泼，整天都与我们活在一起。

第三是对我们家人的顺服。一个家庭的格言应该是："各人不要单顾自己的事，也要顾别人的事。"（腓2：4）使得家人之间自由地、亲切地彼此宽容。顺服的主要行动是诚心诚意地聆听家中其他成员的意见。它的自然结果是愿意与人分享，这也是顺服的工作之一。

第四是对我们的邻舍以及日常生活中遇见的人的顺服。在他们面前，我们要过一种简单的善良的生活。如果他们有需要，我们便加以援助。我们要在小事上活出恩慈：分享我们的食物，帮他们看孩子，帮他们铲草，抽时间作简短的探访，借出我们的工具。没有什么事太微小、太琐碎，因为每一件事都是过顺服生活的一个机会。

第五是对信主的团体即基督身体的顺服。如果其中有职位空缺，有任务要完成，我们仔细地检视，看看是否有神的邀请，要我们过十字架式的生活。我们无法做所有的事，但总有一些事是能做的。有时这些事可能是正式的服事，但最常有的情形是，它们是偶发的、微小的服事。有时我们得到的，也可能是事奉普世教会的呼召，如果这种事工在我们心中有确定的感受，就可以存确信和敬畏的心去顺从。

第六是对心灵破碎和受人歧视者的顺服。在每一种文化中都有"孤儿寡妇"，即无人帮助、无人保护的人（雅1：27）。我们首先的责任是到他们中间去。像十三世纪的圣法兰西斯和二十世纪的贺川丰彦（Kagawa Toyohiko）一样，我们必须找出方法，真正地与受欺压、被弃绝之人认同。在那儿我们必须过十字架式的生活。

第七是对世界的顺服。我们处于一个互相倚赖的国际社会中，不能孤独地生存。我们对环境负责，或者对环境不负责，不仅影响世上各地的人，并且会影响后代。我们顺服的行动，乃是决心在一个越来越不负责任的世界中，过有责任的生活。

末了的话

在我们的时代，关于顺服与权威的关系，产生了一个特别的问题。我一再观察到这样的现象：当人们开始进到属灵领域时，他们看到，耶稣教导一种与这个世界的思想体制完全相反的权威观念。他们感悟到，权威不在于地位、学位、头衔、职位或者**任何**外在的记号。基督的道路完全在另一方面，是属灵权威的道路。属灵的权威是神所制定和维护的权威。属人的机构和法规可能承认这种权威，也可能不承认，这都无关紧要；一位有属灵权威的人可能有外在的崇高地位，也可能没有，这也无关紧要。权柄与怜悯的结合，就是属灵权威的记号，那些属灵的人能够立即认出来。他们毫无疑问地晓得，对那在属灵权威中所说的话必须顺服。

然而，难处就在这里。那些居于"权威地位"而没有属灵权威的人怎么办呢？既然耶稣清楚说明，地位本身不赋予权威，那么应该顺服这人吗？我们是否能够忽视所有人制定的权威，而只寻求和顺服属灵的权威呢？这些问题都是诚恳地想顺着圣灵行事之人所发出的问题。这些问题都是合乎情理的，应该留心解答。

答案并不简单，但也不是没有。**革命性的顺服吩咐我们也要在生活中顺服人的权威，直到它出现了破坏性为止。**[*] 彼得和保罗都号召基督徒顺服异教的政权，因为他们了解这种人为制度的极大好处。我发觉，人的"权威"常有极多的智慧，如果我们忽视它们，到头来只有自己吃亏。

除此以外，我还想加上一点自己的理由，为什么我们应当服从那些不懂得属灵权威、但居于权威地位的人。我们应当这样做，一方面是出于普通的礼貌，另一方面又出于同情处于那种困境中的人。我对处于那种困境中的人有极深的同情，因为我自己就曾经不止一次处于那样的境地。那真是令人沮丧、绝望、不能自拔的境地，一方面处于权威的地位，另一方面又明知自己属灵权威还没有足够的属灵生命的根基。我知道那种疯狂的感受会令人装模作样，趾高气扬，并且会设计一些巧妙的花招去支配人，使他们顺服。有些人可能很容易去讥笑这些人，并且不理他们的"权威"。我不能这样。我为他们流泪，因为我

---

[*] 对于这一部分的解释，请回看"顺服的限制"那一节。

晓得，生活在这样一种矛盾中的人，内心必忍受着很大的痛苦和煎熬。

进一步说，我们可以为这样的人祷告，求主使他们得到新的力量和权威。我们也可能成为他们的朋友，尽己所能帮助他们。如果我们在他们面前活出十字架式的生活，我们可能很快便发现，他们在属灵的权威上日益加增，我们自己也是如此。

进深研究

在顺服中，我们承认别人有合法的权威约束我们。这再次证明了"没有人是一座孤岛"。群体是我们合法的家，与其他人的关系是我们所承受的产业。承认自己对群体的负担，意味着我们承认有彼此顺服的义务。彼得把这条原则用一个简单的句子具体说明："务要尊敬众人。"（彼前2：17）而保罗则用一句最应牢记的话，把这观念表达出来："当存敬畏基督的心，彼此顺服。"（弗5：21）

顺服是一个像生命本身那么宽广的概念，又是在全部圣经中随处可见的操练。它挑起了不少深刻而困难的问题：对神之道的顺服，对国家的顺服，对基督徒群体的顺服，在基督教家庭中的顺服……凡此种种，不胜枚举。当我们煞费苦心去思想对这些问题的理解时，时常要对照耶稣基督的生平和死亡，以之为神圣的模范，好让我们能活出基督徒的顺服。

　　论到基督徒家庭，新约圣经大胆地把顺服的意义栩栩如生地描述出来。它列出了全套的指示，被马丁·路德称之为 *Haustafeln*，意思是"基督徒家训"（弗5：21以下；西3：18以下；多2：4以下；彼前2：1以下）。这类教导是在用一种雅致的文学手法，去说明一世纪文化里家庭中顺服的功能。然而，在今天，这套训示已经被可怕地曲解和误用了。下面所述对顺服的曲解，稍微显示我们现代人的手腕多么巧妙，竟把最好的教训加以扭曲，用以达到最坏的目的。

- 乖乖忍受虐待者——这种人容许别人滥用和虐待到一种程度，以致人们对待他像一件东西而不是一个人。他接纳一种错谬的、不健康的顺服，容许别人践踏他，好像自己是一块放在门前、用来擦去鞋底污泥的垫子一样。人们不问他的意见，也不想征询他的意见，日积月累，他甚至丧失了提出意见的能力。这样的人很快便变成客体而不是主体，变成了管家而不是妻子，变成了赚钱机器而不是丈夫。人们按他提供的价值去判断他，而不是按他是怎样的人而判断他。最终他变成了一个东西，而不是一个有血有肉、有个性的人。

- 讨好者——这种人最想要的是避免冲突。他远远看见冲突前来，会不惜任何代价防止冲突发生。两个"讨好者"结婚，是一件有趣的事（也是一个悲剧）。

　　"亲爱的，今晚你想做什么！"

"宝贝儿，只要你喜欢，什么都可以。"

"嗯，我是想让你高兴。"

"我也是这么想的。只要你高兴，我愿做任何事。"

"如果你高兴，我愿意出外吃晚饭。"

"如果那样能让你高兴，我也乐意出去。"

"很好，你喜欢吃什么？"

"亲爱的，你喜欢什么便吃什么！"

（……这样的对话可以无止境地持续下去。）

- 倚赖者——这种人怕做决定，把决定视作瘟疫一样。他不愿爽爽快快地承认自己不够成熟，倒喜欢躲在假的顺服后面，让别人为他做一切的决定。这种顺服的根源是因为内心的惧怕——担心自己把别人带到错误的道路上，担心做出不合时宜的决定，担心万一计划失败会受责备。因此他从来推动不了什么，从来不会得罪谁，也从未取得任何有长久价值的成就。

- 操纵者——这种人依从顺服的一切外表规则，但采用一切巧妙的诡计去达成自己的意思。他会怜悯人，但会使对方觉得就此欠了他什么。他也说仁慈的好话，但目的是赢得我们站在他一边。他一面表示完全同意别人的决定，同时又借着眼神和手势，或是略为颤抖的声调，来表达他对人的怀疑。这样习以为常之后，那人会不觉得这样是有问题的。

上面我所分享的这些曲解，多是在信仰团体中得到了外在认可的、实际却使人失掉人性的方法，而且会产生破坏性的结果。但耶稣基督号召我们采取另一种更加美好的办法——一种爱和同情的办法，走一条顺服和服事的道路。

读经日程

- 星期日：号召顺服（可 8：34；约 12：24—26）
- 星期一：基督的榜样（腓 2：1—11）
- 星期二：亚伯拉罕的榜样（创 22：1—19）
- 星期三：保罗的榜样（加 2：19—21）
- 星期四：职场上的顺服（太 5：38—48）
- 星期五：家庭中的顺服（弗 5：21—6：9；彼前 3：1—9）
- 星期六：关于顺服国家（罗 13：1—10；徒 4：13—20，5：27—29，16：35—39）

研讨题目

1. 你曾看见顺服的操练怎样被人滥用？

2. 顺服的自由是什么？你有过这样的经验吗？

3. 我曾写道："在顺服中我们终于有自由去重视他人。"顺服中什么东西能让这事发生？

4. 我为什么在本章开始时，先讨论顺服的益处，然后才说明顺服是什么？

5. 当你思想"舍己"这个词语时，脑中浮现什么形象？

6. 耶稣有关顺服的教训为什么那么富有革命性？

7. 用简单的一段话，试总结你觉得使徒书信中关于顺服的教训。

8. 顺服的限度是什么？为什么那很重要？

9. 在七种顺服的行动中，你觉得哪一种是你最需要下工夫去做的？

10. 你认为顺服神会有什么结果？（仔细思想，因为一个浅薄的答案无法回答这个问题。）

推荐阅读

下面没有列出许多书目，这并不是说我对现代作品没有认识，只表明我不愿意推荐它们。"顺服"的观念弥漫在古代作者的世界观中（如托马斯·肯培的《遵主圣范》和芬乃伦的《基督徒的完全》(*Christian Perfection*)，在现代作家中间则产生了一种奇异的变形。现代关于顺服的讨论，多数都局限于这种操练的一个小角落，或是用于男女层面上，又或是用于某些灵恩派内部的牧养和训诫上。按我所知，现代并没有人在这个问题上给出一种成熟的、有才智的论述：

- Butt, Howard. *The Velvet Covered Brick*. New York: Harper & Row, 1973.

这本书讲的是一个人尝试把圣经对"权柄"和"顺服"的定义应用在商界的各种经验。

- Murray, Andrew. *Absolute Surrender*. Basingstoke: Marshall Pickering, March 1989.

  这是一本伟大的研究作品，鼓励神每一位儿女向父完全降服。（中文版：慕安德烈著，《绝对顺服》，戴致进译，台北：中国主日学协会，1974年。——编注）

- Schlink, Basilea. *Those Who Love Him*. Basingstoke: Marshall Pickering, 1988.

  本书清楚而实际地显明，我们何等迫切地需要对耶稣有一种决定性的降服以及无私的爱。（中文版：施宁著，《爱他》，创始灵职团译，香港：亚洲归主协会，1979年。——编注）

- Smedes, Lewis B. *Love within Limits*. Grand Rapids, Mich.: William B. Eerdmans Publishing Co., 1978.

  依据自己对《哥林多前书》13章的理解，史密兹将爱定义为"一种催动我们不求回报地爱邻舍的力量"。在这一定义里，他提炼出了顺服之操练的基本原则。（中文版：史密兹著，《爱的真谛：自私世界中的无私真爱》，雅歌翻译小组译，台北：雅歌出版社，2001年。——编注）

- Wallis, Jim. *Agenda for Biblical People*. London: Triangle/SPCK, 1986.

  本书明确呼召人在政治和社会关怀的界域中，对耶稣基督的主权彻底顺服。

- Yoder, John Howard. *The Politics of Jesus.* Grand Rapids, Mich.: Eerdmans Publishing Co., 1972.

  令人惊艳的学术水平和洞见，包含了两个极其重要的章节："革命性的顺服" 和 "让万民欢呼:《罗马书》13 章与国家的权柄"（Let Every Soul Be Subject: Romans 13 and the Authority of the State）。尤达为今人理解顺服之操练奠立了理论的基础，现在我们需要更多的人在这个基础上去建造。（中文版：尤达著,《耶稣政治》，廖涌祥译，香港：信生出版社，1990 年。——编注）

9 服事的操练

> 要明白：若想效法先知的服事，你需要的不
> 是权杖，而是一把锄头。
>
> ——圣伯尔纳铎（St. Bernard of Clairvaux）

正如十字架是顺服的记号，一条毛巾乃是服事的记号。当耶稣召集门徒吃最后晚餐时，他们正在争论谁为大。这已经不是第一次了："门徒中间起了议论，谁将为大。"（路9：46）每当人们难以决定谁是最大的时候，也便难以决定谁是最小的。这正是事情的关键，不是吗？我们中多数人晓得自己永远不会是最大的，不过只要不是最小的便好了。

门徒聚集在逾越节的筵席上，觉得已经临近论功行赏的时候，有人将要成为给别人洗脚的。问题是，只有最小的才应该给人洗脚。因此他们坐在那儿，每个人脚上都沾满了泥尘。没有人愿意被人看作最小的，这一刻真是十分尴尬。然后耶稣拿起了毛巾和水盆，为他们重新定义了何谓大。

在他们面前，耶稣已经活出作仆人的榜样，于是便呼召他们走服事的道路："我是你们的主，你们的夫子，尚且洗你们的脚，你们也当彼此洗脚。我给你们作了榜样，叫你们照着我向你们所作的去作。"（约 13：14—15）在某些时候，我们甚至喜欢听耶稣呼召我们，为福音的缘故舍弃父母、房屋、田地的教训，却不喜欢听他叫我们给人洗脚的教训。这种极端的自我否定，使人备感危险。如果真的舍弃一切，我们感觉自己离光荣殉道已经不远。

然而，在服事中，我们必须经历许多小小的死亡，就是要做一些丧失自己身份、令自己有失体面的事情。服事把我们贬抑到世俗的、平凡的、琐碎的事上。在服事的操练中也有极大的自由。服事使我们能够对世界上谋求升迁和索取权力的游戏法则说"不！"它废除了我们要建立食物链中的"啄食秩序"（peaking order）的需要（和欲望）。我们多么像鸡群。在鸡栏里吵吵闹闹，非要分清楚谁是最大的，谁是最小的，谁又居于中间，才能恢复平静。一群人在一起，不需多久，便会清楚建立"啄食秩序"。我们很容易看出这一点，例如人们的座位怎样安排，他们步行时谁先谁后，当两个人同时发言时，谁要让步，当有一件事需要人去做的时候，谁会上前去做（就看那件事是有关权力，还是有关服事）。这些套路都写在人类社会的面貌上。

这里的意思不是说，我们要废弃一切领袖和权威。任何社会学家都会很快证明，这是不可能的。即使在耶稣和门徒中，都容易看出领导地位和权威。这里的意思是，耶稣重新给领袖地位下定义，并且把权威的次序重新安排。

耶稣从来没有教导说，每一个人都有同等的权威。事实上，他对真正的属灵权威有许多见解，并且清楚说明许多人缺少属灵的权威。不过耶稣所说的权威不是"啄食秩序"的权威。我们必须清楚了解耶稣在这事上的教导是多么的激进。他不像许多人误解的，仅仅把"啄食秩序"倒转过来，而是把这次序废除了。他所说的权威不是支配和控制的权威。耶稣说的是因着服事而获得的权威，不是因着身份地位而获得的权威。

耶稣宣告说："你们知道外邦人有君王为主治理他们，有大臣操权管束他们。**只是在你们中间不可这样。**"他全然而彻底地弃绝了他那个时代的"啄食秩序"的制度。那么在他们中间当怎样呢？"你们中间谁愿为大，就必作你们的用人……正如人子来，不是要受人的服侍，乃是要服侍人。"（太20：26—28）所以，耶稣所说的属灵权威，不是在地位或头衔中找到的权威，乃是在一条毛巾上找到的权威。

自义的服事和真正的服事

要了解并实行真正的服事，必须先了解什么是"自义的服事"。

自义的服事来自人为的努力，花费大量精力，计算、设计如何提供服事。它可能设计出社会学的图表和调查报告，好叫我们能够"帮助某些人"。真正的服事来自心灵深处与"另外那一位"的关系。我们服事是出于内心微声的激动，出乎神圣的驱策。我们要花费精力，但不是那种属肉体的狂热精力。托马斯·凯利写道："我发觉他从来不引导我们进入一种不能忍受的、充满急躁气息的拼搏之中。"[1]

自义的服事会以"大规模"的事工唬人。它所关心的是在教会的成绩记录板上有令人印象深刻的成就。它喜欢服事，特别是当那服事是"巨大"的服事的时候。而在真正的服事中，几乎不可能分辨何为微小的服事，何为巨大的服事。一旦注意到二者之间的分别，真正的仆人似乎都较喜欢做微小的服事，这不是出于虚伪的谦逊，而是因为他视之为真正重要的服事。他欢迎所有服事的机会，对之一视同仁。

自义的服事会索求外在的报偿，希望人们看见而且欣赏这些努力。它寻求人们的激赏——当然也表现出适当的宗教式的谦卑。真正的服事则在私下静享满足，它不避讳人们的注意和称赞，但也不去寻求这些东西。它从新的资源中心获取报偿，满足于从神而来的点头赞许。

自义的服事对收获极其关心。它迫切等待，看看受服事的人是否会作某种回报。当收获与期望不符时，它会十分难过。真正的服事不计算收获，只以服事为乐。它能够自由地为敌人服事，像为朋友服务一样。

自义的服事左挑右拣，看看要服事谁。有时它会去服事位高权重的人，因为那样做会保证有某种好处。有时它也会服事那些卑微无助的人，因为那样做会为自己带来谦卑的形象。真正的服事在事工上不分彼此。它听从耶稣的吩咐，要作"众人的用人"（可 9：35）。阿西西的法兰西斯在一封信中这样写着："作为众人的佣人，我必须服事众人，并且将我主慰藉的话语供应给众人。"[2]

自义的服事会受到情绪和一时兴致的影响。只有"想要"服事的时候，它才能服事（还会说那是"被圣灵感动"的时候）。健康不良或者睡眠不足会影响服事的欲望。真正的服事只因有需要，便直截了当而且忠忠实实地服事。它晓得"想要服事"的感觉，其实常常是真正服事的拦阻。它拒绝让感觉去控制服事，反而让服事去约束感觉。

自义的服事是短暂的。它的持久度与具体的服事过程紧密挂钩；过程结束，它便不复存在。真正的服事却是一种生活方式。它的行动源于根深蒂固的生活状态，主动自觉地去回应人的需要。

自义的服事缺乏敏感性。它坚持去回应需要，即使给自己带来破坏性，也置之不顾。它霸道地要求服事的机会。真正的服事能够自由地控制自己不去服事，正如能够自由地去实行服事一样。在未采取行动之前，它能够温柔耐心地聆听，能在静静的等待中去服事。"只是在站立等待的人也在服事。"[3]

自义的服事使群体分裂。彻底地检视它，将所有宗教的伪饰尽皆除去之后，便会发觉自义的服事其实是以荣耀个人为中心。因此它使别人对自己有所亏欠，作为它最巧妙、最具破坏性的支配手法之一。真正的服事建立群体。它静静地、毫不矜夸地到处关怀别人的需要，不使任何人有责任回报所领受的服

事。它的作用是吸引、连结、医治、建造，其结果乃是群体的
合一。

服事与谦卑

谦卑的恩典借着服事的操练，比借任何其他单独的方法，
更能深刻影响我们的生命。我们都晓得，谦卑是一种不能借寻
求而获得的品性。我们越追求，它便离我们越远。当我们以为
已经获得它，却正是明显的证据，表明我们没有得到它。于是
有不少人认定，我们不能做什么去获得这种大家珍视的基督徒
品性，所以我们也不用做什么。

然而有一些事是我们能够做的。我们无须经过一生，模糊
地希望有一天谦卑会落到自己头上。在所有古典的属灵操练中，
服事是最有助于谦卑之成长的。当我们从事一些有意拣选的行
动，一心为着他人的好处，而这工作本身大半是隐形的，我们
心灵里便会产生一种深深的改变。

没有什么东西像服事一样，有效**约束**肉体的放肆欲望；也
没有什么像在暗中服事一样，能够**改变**肉体的欲望。肉体对服
事低声抱怨，对隐藏的服事更是尖声叫喊、极力反对。它尽力
撕扯，要得到荣誉和表扬。它会巧妙地设计出在信仰上可以说
得通的方法，去引起人们对它所作的服事的注意。如果我们坚
决拒绝对肉体的这种欲望让步，便等于把它钉在十字架上。钉
死肉体，便钉死了自己的骄傲和自大。

使徒约翰写道："因为凡世界上的事，就像肉体的情欲，眼
目的情欲，并今生的骄傲，都不是从父来的，乃是从世界来

的。"（约壹 2：16）我们不了解这节经文的力量，因为我们总是忍不住要把它们理解成性方面的罪。事实上，肉体的情欲是缺乏约束的人类本能，多德（C. H. Dodd）认为，眼目的情欲是"一种容易被外表的光彩所俘虏的倾向"，今生的骄傲则可以定义为"自负的个人主义"。[4]在这几件事上我们都能看到同样的东西：迷恋于自然的属人的权力和本领，完全没有仰赖神的心。这里只有肉体在作工，而肉体是谦卑的致命敌人。

我们要以最严格的纪律去约束这些情欲。肉体必须学习那痛苦的功课，明白它本身没有权利。而只有隐藏的服事，才会完成这种自我贬抑。

劳威廉所著的一本书《敬虔与圣洁生活的严肃呼召》（*A Serious Call to a Devout and Holy Life*），对十八世纪的英国有长远的影响。在那本书中劳威廉劝勉人应该把每一天看作谦卑的一天。我们怎样做，去把每天变为谦卑的一天呢？就是学习服事别人。劳威廉看到服事的操练能把谦卑带进生命中。他指导我们，要操练谦卑，就要"……俯就你们身边的人的一切软弱，包容他们的缺点，爱他们的优点，鼓励他们的美德，补足他们的缺欠，因他们的兴旺而快乐，为他们的痛苦难过，接纳他们的友谊，宽恕他们的无情，原谅他们的恶毒，作仆人中的仆人，乐意担任最低下的职位，俯就最卑微的人。"[5]

每天克制肉体的结果是谦卑的恩典日益加增。它会在不知不觉中，悄悄地进入我们里面。虽然我们不觉得它的存在，却会感悟到在生活上有新的热忱和快乐。我们对生活中感受到的新的信心感到稀奇。虽然生活的要求像以前一样多，可是我们有了一种新的、从容不迫的平安。我们曾经嫉妒人，如今却以同情的心去看他们，因为我们不单看到他们的地位，也看到他们的痛苦。我们以前可能不予重视的人，如今会留心他们，并且发觉他们是极可爱的人。哪怕是对一班被社会遗弃、被人看作"万物中的渣滓"（林前4：13）的人，我们也会有一种新的、接纳他们的精神。

除了里面发生的改变以外，更令人兴奋的是，我们感悟到在神里面一种更深的爱和喜乐。我们所过的日子不时地会冒出自然的颂赞与崇敬。因在暗中服事别人而快乐，本身就是一份感恩的祷告。我们似乎被一种新的控制中心所指挥——事实确是如此。

是的……不过

当我们作任何严肃的有关服事的讨论，总会有些迟疑，这是很自然的，也是可以理解的。这种迟疑是好的。因为在完全投入任何操练之前，先行计算代价，乃是聪明之举。我们经历到一种惧怕——情形大概是："如果我那样做，人们便会占我的便宜，有了机会去尽情践踏我。"

在此我们必须留意选择服事和选择作仆人之间的差别。选择服事时，我们仍旧自行负责。我们决定服事谁，在什么时候服事。如果自行负责管理，我们便会十分担心谁会践踏我们，就是说，即谁会负责管理我们。

可是当我们选择作仆人时，便会放弃负责管理的权利。反而获得了极大的自由。如果我们自愿让人占便宜，便不会受人支配。当选择作仆人时，我们放弃服事谁以及何时服事的决定权，成为可供差遣的和可被伤害的。

试想一个奴隶的视角。他是从奴隶制度的视角去看生命中一切的事。他不看自己享有与自由人同等的权利。请理解我的意思，当这种奴役属于非自愿的时候，那是残酷的、不人道的。[*]然而，当这奴役是自由选择的时候，各种事情都会改观。自愿的奴役是一种极大的喜乐。

我们可能很难接受奴隶的形象，可是对保罗而言则毫无困难。他时常以作基督的奴仆而夸口，尽情使用公元一世纪"爱奴"（love slave）的概念（即奴隶因爱的缘故自由选择继续为奴）。我们尽力软化保罗的措词，把"奴隶"（slave）一词译为"仆人"（servant）。可是不管用什么字句，让我们确实地了解，保罗的意思就是指他自愿放弃自己的权利。

因此，那种诚恐被别人占便宜和受践踏的惧怕是合乎情理的，因为那正是可能发生的事。但谁能伤害一位自行选择被人践踏的人呢？托马斯·肯培指导我们要"屈服到那样的地步……以致所有的人都可以跨在你头上，践踏你，像践踏泥土和街道一样"⁶。

在《灵花：圣法兰西斯的故事》那本书中有一个美妙的故事，说到圣法兰西斯如何教导利奥弟兄（Brother Leo）完全的喜乐之意义。当这两人在冷风苦雨中同行时，圣法兰西斯提及

---

* 我的博士课题研究范围，有一大部分涉及美国奴隶制度。我对非自愿的奴役之可怖的魔鬼属性，有极敏锐的感悟

那些世人（包括信徒）相信会带来喜乐的东西，但每次都加上一句："完全的喜乐不在那儿。"末了，利奥弟兄在怒中发问："奉神的名，求你告诉我，完全的喜乐究竟在哪儿?"于是圣法兰西斯开始数算他所能想象得到的最卑微、最自贬身份的东西，每次都加上一句："利奥弟兄啊，请写下，完全的喜乐就在那儿。"最后他告诉利奥："最要紧的是，基督所赐给他朋友的圣灵的恩典和礼物，乃是克服自己，以及为基督之爱的缘故，甘愿承受苦难、凌辱、蒙羞和艰苦。"[7]

今天我们发觉那些话很难消化（你必须了解，在这一点上，我也有很大的挣扎才能去聆听灵修大师的话）。我们担心他们的那种态度会无可挽回地引向过度的苦行主义和自辱的道路。在教会里，我们如今才开始从一种"蠕虫神学"（worm theology）中摆脱出来，那种神学把人的才智与潜能加以极度的贬抑。服事是否引导我们回到那种神学里面去呢? 不，当然不是。无疑的，那种神学是我们必须时常防备的。不过我们也要谨防从相反方向来的敌人。正如朋霍费尔所说的："如果在我们的生命中没有苦行主义的元素，如果我们让肉体的欲望自由奔驰……我们会发觉极难训练自己去服事基督。"[8]

在生活中服事

服事不是我们所要做的事情的总和，尽管在其中我们会发现所要做的事。它不是一套伦理法则，乃是一种生活方式。做一些明确的服事，与生活在服事的操练中，不是同一个概念。正如篮球运动不等同于篮球规则手册，照样，服事不等同于一些明确的服事行为。像仆人那样做事是一回事，作一个真正的仆人又是另一回事。像所有操练一样，人们可能熟悉服事的技巧，但没有体验到服事的操练。

然而，只强调服事的内在性质是不够的。服事要成为服事，必须在我们所生活的世界中，以具体化的形式表现出来。因此我们必须觉察，在日常生活环境中，服事的形式可能会怎样。

在开始的时候，有隐藏的服事。即使最公开的领袖也能培养一些服事，是不被一般人知道的。如果所有的服事都是在别人面前所作的，那么我们实在是肤浅的人。请听耶利米·泰勒（Jeremy Taylor）的属灵指示："爱应当隐匿，受极少的尊敬；缺少称赞也当满足，当你受人轻视或低估时，不要苦恼……"[9] 隐藏是对肉体的责备和打击。

起初看来，隐藏的服事似乎只是为了受服事的个人的缘故。但事情不是这样。隐藏和匿名的服事甚至影响那些对这事毫无所知的人。他们会察觉到，在自己所处的人群中有一种较深的爱与同情，虽然他们说不清为什么会有这样的感受。如果一件秘密的服事是以他们的名义而做的，他们会受感动而更热心，因为他们晓得，服事的美好果效比所能看到的深刻得多。这是一种可以常由大家去做的服事。它在任何团体中都会激起快乐和欣喜的涟漪。

此外又有小事上的服事。像多加一样，我们可以设法为寡妇做"里衣和外衣"（徒 9：39）。下面是一个真实的故事。当时是完成博士论文的最后阶段，我忙得不可开交，可是一位朋友来电话说，他妻子使用了他的汽车，问我可否驾车载他办几件事。我没有办法，只好同意，但心中自叹倒霉。跑向门口时，我抓起朋霍费尔所写的《团契生活》那本书，心想也许我会有机会在车上读它。每到一处办一件事时，我都心中懊恼，因丧失了宝贵时间而激愤。最后，我们来到一家超市，那是最后一站。我向朋友挥手说，我会在车中等他。我拿起带来的那本书，打开放书签的那一页，读了下面的一段话："在基督徒团契中，一个人要为别人所作的第二件服事乃是主动帮助人。在开始的时候，这意味着在琐碎和外表的事上给予简单的帮助。无论何处，人们同住在一起，都有一大堆这样的事。没有人能说，我的身份不适宜做最低贱的服事。一个人若是为了这些琐碎和外表的助人行动所丧失的时间而焦急，这通常表明，他把自己的事业的重要性看得太重了。"[10]

圣方济沙雷说，伟大的德行和微小的忠诚好像糖和盐。糖可能有比较精美的滋味，但它的使用比较少。盐则到处可见。伟大的德行很少发生，小事的服事则是每天要做的事。大的任务需要片刻的重大牺牲，小的事务则需要继续不断的牺牲。"小的时机……每时每刻都会回来……如果我们想对这些小事忠心，就必须向自己的一切意愿死。而我们的倾向是，宁可一百次为神作重大的牺牲，无论怎样激烈和痛苦，条件是让我们获得自由，在每一小事上随从自己的兴趣和习惯而行。"[11]

在属灵的境界中我们很快发觉，真正的问题都在人生微小的不重要的角落中找到。我们对"大事"的迷恋，使我们看不见这种事实。在微小的事上服事会使我们与自己的怠惰和懒惰作对。我们会把微小的事件看作中心问题。芬乃伦说:"轻视小事并非灵里的高超。相反,那是眼光狭窄,把达到了重要地步的事当作了小事。"¹²

又有一种保护别人声誉的服事,即伯尔纳铎所说的"仁厚"的服事。我们是多么需要避免在背后诽谤人和说人的闲话。使徒保罗教导我们"不要毁谤"(多 3:2)。我们可以随意把自己的毁谤之语,用敬虔的信仰术语包装起来,但它仍旧是令人死亡的毒物。有一种操练,就是约束自己的舌头。这种操练能在我们里面的那个人身上产生奇妙的作用。

我们也不要成为容纳诽谤他人的谈话之团体。我们教会的牧师团订下的守则被我们的会友逐渐接纳:我们不容许任何会友在一位牧师面前说另一位牧师不好。我们会温和地然而坚决地请他们直接到那位得罪他们的牧师那里去。会友们终于了解,我们简直不容许他们在我们面前对某某牧师说长道短。这条规则由我们牧师团全体同工共同遵守,已经产生了美好的果效。

伯尔纳铎警告我们,恶毒的舌头"给所有听见它说话的人里面的仁厚之心以致命一击,并且尽它所能,破坏根枝,不仅在直接听见它说话的人身上,而且也在别人身上,就是那些后来听见这些诽谤从一个人的嘴唇飞到另一个人嘴唇的人"。¹³保卫别人的声誉乃是一个深刻和长远的服事。

又有受人服事的服事。当耶稣开始为他所爱之人洗脚时,彼得拒绝。他决不能让他的主屈尊为自己做这种低贱的服务。

那似乎是很谦卑的做法，然而事实上，它是隐藏的骄傲之行动。耶稣的服事是对彼得的权威概念之冒犯。如果彼得是主人，他自己决不会去洗别人的脚！

容许别人服事你，乃是一种顺服和服事。那表示承认他们对我们有"国度的权柄"（Kingdom authority）。我们优雅而大方地接受他们的服事，不觉得必须回报。那些由于骄傲而拒绝受人服事的人，便表明他们不顺服神在自己国度中所任命的领袖地位。

又有普通的礼貌上的服事。这样的敏感的行为，在我们这个时代很不容易实行。可是我们绝不可轻视在每一种文化中都存在的人与人之间的关系之礼仪。那是现代社会中仍旧存留的、承认各人的价值的少数方法之一。我们"总要和平，向众人大显温柔"（多3：2）。

宣教士了解礼貌的价值。他们不敢贸然闯进一个村庄，要求人听他们讲道。他们会先行设法按照正当的礼节，互相介绍、彼此认识。然而我们觉得在我们自己的文化中可以违反这些礼节，而仍旧被人接纳、被人聆听，当没人听的时候，我们还表示稀奇。

我们埋怨说："然而那些礼节缺乏意义，那么虚伪。"这说法是假的。它们极有意义而且毫不虚伪。当人对我们说"你好吗"的时候，我们想当然地认为对方并非真的关心自己，只是打个招呼而已。等我们一旦胜过自我中心的骄傲，便能看出这种招呼是我们美国人的礼节，一种用以表示他的存在的方法。

我们也可以招手，表示注意到他们的存在，无须觉得要说一些不着边际的话去敷衍。"谢谢你"和"是的，谢谢"或"不敢当"，以及其他的话语、谢函和回信等都是礼貌上的服事。各种不同的文化自然有不同的特殊礼节，可是目的大都一样：承认别人并认同他们的价值。在我们这个电脑化日增、人性化日减的社会中，礼貌的服事真是一种急切的需要。

还有接待的服事。彼得劝勉我们"要互相款待，不发怨言"（彼前4：9）。保罗也这样做，并且使它成为监督职分必须具备的条件之一（提前3：2；多1：8）。今天迫切需要能够彼此接待的家庭。旧日"客房"的观念，已随着现代的旅馆和餐厅的增加而变得过时了。但我们可以严肃地询问，这种改变是否真是进步呢？我曾经造访加州的西班牙传道会（Spanish missions of California），因他们给客人所提供的舒适而充足的食宿服务而惊叹。也许应该过时的，是现代那些五光十色而没有人情味的旅店呢！

我认识一对夫妇，他们把接待的服务作为生活中的首要事件。在任何一个月内，都会有七十人到他们家中来。他们相信，这是神呼召他们所作的服事。我们中多数人也许不能做那么多，不过都能做一些事。我们可以从某处开始。

有时我们限制自己，因为我们把接待变得过分复杂。我记得有一次到某家作客，女主人匆匆忙忙，来来去去，做这做那，诚心诚意地要使每一个客人觉得舒服，我的朋友说了一句话，令大家觉得愕然（但同时也使我们大家松了一口气），他说：

"海伦，我不要咖啡，我不要茶，我不要甜饼，我不要纸巾，我只想和你谈谈。你可以坐下来和我们谈话吗？"只要有机会同在一起，互诉衷曲，彼此分享，那就是接待的真谛。

还有聆听的服事。"在团契中，一个人欠别人的第一项服事，就是聆听他们倾诉。正如爱神是以聆听他的话开始，照样，对弟兄的爱也以学习聆听他们开始。"[14]我们特别需要那从彼此聆听而来的帮助。我们无须成为受过训练的心理分析学家，才能成为受过训练的聆听者。最重要的条件是同情和耐心。

我们不一定要有正确的答案才能听得好。事实上，正确的答案常是聆听的障碍，因为我们急于提供答案，超过了聆听对方的倾诉。一种不耐烦的、心不在焉的聆听，对那位倾诉者是一种侮辱。

聆听别人能让我们得到训练，使我们的心安静下来去聆听神。它会在我们心中起到一种内在的作用，把我们对生命的挚爱，甚至对事情的先后次序都改变过来。当我们对聆听神觉得迟钝时，最好在静默中聆听别人，看看能否透过别人听见神的声音。"任何人若认为他的时间太宝贵，不能用以保持静默，那人至终会没有时间给神和他的弟兄，只有时间给他自己，以及自己的愚昧行为。"[15]

还有一种服事是互相担当彼此的重担。"你们各人的重担要互相担当，如此就完全了基督的律法。"（加6：2）"基督的律法"是爱的律法，也就是雅各称为"至尊的律法"（雅2：8）。当我们互相担当彼此的伤痛和苦恼，与哀哭的人同哭时，也就完美地成就了爱。特别是，当我们与那班经过死荫幽谷之人在一起的时候，与他们一同忧伤，要比语言好得多。

如果我们关心，就会学习担当他们的愁苦。我说学习，因为这也是一种要去学习掌握的操练。我们中多数的人都太容易犯一个错误，误以为只要决意担当别人的担子，便能做得到。结果刚刚尝试一段时期，生命的喜乐很快就没了，自己反被别人的忧伤重重压住。其实并不需要如此。我们能够学习承担别人的重担，而自己又不会被这些重担所毁坏。耶稣担当了全世界的重担，但他能说："我的轭是容易的，我的担子是轻省的。"（太11：30）我们能否学习把别人的忧伤和痛苦抬起来，放进耶稣仁慈的膀臂中，好叫我们的担子比较轻省呢？当然能够，但这是需要学习的。所以，与其冲出去担当全世界的担子，不如比较谦逊地开始。从某些小的角落开始，仔细学习。耶稣会作你的教师。

最后，有一种服事，就是彼此分享生命之道。嘉芙莲·杜赫弟所创立的"静隐之所"有一条法则：那些到"旷野"去单独静修的人是为别人的缘故。他们从神所领受的任何话语，都要带回来与他人分享。这是一种亲切的服事，因为没有一个人能够听到神想要说的一切话。我们需要互相倚靠去领受神丰满的指导。最微小的一分子也能够给我们带来一句话，我们不敢轻视这种服事。

当然，彼此之间互相宣告这些话乃是一件令人战栗的事。神对我们说话，这一事实并不保证我们能正确地了解那信息。

我们的口常把自己的话与神的话混合："颂赞和咒诅从一个口里出来。"（雅3：10）这些实情使我们谦卑，叫我们晓得必须深深仰赖神。然而不可因此退缩，因为今天迫切需要这样的服事。

复活的基督向我们招手，要我们拿毛巾束腰去服事人。这样的服事是由内心深处涌流出来的，它是生命、喜乐与平安。也许你想试用一篇祷文去开始，这祷文是我们中许多人采用过的。在一天开始的时候这样祷告："主耶稣，你若喜欢，请今天引导某人到我这里来，叫我能服事他。"

进深研究

耶稣在他论服事的最著名教训中下了一个结论："因为人子来，并不是要受人的服侍，乃是要服侍人，并且要舍命，作多人的赎价。"（可10：45）我们的主借十字架所作的独特的救赎服事，是不能重复的。然而，我们蒙召，可以借着许多超出自我的小小死亡去服事人。当我们为别人的好处而活出新的生命时，令人稀奇的是，我们会找到自己，发现自己的身份和地位。

当保罗论及在马其顿的信徒的慷慨时，他注意到"他们先把自己献给主"（林后8：5）。这是服事的操练的第一个记号。服事不能在"缺席"（in absentia）的情况下去做。我们必须亲自卷入其中。像圣法兰西斯一样，我们必须摸麻风病人，我们必须对有需要的人伸手。

　　这与现代的"争第一"的精神正相反（我只插上一句，假如你禁不住时常想做第一，愿神帮助你，因为没有别人会帮助你）。但在神的国中，我们能够放弃这冲动，将一切忧虑卸给神，因为他顾念我们（彼前 5：7）。

　　在服事的生活中，有一件实际的事必须清楚了解：由于我们是有限的，那便意味着，对一件任务说"是"，便必须对其他任务说"不"。对这个研究任务说"是"，便必须对许多美好的、高尚的其他任务说"不"。我不能参加好些特别的聚会，不能在许多有意义的团队中服务，不能在好些重要的聚会中讲道，甚至不能给许多有需要的人辅导。如果对这些相当重要的事奉让步，便意味着不能完成这写作。

　　请听听一位年轻母亲的伤心故事。这位母亲起初以为，服事的意思是，答应一切需要她花时间和精力的要求："有些人时常不预先通知便偶然造访，而且逗留很长的时间，许多时候直到凌晨两点，弄得我们精疲力竭。我们没有时间一家团聚。我们两个小孩的日常生活和教育都受干扰到了一个地步，以致要把他们交给他人扶养，而我们则参加查经班以及帮助有需要的人。我和我丈夫的关系也受影响，因为我们都精疲力尽，极少有时间单独在一起。很多人都把学前儿童交给我照顾，直到我几乎为所承受的沉重责任而发狂。我为许多女性缝制衣服，因为她们都外出工作，根本没有时间缝衣服。我在电话中听人倾诉，以致有许多日子，我们的孩子只能吃我在电话机旁能够抓到的东西做成的午餐，家务也搁置下来，因为我忙于服事他人。

诸如此类，连绵不断，直到最后，我再也忍受不了了，于是站起身来，学会了说'不'。"

这位深深委身服事的女性，对别人的要求说"是"，便必须对自己的孩子和丈夫说"不"。

问题的要点是，我们并非无所不在，这是我们必须坦白承认的。服事的操练要我们为人服务，无分阶级，无分身份，但它也让我们认识到我们作为人的限制。爱是对所有人之幸福作合理的关怀。如果我把人们带到家中，以为在服事他们，但在这过程中伤害了妻子和儿女，就不是在爱中生活。我多半只是在讨好我那自我中心的需要，自以为义，而不是进到真正的服事里面。我承认，这不容易保持平衡——生命中重要的东西很少是平衡的。那也是需要操练的理由。请记住，有操练的人就是当一件事需要他完成时，他能够去完成的人。

洞察力和顺服是服事的操练之钥。学习何时说"不"是重要的，学习何时说"是"也一样。一旦我们被强烈的说"是"的感动所点燃，想要我们说"不"的试探也将临到，它要么设法让我们对一切服事说"不"，要么让我们先对自己讨厌的服事说"不"。最终，它可以像说"是"的试探一样奴役人。我们所需要的，乃是学习圣经的节拍，以致我们对服事的号召说"是"或说"不"，都会从那和谐的节拍中产生出来。

读经日程

- 星期日：服事的呼召（太 20：20—28）
- 星期一：服事的记号（约 13：1—17）
- 星期二：服事的委身（出 21：2、5—6；林前 9：19）
- 星期三：服事的态度（西 3：23—25）
- 星期四：团契中的服事（罗 12：9—13）
- 星期五：小事的服事（太 25：31—39）
- 星期六：服事的榜样（路 10：29—37）

研讨题目

1. 如果手巾是服事的记号，在二十一世纪的文化中，怎样能将这记号显示出来？

2. 你认为，在事奉中，真正的服事与自义的服事相较而言，是否——

   恰到好处？

   过于理想？

   太天真？

   忠于圣经，但在今天不切实际？

   不熟悉？

3. 爱是"对所有人的幸福作合理的关怀"。试讨论一下这个看法，思考这句话中关于服事的涵义。

4. 在本书中我提到，服事使谦卑进入生命中。你认为谦卑究竟是什么意思？（或者说，谦卑看上去应该是一副怎样的外表？）

5. 你曾否容许别人占便宜？它让你感到被伤害，还是感到被释放？

6. 信徒有没有一些权利，是不能为了别人的缘故而放弃的？

7. 在你的生活中，隐藏的服事会是什么样的？

8. 下星期试看你能否每天找到一种方法，去实行普通礼貌的服事。

9. 如果别人要求你付出时间和关注，什么时候应该说"不"？

10. 这个月内抽点时间，试一试下列的祷文："主耶稣，如果你今天把某人带到我这里来，叫我能服事他，我会深深感激。"

推荐阅读

- Bonhoeffer, Dietrich. *Life Together*. Translated by John W. Doberstein. San Francisco: Harper & Row, 1976.

  本书对服事的生活、独处和认罪都有充满力量的真知灼见。它是一本重要的读物。（中文版：朋霍费尔著，《团契生活》，高喆译，北京：新星出版社，2012 年。——编注）

- Greenleaf, Robert K. *The Servant as Leader*. Cambridge, Mass.: Center for Applied Studies, 1973.

  这本书是一篇三十七页的长文，作为四册的第一册出版，讲如何服事个人、机构和同工会。

- Greenleaf, Robert K. *Servant Leadership*. New York: Paulist Press, 1977.

  一本学术著作，谈的是合法权力的性质和益处。作者在社会群体的服务和基督教群体的服事两方面都是行家。（中文版：格林里夫著，《仆人领导学》，胡愈宁、周慧贞译，台北：启示出版社，2004 年。——编注）

- Mains, Karen Burton. *Open Heart Open Home*. Elgin, Ill.: David C. Cook Publishing Co., 1981.

  一本让人备受鼓舞的书，呼召人们参与到家庭接待事工中去。

- Swindoll, Charles R. *Improving Your Serve*. Waco, Tex.: Word Books, 1981.

  本书是一本极有帮助的讲道集，讨论无私生活的艺术。（中文版：司温道著，《仆人领袖：舍己生活的艺术》，李清丽译，台北：中国学园传道会出版部，2005 年。——编注）

第三部分　团契的操练

CELEBRATION OF
DISCIPLINE

10　认罪的操练

承认恶行，乃是善行的开端。

——希波的奥古斯丁

神心中有一种愿望，就是饶恕和赐予。因此他启动了整个救赎计划，这计划在十字架上达到最高峰，又在复活的事上加以证实。许多人对耶稣的十字架事件抱有这样的理解：人是如此邪恶和卑鄙，神是如此忿怒，一点也不想饶恕人，除非有个足够伟大的人能替他们接下全部的刑罚。

没有比这更与真相不符的了。把耶稣带到十字架上的不是忿怒，而是慈爱。在各各他山上所发生的事，是神迫切想要饶恕的结果，不是他不愿饶恕的结果。耶稣晓得，借着他代替性的受苦，他实在能够担当人类所有的邪恶，由此让人得医治、饶恕、救赎。

这就是耶稣为什么要拒绝喝人给他递上的"苦胆调和的酒"（太 27：34）这种镇痛剂的原因。他要完全清醒地从事这最大的救赎事工。他要用一种深刻而奥秘的方法，去承担人类整体的罪。由于耶稣活在永恒的当下，这种事工不单是为着他当时周围的人，也是担当过去、现在和将来一切的暴行、惧怕和罪恶。这是他最崇高和最圣洁的事工，这一事工使认罪和赦罪都成为可能。

有人似乎认为，耶稣所喊的"我的神，我的神，为什么离弃我?"（可 15：34），是他软弱的一刹那。其实完全不是。**这正是他最大胜利的一刻**。这位一向与天父保持不断联系的耶稣，如今与人类全然认同，以致他成为罪的实际化身。正如保罗所写的："神使那无罪的替我们成为罪。"（林后 5：21）耶稣成功地在那一刻将自己带进了黑暗的世界，用他的光芒战胜其中的每一种邪恶势力。他与有罪的受造物达至一种完全的合一，以致经历了神的弃绝。只有用那种方法他才能为人类赎罪，那诚然是他最大胜利的一刻。

完成了这最大的事工以后，有人"拿海绒蘸满了醋"给耶稣喝，他说："成了!"那是说，救赎的事工已经完成了。他感受到人类痛苦的最后渣滓从他身上通过，到达神的看顾之下。邪恶、仇恨、忿怒和惧怕的最后刺痛从他身上徐徐流出，而他得以再次转向神面前的光辉。"成了!"任务完成了。不久以后，他便自由地把灵魂交付神。

> 他流血，除我羞辱，
> 他闭目，使人得见天父；
> 惟愿整个世界俯伏醒悟，

　　除神以外，此爱再无。

　　　　　　　　　　——圣伯尔纳铎

　　这救赎计划是一个伟大的奥秘，隐藏在神心中。但我知道那是真的。我晓得这一点，不仅因为圣经说这是真的，并且因为我在自己的生命中以及许多人的生命中看到了它的果效。就是有这样的根据，让我们能够晓得，是认罪和赦罪在事实上改变了我们。若没有十字架，认罪的操练将只是一种心理安慰。然而真正的认罪操练，所包含的内容要多得多。它能让我们与神的关系产生一种客观的改变，让我们里面产生一种主观的改变。它是医治和改变内心的媒介。

　　你可能会说："但我一直认为，基督钉十字架以及救赎工作，是为了让人的灵魂得救。"的确如此。不过圣经所说的得救，远不止于拿到一张天堂的门票。圣经看得救，既是一个事件，又是一个过程。保罗对已经悔改相信的人说："当恐惧战兢，作成你们得救的工夫。"（腓 2：12）约翰·卫斯理在一篇题为"信徒的悔改"的讲章中，说基督徒需要更多地前来领受神赦罪之恩。认罪的操练能够帮助信徒"得以长大成人，满有基督长成的身量"（弗 4：13）。

　　"认罪难道不是因为所赐的恩典吗，怎么会成为人的一种操练呢？"两者都是。确实，除非神赐予恩典，否则不可能有真诚的认罪。但它也是一种操练，因为其中有些事是我们必须做的。它是一种我们主观选择的行动过程，这种过程会把我们带至全能之主的荫庇下。

"为什么把认罪列在群体的操练内呢？我原以为这是个人与神之间的私事。"再一次，答案不是非此即彼，乃是二者皆对。我们十分感激改教运动中特别强调的圣经教训："在神和人中间，只有一位中保，乃是降世为人的基督耶稣。"（提前2：5）同时我们也对这个时代重新强调的圣经教训心存感激："彼此认罪，互相代求……"（雅5：16）二者都在圣经中找到，任何一点都无须排挤另一点。

对群体来说，认罪之所以是一种艰难的操练，是由于我们把信徒群体看作圣徒团契，多过于看作罪人团契。我们总觉得其他人在圣洁上走得那么远，只有自己单独留在罪中，显得特别孤立，便不能忍受把失败和过错向别人显露。我们觉得自己是那个唯一没有踏上正确道路的人。于是我们彼此隐瞒，生活在掩藏的谎言和虚伪中。

然而，如果我们晓得，神的子民首先是罪人团契，便会有自由去聆听神那无条件的爱的呼召，并且能在我们的弟兄姊妹面前公开承认自己需要认罪。我们晓得自己不是唯一的罪人，晓得那紧紧地吸附在我们身上的惧怕和骄傲，也同样吸附在别人身上。我们同是罪人，在互相认罪的行动中，我们把那医治的能力释放出来。我们的人性不再被否定，乃是被转化了。

赦罪的权柄

跟从耶稣的人得着了权柄，去聆听人的认罪，并奉主的名赦罪。"你们赦免谁的罪，谁的罪就赦免了；你们留下谁的罪，谁的罪就留下了。"（约20：23）这是多么奇妙的一种特权！我们为什么规避这种赐生命的服事呢？如果我们不是因为自己的功劳，乃是纯粹因着恩典，得着权柄去释放人，那么我们怎敢如此大胆扣留不用这种伟大的恩赐呢？朋霍费尔说："我们的弟兄……是主赐给我们来帮助我们的。他代表基督来聆听我们的认罪，他又奉基督的名赦免我们的罪。他为我们的罪保守秘密，像神为它保守秘密一样。当我前往弟兄那儿认罪时，我是到神面前来。"[1]

这种赦罪的权柄，并不会贬低或阻碍人私下直接向神认罪的价值和果效。一个人无须任何属人的中保的帮助，便可以直接借着十字架进入新生命，这是一个奇妙的真理。它的真实性，在改教运动时期像一股新鲜的空气一样注入世界。它成为了解放的号声，在教会的彼此认罪之法悄然沦为了束缚和操纵之法的时候，把人释放出来。然而我们也需谨记，马丁·路德本人也相信弟兄之间互相认罪的果效。在他所著的《大要理问答》中写道："当我劝告你认罪时，我是在劝告你作基督徒。"[2]我们也不要忘记，当彼此认罪之法最初在教会出现的时候，它引发了一场真心的个人敬虔和圣洁的复兴。

一个人若直接向神认罪，并且得以从难以摆脱的罪的习惯中得到了释放，那么他应为得到了这种蒙神怜悯的证据而高兴快乐。但也有一些人，从未体验过这种蒙赦免的经验和证据。让我试着把它描述出来：我们为自己罪蒙赦免而祷告，甚至哀求，虽然极其渴望，却没有感到任何的释放。我们怀疑自己未蒙赦免，对自己认罪的努力感到失望。我们担心自己的认罪并未达到神面前，只是在自言自语罢了。过去的旧事所遗下的悲愁与伤感依然萦绕心头，不得医治。我们试着告诉自己，神只是赦免罪，不是让我们忘记过去。但在内心深处，我们知道罪蒙赦免必然包含着更多的东西。别人劝我们要用信心领受赦免，不要怀疑神。因不愿意怀疑，我们再次尽力以信心去接受，却因着心里去不掉的痛苦和愁烦，再次陷入绝望。到了最后，我们要么是认为自己不配得到神的赦免，要么是把赦罪看成一张摸不到的天国门票，在生活中并无可见的效果。

如果有人觉得上面的话讲出了他的处境，那么他可以欢喜快乐。因为在个人认罪之后未有收获，不意味着我们再也无能为力，更不意味着没有了在神面前蒙恩的方法。在《公祷书》（the Book of Common Prayer）中，主礼人号召我们自我检讨和悔改以后，有这样的话："如果你们中间有人用这方法不能使他的良心安静，而需要更多的安慰和开导，让他到我这里来，或者任何一位神之道的仆人面前，敞开他的忧伤……"[3] 神把我们的弟兄姊妹赐给我们，让他们站在基督的位置上，使我们确实体验到神的同在和赦免。

圣经教导我们，一切信徒在神面前都是祭司。"你们是被拣选的族类，是有君尊的祭司。"（彼前2：9）在改教时期，这被称为"众信徒普世性的祭司职分"。旧约祭司的职责之一是借着献祭带来罪得赦免。《希伯来书》当然清楚说明，耶稣是最后的、完全的祭。但他把这祭司职分赐给我们，为要使他所成为的那祭，在其他人的心中和生活里变得真实。借着弟兄和姊妹的声音，我们听到罪得赦免的话，并且让这话在我们生命中植根。如朋霍费尔所说："一个人在弟兄面前承认己罪时，知道自己现在不是独自一人；借着与另一个人的同在，他感受到神的同在。当我独自承认我的罪时，每一件事仍旧停留在黑暗中，可是在一位弟兄面前，罪被迫被带进光中。"[4]

这种方法在传统上称为"忏悔"或"告解"。虽然我们中许多人，包括我自己，对那种认罪方式会觉得极不舒服，然而它还是有几种好处的。第一，这种正式的认罪方式，不容许有任何借口或者减轻罪疚的情况发生。个人必须承认他是因自己的错误而犯罪，而且是最严重的错误。在其中，人不能把罪说成是失误，也不能归咎于教育、家庭或邻舍的不好。这是一个最好的面对现实的治疗法，因为我们喜欢先把自己的罪归咎于每一个人和每一件事，然后才把责任归到自己身上。

这种认罪的第二种好处是，认罪者心中期待着赦罪的宣告，而且在赦罪仪式中，赦罪的话将公开说出来。不论是用圣经上的话，或是其他类似的言语，都是真实而大声的宣告。"我们若认自己的罪，神是信实的，是公义的，必要赦免我们的罪，洗净我们一切的不义。"（约壹1：9）然后认罪之人听见主礼人用清晰而具有权威的话说，他的罪全然得赦免，他已从罪中获得释放。当赦罪的保证由我们的弟兄或姊妹奉基督的名说出来时，这保证便在圣灵里被盖印加封。

这种规则化的认罪还有第三方面的好处，即所谓的"补赎"。如果把这种补赎看作赚取赦免的方法，那当然是危险的。可是如果把它当作一个机会，叫人停下来仔细思想一下我们的罪的严重性，就能带来实在的益处。今天我们把冒犯神的爱看得太轻了。神对罪所感到的厌恶，在我们心里若有些许存留，就会自动趋向于更圣洁的生活。神向我们呼吁："你们切不要行我所厌恶这可憎之事。"（耶44：4）补赎目的是要帮助我们，对罪的邪恶本质有更深的体验。

当然，即便不用礼仪化的认罪方法，我们照样也可以达成上面所说的那些效果。事实上，如果我们真明白自己是在做什么，便取得了进步，把认罪和赦罪的职分看作神子民的一份共同的产业。这怎么可能呢？也许一个现实的事例有助于我们理解它。

认罪日志

虽然我曾在圣经中读到过信徒间认罪和赦罪的职分，但直到我在第一间教会中作牧师时，才有了真实的经历。当时，我决定把自己心里的一些事向人剖白。当时选用这种复杂的方法，并不是因为我心里有什么深深的重担或者罪疚。我一点也不觉得自己有什么问题，除了一件事——我渴望有更多的力量去做神的工作。我觉得自己在面对许多迫切的需要时力量不足；除了我已经拥有的属灵经验之外（当时的我已经有过你能列举出来的任何"属灵经验"），我相信一定还有更多的资源是可以求取的。因此我祷告："主啊，是否还有更多的东西，是你要带进我生命里的？我愿意被你征服和管理。如果在我生命中有什么东西拦阻了你能力的流注，请你向我显示。"他这样做了，不是借着听得见的声音，甚至不是借着任何话音，只是借着一种持续加深的认识：阻碍了他生命的流注我里面的，是我过去的生命历程中的一些东西。于是我做了一个计划，把自己的一生分为三个时期：儿童时期、青春时期和成年时期。在第一天，我到神面前来祷告和默想，手中拿着纸和笔。我邀请他向我显示，在我的儿童时期，有什么事情需要被宽恕或者被医治，又或二者都需要的。我绝对安静地等待了约十分钟。在我清醒的头脑中浮现的任何有关儿时的不当之事，我都写了下来。我不去尝试分析每一件事，也没有对它们做任何道德判断。我的信念是，神会把任何需要他医治和抚触的东西指示给我。完结以后，我把那张纸放下。第二天，我用同样的办法审查自己的青春时期，第三天则审查成年时期。

　　然后我拿着那张纸，找到我在基督里的一位亲爱的弟兄。一星期前，我已经告知他这件事，所以他了解我们这次见面的目的。我慢慢地、有时痛苦地读那张纸上所写的东西，只偶尔加一两句描述的话，使所记录下来的罪显得清楚明白。读完以后，我打算把那张纸放回公文包里。我那位睿智的顾问和"告解人"温和地拦住我，拿走了那张纸。他一言不发，拿过一个纸篓，在我眼前把那张纸撕得粉碎，丢进纸篓中。做完了那个无声而有力的赦罪动作以后，他只说了几句简单的赦罪的话。我却发觉，东离西有多远，我的罪也离我有多远。

　　然后我的朋友按手在我头上，为我祷告，求主医治我过去一切的忧愁和伤痕。那次祷告的力量，直到今天仍旧与我同在。

我不能说我体验到了任何戏剧性的感受。我当时没有这种体验。事实上，当时的全部经验只是一个单纯的顺服的动作，没有丝毫强烈的感受。我却因而深信，它用一种我从未体验过的方式释放了我。我似乎得到了某种自由，能够去探索新的、从未踏入的圣灵的疆界。这事以后，我习得了这本书中所谈到的好几种操练，都是我以前没有学习过的。这两件事之间是否有因果关联呢？我不知道，坦白地说，我也不在乎。它已足以让我顺服心里的、从上面而来的指示。

有件偶然的趣事也值得说一下。在我暴露了自己的"人性"以后，我那位顾问朋友身上也被触发了一种自由，因为当他为我祷告以后，他立即说出一件在此之前他不能承认的极深的和困扰着他的罪。自由生出了自由。

认罪之指导

"我们爱，因为神先爱我们。"（约壹4：19）不仅如此，我们之所以能够认罪，也是因为且尤其是因为他先爱了我们。怜悯与恩慈的明证，激发了一颗忧伤痛悔的心，因此也便容许认罪的意念涌流出来。像先知何西阿告诉我们的，我们被他的"慈绳爱索"牵引（何11：4）。我们怀着希望的心来到他面前，因为他像浪子的父亲一样倚门等待着我们。当他看见儿子的时候，虽然相离还远，但动了慈心，立即跑过去，拥抱他，欢迎他回家（路15：20）。他最大的喜乐是饶恕。每当有人认罪的时候，他便召唤他天上光明的使者欢乐庆祝。

我们当怎样行？圣亚丰索（St. Alphonsus Liguori）写道："一个良好的认罪有三件事是必需的：审查良心，悔恨，决心与罪隔绝。"[5]

正如道格拉斯·史提尔（Douglas Steere）所说，"审查良心"*是一件特别的事，在那时，"灵魂在神凝视之下，在神那沉默而慈爱的同在中，被刺透而变得机敏，意识到自己必须蒙赦免和被改正，才能继续爱那位时常关怀我们的主。"[6]我们是在邀请神在心中运行，向我们显示，在哪些地方需要他的饶恕和医治的抚摸。

在这种敞开自己，让"神凝视"的经验中，我们必须愿意对付确实的罪。宽泛的认罪方式可能使我们免于蒙羞受辱，但它不会激发内在的医治。那些到耶稣面前来的人，都带着明显的特别的罪，而他们能在每一件事都得着主的赦免。在宽泛的认罪中，我们极容易避开我们真正的罪疚。在认罪时，我们应把具体的罪带来。不过，所谓具体，不仅指行为上的罪。我是指心中的明确的罪：骄傲、贪婪、忿怒、恐惧等，就像行为上的明确的罪一样：懒惰、饕餮、情欲、谋杀等。我们可以采用前面所说的方法去检视自己。或者我们也会喜欢马丁·路德的方法——根据十诫去审查自己；我们也可能蒙圣灵引导而采用其他完全不同的方法。

不过，在努力做出具体的认罪时，我们不要走进另一个极

---

* 古代基督徒认为，审查良心乃是认罪的准备，这种观念与现代所谓"凭良心行事"的世俗观念相去何止万里！良心需被审查。它本身已经败坏，又受所处文化的局限，在伦理和信仰的事上是最不可靠的凭借。

端去，就是过分关心，要把生命中最微末的小事都彻底挖出来。圣方济沙雷以深刻的常识劝告我们："如果你在认罪时，不能记起你所有的微小过错，不要担心，正如你常常在不经意间跌倒，照样你也常常在不经意间被神扶起来。"[7]

"悔恨"是有效的认罪的前提。与认罪相联的悔恨，基本上不是一种情感，虽然也可能包含情感。那是对曾经犯下这样的罪所生的厌恶，是一种极深的遗憾，因为曾经伤了父亲的心。悔恨首先是在意志上，然后才是情感上的。事实上，单单在情感上悲伤，而没有一种在意志中的敬虔的悔恨，将会破坏认罪。

悔恨表明对认罪存着认真的态度。它与乔叟（Geoffrey Chaucer）在《坎特伯雷故事集》（*The Canterbury Tales*）中所讥诮的神父和忏悔者相反：

> 他开心地听人认罪，
> 愉快地去宽恕。[8]

"决心与罪隔绝"是有效认罪的第三个重要因素。在认罪的操练中，我们祈求神赐我们一颗渴慕圣洁生活、恨恶不圣洁生活的心。约翰·卫斯理曾说："给我一百个传道人，他们不怕什么，只惧怕罪；他们不渴望什么，只渴望神……只需这些人，便会动摇地狱的大门，并且在地上建立天国。"[9]当我们准备认罪时，我们向神所求的，乃是要自己的意志从罪中得拯救。我们必须渴望被神征服和管理。如果我们不渴望，那么让我们渴望去拥有这样的渴望。这样的渴望是从神而来的礼物。寻求这礼物乃是向一位弟兄或姊妹认罪的初步行动。

这一切是不是相当复杂？你是否担心可能漏掉其中一点，以致一切都变得无效呢？通常来说，分析一件事总比经验一件事要复杂得多，谨记天父的心：他像一位牧人，愿意冒一切危险去找寻那只失落的羊。我们无须设法使神乐意赦免。事实上，神正在设法使我们愿意寻求他的赦免。

关于认罪的准备还有一点应当注意。在自我检讨的过程中必须有一个肯定的终点，否则我们可能很容易跌进一个永久性的自我定罪的习惯中。认罪以悔恨开始，但当以喜乐结束。罪得赦免值得庆祝，因为它产生的是真正改变的生命。

接下来有一个实际的问题：我们应当到谁那里去认罪呢？在神学上说，每一位基督徒都可以接受另一位基督徒的认罪，这是不错的。不过并非每一个基督徒都有足够的同情心和理解力。还有一个不幸的事实是，有些人似乎不能保守秘密。另外有些人不合资格，使他们会在过程中被某些罪的显露吓倒。又有人对认罪的性质和价值不了解，会耸一耸肩说："也不算很糟。"幸运的是，还是有不少人真实地了解并且乐意参与这样的服事。要找到这些人，我们必须向神祈求，请他向我们显示这些人。借着观察，我们也能找到这些人。我们要看谁表现出对神饶恕的能力有活泼的信心，在他或她心中展露主的喜乐。最主要的资格，是灵性的成熟、智慧、同情心、良好的常识、能够守密，并且有健康的幽默感。许多牧师——虽然并非所有的牧师——都能在这方面服事信徒。也有许多时候，没有任何职位或头衔的平信徒，反而是最好的接受认罪的人。

然而，如果有一种罪是我们永不能自行向人坦露的，那怎么办？如果我们没有勇气打开生命中某一个特别的角落，该怎么办？那时我们必须做的，只是向我们的弟兄或姊妹说："我需要你们的帮助。有一项罪是我无法鼓起勇气自行承认的。"那时，我们的"认罪伙伴"可以"采取一种容易的方法，把那头会吞噬你的野兽从它的巢穴中拖出来。你必须做的，只是对他的问话回答'是'或'不是'。看哪，暂时的和永恒的地狱都消失了，神的恩典重新恢复，良心的平安高高在上管理我们。"[10]

接受认罪之指导

像任何属灵事工一样，要能够正确地聆听一位弟兄或姊妹的认罪，必须做好准备工作。

我们开始这事工时，要学习在十字架下生活。朋霍费尔说："任何在十字架下生活的人，任何在耶稣的十字架中认识每个人的全然邪恶，以及他自己的绝对邪恶的人，都会发觉，没有任何罪对他而言是陌生的。任何人如果曾经一度因他自己将耶稣钉在十字架上的那罪而震惊，他便不会再被他弟兄最卑鄙的罪所吓倒。"[11]这种经验会挽救我们，使我们不会因别人的认罪而绊倒。它也会拯救我们，叫我们不会对认罪者表现出一种优越感。我们晓得人心的虚伪，也知道神接纳罪人的恩典和怜悯。我们看见罪的可怕时就晓得，不管别人做了什么，我们自己仍旧是罪人中的罪魁。

因此，任何人能说出来的东西，没有什么能干扰我们的。

完全没有。借着活在十字架下，我们能够从最好的人的口中听到最坏的事却毫不惊愕。我们还会把那种精神传达给别人，让他们知道，到我们面前来是安全的；让他们知道，我们能够接纳任何他们能够显露出来的东西；让他们知道，我们永不会对他们显示出优越感，反而能够理解他们。

活在这种精神中，我们无须告诉别人说，我们会保守秘密。他们自己会晓得，我们永不会出卖他们的信任。我们不用告诉他们，我们不会背叛他们的信任，因为我们深悉是属神的忧伤驱使他迈出这艰难的一步。

活在十字架下，我们便能脱离在属灵的事上支配他人的危险。因为我们自己也曾经站在我们的弟兄如今所站的位置上，因此想要利用他的认罪去敌对他的念头，不可能在我们心中停留。我们也不觉得自己需要去控制他或改正他，我们心中所存的只是理解与接纳。

当我们准备做这种神圣的服事时，明智的行动是经常祷告，祈求神在我们里面增加基督之光，好叫我们与别人同在一起时，能流露基督的生命和光。我们要渴望学习如何生活，好叫我们整个人流露出神的爱和赦免之恩。我们也应祈求神增添我们的辨识力。在人们认罪以后，我们服事他们时，这是特别重要的。我们必须有能力看出在人们心灵深处所需要的真正的医治是什么。

一件重要的事是，当别人向我们倾吐他们的悔恨时，我们要约束自己，保持安静。我们会有极强烈的试探，不时冒出几句未经仔细思索的临时评语，好去减轻那紧张的气氛。其实这会使人对这神圣的一刻分心，甚至损害它。若是没有必要，我们也不应该企图引他们讲出一切的详情。如果觉得他们由于不好意思或者心中惧怕而有所保留，最好的办法是，以祷告的心情安静等待。

有一次，一位姊妹对我、也对主承认她的悔恨。当她说完以后，我觉得有感动要安静等候。她随即开始述说心灵深处的一项罪，是她从来没法告诉任何人的。后来她告诉我，当我等待时，她望着我，"看见"在我的眼睛上面投射了**另一位**的眼睛，眼中的表情满有爱意和接纳，使她得到力量，放下了内心的重担。当时的我并未感到什么，也没有"看见"什么，但我对她的经验毫不怀疑，因为它产生了一种奇妙的内在医治的果效。

这故事阐明在接纳认罪时另一个重要因素：将十字架置于你自己和认罪者之间，经常会有帮助。这种帮助是借着用想象力祷告而来。十字架会保护他们，使他们不会在认罪过程中只感受到属人的情感；它又保护你，使你不致于从他们身上受到任何有害的影响。每一件事都经过十字架之光的过滤。你属人的同情借着属神的爱而增加，而且变得更有活力。你借着十字架的能力为他们祷告。

不用说，当他们向你倾诉时，你需要默默地为他们祷告。通过心内的默祷（如果你故意做出为他们祷告的姿态，则会令他们难堪），让自己不知不觉地把爱和饶恕之光，借着祷告投射在他们身上。你也求神，让他们向你提供打开内心的"钥匙"，叫你知道他们里面有什么地方需要基督医治能力的抚摸。

最后，一件极其重要的事是，你不要单单指导他们，也要为他们祷告。在祷告之前或者在祷告之中，你要向他们宣告，那在耶稣基督里的饶恕，如今对他们是真实的和有效的。我们可以用满有权威的说话和语气向他们宣告，因为天上的一切都支持这赦罪的宣言（约 20：22—23）。*

这祷告是为了医治罪所造成的内在创伤。在祷告时最好也配以"按手礼"，那是圣经的一种常见教训，是神借以传送他赐生命的力量的一种方法（来 6：2），邀请神浇灌心灵深处，医治过去的忧伤。想象那医治；感谢他的医治之能。孙凤（Agnes Sanford）论到这种祷告事工时曾这样写道："一个人对这种祷告有极深的共鸣。他感受到他所代祷之人的感受；他的感受是如此之深，以致往往有眼泪从内心极深的同情中流出来。然而，如果他流泪，那不是出于忧伤，乃是出于喜乐，晓得这些眼泪不是他自己的，而是满有怜悯之心的基督在想到那位失丧之人时所流的眼泪，它又是基督快乐的眼泪，因为他终于得到一个媒介，让他可以借以触碰到他所爱的这个人。"[12]

认罪的操练能终结伪善。神正在呼召一个教会出现，要

---

* "你们赦免谁的罪，谁的罪就赦免了；你们留下谁的罪，谁的罪就留下了。"耶稣这些话表明，我们不仅有赦罪的职分，也有留罪的职分。留罪的职分，只是拒绝把人带到他们还未预备好的地方。有时人们极欲把人带进神的国，以致在人还不想认罪或还不想要获得赦罪之前，便向他们宣布罪得赦免。不幸的是，这种缺点存在于现代的许多福音事工之中。

这个教会能公开承认其脆弱的人性，又晓得基督赦免和加力的恩典。诚实导致改变。愿神施恩给教会，使它再次恢复认罪的操练。

进深研究

认罪是一个群体的操练，因为罪一方面冒犯神，另一方面又在基督徒的团契中制造伤口。在基督教早期的几个世纪，赦罪与和好牵涉到一个很长的医治过程，犯罪的人借着整个基督教团体的服事得以康复。在中世纪时，认罪日益转变为一种私下的圣礼。到了宗教改革以后，新教人士越来越把认罪看作个人与神之间的事情。可是在最初的时候，认罪不像今天一样被看作私下的事。事实上，在《马太福音》18章，耶稣指出了公开的认罪之重要性，并且解释了，赦免怎样临到团体而不致把它破坏（太18：15—17）。施行赦免的是神，不过，神常拣选人类，作为他赦免之恩的渠道和媒介。

人类就是这样，当他们"共同生活"时，常会在某方面彼此伤害。在一个伤害人以及满了受伤者的团体中，赦免是十分重要的。在经历赦免中，一件重要的事是，要了解什么"不是"赦免。有四件事通常被误认为是赦免。

第一，有些人以为，要赦免他人，就要强行否认所受的伤害的严重性。我们说："嗯，没事，其实我也没怎么受伤！"那并不是赦免，那是说谎。爱与谎言极不相容。事情的真相是，这些事相当严重，逃避问题于事无补。我们所需要的不是逃避，而是和好。

第二，有人认为，赦免的意思是停止伤心。有人相信，如果我们继续伤心，那便表示我们没有真正饶恕。这完全是不对的。伤心不是邪恶的。我们伤心的时间可能很长，赦免并不意味着我们会停止伤心。

第三，有好些人要我们相信，赦免的意思是忘记。我们常说："赦免和忘记。"但事情的真相是，我们忘不了。我们会记得那些事，但不同之处是，我们不再需要、也不再想要使用那些记忆去对付他人。记忆仍在，报复的心却没有了。企图勉强人把不能忘记的事忘记，只有使他们受捆绑，并且把赦免的意义弄模糊了。

第四，有许多人假定，赦免的意思是，假装彼此之间的关系跟未犯罪之前一模一样。然而事实不然。彼此间的关系再也不会一模一样。我们倒不如安心接受这一事实。这关系决不会一模一样，但借着神的恩典，它可能比以前好过百倍。

真正的认罪和赦免给基督徒团体带来喜乐，也给有关双方带来医治。最美妙的是，它证明了我们与神之间的和好，因为正如那位蒙爱的使徒很久以前说过的："我们若认自己的罪，神是信实的，是公义的，必要赦免我们的罪，洗净我们一切的不义。"（约壹1：9）

读经日程

- 星期日：认罪和赦免的需要（赛 59：1—9；罗 3：10—18）
- 星期一：赦免的应许（耶 31：34；太 26：28；弗 1：7）
- 星期二：赦免的保证（约壹 1：5—10）
- 星期三：耶稣基督，我们的救主、中保和辩护者（提后 1：8—10；提前 2：5；约壹 2：1）
- 星期四：一个认罪的比喻（路 15：11—24）
- 星期五：权威与赦免（太 16：19，18：18；约 20：23）
- 星期六：基督徒团契的服事（雅 5：13—16）

研讨题目

1. 用你自己的话试着讲出认罪的操练背后的神学。

2. 礼仪化的认罪有哪三方面的好处？这种认罪方式有缺点吗？

3. 我提出三件事是良好的认罪必须具备的。在这三件事中，你发觉哪一件最难体验？

4. 关于认罪，"活在十字架下"的观念有什么意义？

5. 列出你能想象得到的在操练认罪时可能出现的两三样危险。

6. 宣告赦罪，究竟是把罪得赦免的事实宣告出来，还是它本身有赦罪的效果？

7. 什么情况下，听取认罪的操练会招致对罪的成见？什么情况下，它会成为合宜的，去满足我们被赦免的需要？

8. 你怎样去分辨罪疚的真假？

9. 圣奥古斯丁称洗礼和圣餐这两个圣礼是我们罪得赦免的看得见的道（*verba visibilia*）；而约翰·斯托得（John Stott）注意到，"由于洗礼是独特和不能重复的，因此它是我们一次性称义的圣礼；圣餐，由于一再享受，因此它是我们每日得蒙赦免的圣礼。借着它们，我们获得保证，可以耳闻目睹我们蒙接纳、蒙赦免。"你对这个说法有何反应？

10. 本星期内，拨出十五分钟的时间，在神面前静默，邀请他向你显示，在你里面有什么东西需要认罪的。

推荐阅读

* Augsburger, David. *Caring Enough to Forgive*. Ventura, Calif.: Regal Books, 1981.

  一本有力而敏锐的著作，不仅展示了真赦免的价值，也揭露了假赦免的破坏性。（中文版：大卫·奥格斯伯格著，《爱里说诚实话》，方逸译，北京：团结出版社，2011年。——编注）

* Betz, Otto, ed. *Making Sense of Confession*. Chicago, Ill.: Franciscan Herald Press, 1969.

  在天主教的视角下写成，给出了一些建议，帮助人了解悔改的操练对儿童青少年成长的益处。

- Cornwall, Judson. *Let Us Enjoy Forgiveness*. Old Tappan, N.J.: Fleming H. Revell Co., 1978.

  一本可读性很高的关于赦免的专著，帮助人们具体地了解如何从中得到自由去爱神，并永远享受神。

- Haring, Bernard. *Shalom: Peace. The Sacrament of Reconciliation*. New York: Image Books, 1969.

  一本热切地探讨忏悔的天主教著作。

- Scanlan, Michael T. O. R. *The Power in Penance: Confession and the Holy Spirit*. Notre Dame: Ave Maria Press, 1972.

  一本满有力量的小册子，为古老的天主教灵修操练注入了新的活力。

- Schlink, M. Basilea. *Repentance: The Joy-Filled Life*. Grand Rapids, Mich.: Zondervan Publishing House, 1973.

  这是一本小书，但极有帮助。作者是德国路德宗一个团体"马利亚姊妹会"（Mary Sisterhood）的带领人。

- Stott, John R. W. *Confess Your Sins*. Waco, Tex.: Word Books, 1974.

  一本助益良多的著作，探讨了悔罪的各种形式以及和好的意义所在，作者是当今圣公会福音派的领军人物。

- Tournier, Paul. *Guilt and Grace*. Crowborough: Highland Books, 1987.

  本书对于内疚、悔改，以及神的赦免和恩典有着细致入微的研究。

11 敬拜的操练

　　我们的良心被神的圣洁苏醒，心灵得神真理
的喂养，想象力因神的美丽而洁净，心门为神的
爱敞开，意志服从于神的使命，这就是敬拜。

——威廉·坦普尔

　　敬拜是体验实在、触摸生命，是在群体中去认识、感受、
体验复活的基督，是入驻神的居所（*Shekinah*，希伯来语）中，
或者更贴切地说，是被神的居所所入驻。[*]

　　神主动寻找敬拜的人。耶稣宣告说："那真正拜父的，要
用心灵和诚实拜他；因为父**寻找**（RSV 译本）这样的人拜他。"
（约4：23）神自己寻找、牵引、说服。敬拜是人对神发动的事
工的回应。在《创世记》中，神在伊甸园中行走，寻找亚当和
夏娃。在十字架上耶稣吸引男女到他那里（约 12：32）。圣经充
满着例证，表明神努力发动、恢复和保持与他儿女之间的团契。

---

*Shekinah 是指神住在他子民中间的荣耀或光辉，它表示的是神直接的临在，而非抽
　象或遥远的同在。

神好像浪子的父亲，他远远地看见儿子，便跑过去欢迎他回家。

敬拜是对从天父心中流露出的爱之姿态的回应。它的中心实质在"心灵与诚实"中。只有当神的灵触摸人的心灵时，它才在我们里面点燃起来。形式与礼仪不会产生敬拜，同样地，故意不用形式和礼仪也不会产生敬拜。我们可能采用一切正确的技术和方法，可能有极尽完美的礼仪，可是仍旧没有敬拜主，直到圣灵触及我们的心灵，敬拜才发生。赞美诗上的话说："释放我的灵，叫我能敬拜你"，这句话显示了敬拜的基础。直到神触摸和释放我们的灵，我们才能进入他的境界。歌唱、祈祷、赞美，这一切都可能导致敬拜，不过敬拜的意义却又超过它们中任何一项。我们的心灵必须被属神的火点燃。

这样，我们对所谓正确的敬拜方式的问题便无须过分关心。高教会的仪式或低教会的仪式，这种形式或那种形式，这只是边缘问题而不是中心问题。当我们认识到，在新约里并没有规定一种特别的敬拜仪式时，我们在这方面的领悟便更有确信了。事实上，从当时那群与犹太会堂的礼仪制度有极深渊源的人身上，我们看到过一种令人难以置信的自由。他们所以能够如此，是由于得着了真实的改变。当圣灵触及我们的灵时，形式的问题便全属次要了。

我们说，形式是次要的，这并不是说，它们是无关紧要的。只要我们还是人类，我们都必须有形式。我们必须有"皮袋"（太9：17），把我们敬拜的经验具体表现出来。不过，形式只带领我们进入敬拜，其本身并不是敬拜。在基督里我们有自由采用任何有益于敬拜的形式，如果任何形式妨碍我们体验到永活的基督，不如索性放弃那形式。

敬拜的对象

耶稣回答了我们一直在问的要敬拜谁的问题。"当拜主你的神，单要侍奉他。"（太4：10）这位独一真神是亚伯拉罕的神、以撒的神、雅各的神，也就是耶稣基督所启示的神。神清楚显示他对一切偶像崇拜的恨恶，因此在十诫的开头便颁下了一条尖锐的诫命："除了我以外，你不可有别的神。"（出20：3）偶像崇拜，也不单在于可以看得见的崇拜对象。陶恕说："偶像崇拜的实质在于，奉持一种根本配不上神的神观。"[1]在某种重要的意义上说，正确地思想神，凡事都会成为正确；错误地思想神，凡事都会成为错误。

我们迫切需要认识神，所以要阅读有关他向古代以色列人所作的自我启示，默想他的属性，注视在耶稣基督身上有关他本性的启示。当看见万军之主"被高举"，默想他无限的智慧和知识，稀奇他不可测度的怜悯与慈爱，我们便情不自禁地唱出三一颂：

> 称颂你神圣的美德，
> 何等荣耀，无法数算。[2]

认识主，会使我们认罪。当看见神的荣耀时，以赛亚喊着说："祸哉，我灭亡了！因为我是嘴唇不洁的人，又住在嘴唇不洁的民中；又因我眼见大君王万军之耶和华！"（赛6：5）当我们把人的罪恶与神圣洁的光辉对比时，罪恶便十分明显。当我们看到神的信实时，自己的变幻不定便极端明显。了解他的恩典便是了解我们的罪疚。

我们敬拜神不仅因为他本身，也因为他做的事。尤其是圣经告诉我们的神，乃是一位行动的神。他的善良、信实、公义、怜悯，都可以在他对待子民的事上看出。他恩慈的作为不仅镌刻在古代历史中，也刻在我们个人的经历里。正如使徒保罗所说的，唯一理所当然的回应是敬拜（罗 12：1）。我们因神是如此的一位神而赞美他，因他所做的事而感谢他。

敬拜的优先地位

如果真的把主当做主，那么敬拜在我们的生命中必须占优先的地位。耶稣的**第一条**诫命是："你要尽心、尽性、尽意、尽力爱主你的神。"（可 12：30）属神的优先次序是敬拜第一，服事第二。我们的生活要不时介入赞美、感谢和敬拜。服事从敬拜中流出来。如果以服事代替敬拜，本身则是一种偶像崇拜，所做的服事活动可能成为敬拜的敌人。

神宣告说，利未支派的祭司之主要任务是"亲近我，侍奉我"（结 44：15）。对旧约的祭司职分而言，事奉神先于其他一切工作。对新约的普世性祭司职分而言，这道理也一样。我们大家所面对的一项严重试探是：到处奔走，蒙召服事，却不事奉神本身。

今天神号召他的教会回到敬拜，从高教会圈子中重新挑起了与神亲密团契的兴趣可以看出这点。它在低教会的圈子中也可看到，因为他们对礼仪有新的兴趣。在这两种教会之间的任何教会也可看出。神好像在说："我要我百姓的心重新归我！"如果我们想去神所去的地方，做神所做的事，便会进入更深、更真的敬拜中。

敬拜之准备

在圣经里，敬拜的一个显著特征是：人们是带着一种"神圣的期待"（holy expectancy）而聚集起来。他们相信能实在听见"上主的声音"（*Kol Yahweh*）。当摩西进入会幕时，他晓得是进到神面前。早期教会的情形也是如此。他们聚会的地方被神的能力所震动，他们并不惊奇。这些事都发生过（徒2：2，4：31）。当有些人因主的话突然死去，有些人则从死里复活，人们晓得神在他们中间（徒5：1—11，9：36—43，20：7—10）。当那些早期的信徒聚集在一起的时候，他们敏锐地觉察到，幔子已经裂为两半，像摩西和亚伦一样，他们进入至圣所，无须中间人。他们直接来到那可畏的、荣耀的、仁慈的、永活的神面前。他们聚集的时候，心中满有期望，知道基督在他们中间，会用他活泼的能力教导他们，触摸他们。

我们怎样去培植这种神圣的期待呢？它在我们心里的出现，始于我们进入内心的"神的居所"之时。在应对一天的各种生活事务时，我们心里满是敬拜与爱慕。在我们工作、游戏、吃喝、睡觉的时候，我们同时也在聆听，持续不断地聆听我们的教师的声音。劳巴赫的书中满是这种活在全能者荫下的滋味。"今天一切奇迹中最大的奇迹是：晓得当我一边工作一边聆听时，我最容易找到你……我也感谢你，让继续不断地交谈越来越容易。我真正相信，**一切**思想都可能是在与你交谈。"[3]

劳伦斯弟兄也同样知道这种生活的真实。由于他在厨房中体验到神的同在，便更晓得在集体敬拜中能遇见神。他写道："我不能想象，信徒如何能够没有操练与神同在，而过满足的生活。"[4]那些曾经一度在日常经验中尝到神荣耀的人，将再也无法满足于没有"与神同在"的生活。

受到了劳伦斯弟兄和劳巴赫的话中所看到的异象的感召，我决意用一整年的时间，去学习那种毫无间歇地敞开自己的生活，让耶稣作我随时的教师。我决意学习他所用的字句：他是否借着那些歌唱的小鸟或者忧愁的面孔向我说话呢？我设法让他带动我的每一项活动：无论是我写字的手指，还是我说话的声音。我所渴望的是，每一分钟都加插灵里微声的敬拜、颂赞和感谢。许多时候，我一连几个钟头，甚至一连几天都失败了。可是每次我都回头再去尝试。那一年我得了许多的帮助。但我想在这里提及的是，它大大提高了我在集体敬拜中期待的意识。毕竟他在一周中，已经借着许多的小事亲切地向我说话；他也必然会在此地向我说话。此外，我发觉，自己越来越容易从生活的环境和喧嚣中去分辨他的声音。

在集体敬拜中，若是有一两个以上的人心中存着圣洁的期待，整个房间的气氛可能因此改变。那些进去的时候满怀困扰、心思不宁的人，很快便被引导到一种肃静的神临在的意识中。人们的心思意念都向上提升。空气中满有期待的气息。

在这一方面，有一种实际的方法可供操练。试试用整个星期去过天国王子的生活，聆听他的声音，顺从他的声音。由于在一周中已经听见他的声音，你晓得当聚集敬拜时，你也会听见他的声音。在敬拜开始前十分钟进入礼堂；以崇敬的心仰慕荣耀之王；默想他在耶稣基督身上所显示的庄严、荣耀和温柔；想象以赛亚所看见的关于神的美妙异象，"主坐在高高的宝座上"，或者约翰所见关于基督的美妙启示，他的"眼目如同火焰"，"声音如同众水的声音"（赛6章；启1章）。请求主向我们显示他真实的临在。

然后，把牧师或者敬拜带领者放在基督的光辉里。想象着神荣耀之光环绕着他或她。叫他们在心中得蒙释放，勇敢地以主的权柄宣讲真理。

这时人们开始进入礼拜堂。向四周看看，直到你的眼睛发现了某些人，知道他们需要你为他们代祷。也许他们两肩下垂，或者面露愁容。把他们提升到神面前那荣耀清新的光中。想象他们的重担像约翰·班扬的《天路历程》中所描述的那样，从肩上脱落。在整个敬拜过程中，以祷告之心托住他们。在会众中只要有几个人这样做，大家的敬拜体验都会加深。

初期教会群体的另一主要特色是，他们体验到"聚集"在一起敬拜的意识。首先，聚集的意思是，他们实际上是作为一群人聚在一起；第二，他们相聚时，是以合一的心灵聚集在一起，超越了他们的个人特性。

与其他东方宗教相反的是，基督教信仰极力强调群体的敬拜。即使在高度危险的情况中，早期的信徒群体都受勉励，不可放弃共同的聚会（来10：25）。书信中时常论到信徒的群体是"基督的身体"。正如人的生命如果没有头和手脚是不可思议的，照样，那些基督徒各自孤立地生活也是不可思议的。马丁·路德曾为一项事实作见证："在家中，在我自己的屋子里，我心中缺少热力或活力；但在教会中，当群体聚集在一起时，在我心中有火点燃，向外爆发。"[5]

此外，当神的子民聚集在一起时，时常会有一种意识进入人心，就是感到了众人的"同聚"，有一样的心思，有一样的意念（腓3：15）。托马斯·凯利说："一种令人振奋的神的同在弥漫在我们身上，打破了我们个人生命中一些特别的秘密而孤立的角落，又把我们的心灵混杂在一种超乎个人的生命和能力中。一种客观的、满有力量的同在包围着我们，滋养我们的心灵，对我们说出欢欣以及不能言喻的安慰的话，并且让我们心灵深处沉睡的东西苏醒过来。"[6]当我们真正聚集敬拜时，有些事情会发生，而这些事是个人独处时绝不可能发生的。这是一种群体心理学作用，但又超乎群体心理学的作用，它是人群中的神圣的渗透与连结。这是圣经作者所说的"团契"（koinonia），是在圣灵能力中的极深的内在团契。

这种经验远超乎"团体精神"（esprit de corps）。它完全不仰赖同类的单位，甚至无须对彼此的生活情况有所知悉。自有一种属神的力量融化我们的隔阂。在同一圣灵的能力中，我们被"合一和与神同在的意识所包围。这种意识是心领神会的，它把我们置于在一种不可言传的安静以及在广阔生活的相互连结之中。"[7]这种在敬拜中的团契，使通过广播和视频的代替性的敬拜，变得枯燥单调、索然无味。

敬拜的带领人

真正的敬拜只有一位带领人——耶稣基督。当我们说耶稣是敬拜的带领人时，我的意思首先是，他现在是永活的，并且临在于他的子民中。在他们心中可以听见他的声音，他的临在是可以被知道的。我们不单在圣经中读到有关他的事，也可以借着启示知道他。他想教导我们，引导我们，责备我们，安慰我们。

第二，基督在他一切的职事中永活并临在。在敬拜时，我们倾向于只看他的祭司职分，认他是救主和赎罪者。但他也在我们中间作我们的先知。那是说，他会教导我们有关公义的事，并且赐我们力量去做当做的事。乔治·福克斯说："奉耶稣的名聚集在一起……他是你们的先知、你们的牧者、你们的主教、你们的祭司，在你们中间，开导你们、圣化你们、用生命养育你们，又用生命使你们苏醒。"[8]

第三，基督带着他一切的权柄，永活并临在。他不仅拯救我们脱离罪的后果，也拯救我们脱离罪的辖制。无论教导我们什么，他都会赐我们力量去顺从。如果耶稣是我们的带领人，在敬拜中应该期待神迹之发生。而内在和外在的医治，将成为常情而非例外。那时，《使徒行传》里的经历，将不单是我们所读到的事，也是我们正在经历的事。

第四，基督是敬拜的带领人意味着，如果敬拜中采用了什么敬拜形式，都出自于他的决定而采用。或讲道，或说预言，或歌唱，或祷告，一切都是他在带领。这样便不会将荣耀归给某人，惟独基督受到尊崇。当这位活着的元首发出号令，圣灵的任何恩赐或者全部恩赐都可以被自由地运用，并且被愉快地领受。也许所赐下的是显明在人的心思意念之中的一个信息，我们知道是君王基督正在掌权。也许所得到的是令人惊惧的一个预言或告诫，我们意识到那乃是"上主的声音"。讲道或教导，是受这位活的元首的召唤而出，给敬拜带来生命。缺少了神圣膏油的讲道，让敬拜陷入沉寂。发自内心的讲道会点燃敬拜之心，发自头脑的讲道会把仍有火光的余烬掩熄。没有什么比受圣灵感动的讲道更能苏醒人心，也没有什么比由人所感动的讲道更带着死亡的气息。

基于上述那么高超的关于基督是敬拜带领人的理论，你可能会下结论说，属人的带领是不重要的。然而这绝不是真理。如果神不兴起感动带领人，让他能够用权威和怜悯引导人们进入敬拜，那么我们几乎不可能有敬拜的经验。因此圣灵会赐下带领者（弗4：11）。神所呼召的敬拜带领人，必须不羞于去带领。人们需要受引导，**被带入**敬拜：从外院到内院，最后进入至圣所。神膏抹带领者去带领人们，经历这进程，进入敬拜之内。

进入敬拜的途径

敬拜应被看作属灵的操练的一个原因是，它是有秩序的行动和生活方式，把我们安置在神面前，叫他改变我们。虽然我们只是回应圣灵带有释放能力的触摸，但终究是因着神指定了这种途径，我们才能达到这境界。

进入敬拜的第一途径，是停止所有由人所发动的生活，停止一切"属人的活动"——正如那些有内在生命的前辈说的——敬拜不单是一种行为，而且是一种生活方式。它要渗透在我们日常生活的节奏里面。我们要活在一种不间断的、内在的、默默的聆听之中，好叫我们的言语和动作都源于神。如果我们习惯用人的力量和智慧去处理生活事务，我们在聚集敬拜时也会这样做。然而，如果培养一种习惯，让每一次谈话、每一种交往都由神所推动，那么相同的敏锐也会流入集体敬拜中。芬乃伦说："这样的心灵是快乐的，它借着一种真诚的自我放弃，把自己不停地安置在创造主的掌握中，准备好去做他所意愿的一切事；永不停止地每日百次提醒自己说：'主，你要我做什么？'"⁹

这可能吗？如果这要求听上去远超我们能力之外，主要是因为我们不了解耶稣是我们随时的老师。当我们在他的教导之下有一段时期以后，便发现的确可能使我们生活的每一动作都属于神。早上醒过来，静静地躺在床上，赞美敬拜主。我们告诉他，我们渴望在他的指导和管理下生活。在工作时问我们的老师："我们做得怎样？"我们的良师立即在我们心幕上映出，早餐时我们对配偶所作的刻薄批评，出门时对孩子所作的漠不关心的耸肩动作。我们因认识到自己是活在肉体中，便有了悔改、重建以及更深的谦卑。

我们在加油站停下来，感受到一种属神的催促，要与加油站的服务员交个朋友，把他看作一个人，而不是一部自动操作机器。我们继续驾车前行，因我于圣灵所发动的行动有新的见地而高兴。整天都是这样过去的：这儿有一种感动，那儿有一种吸引，有时冲到我们老师面前，有时则落在他的后面。像一个学步的婴孩，我们借着成功与失败去学习，心中深信，有一位随时在侧的老师，借着圣灵引导我们进入一切的真理中。这样我们便理解了保罗所教导的"不随从肉体，只随从圣灵"究竟为何意（罗 8：4）。

停止肉体的活动，好叫圣灵的活动掌管我们的生活方式，这会影响到集体敬拜，也会使集体敬拜富有活力。有时候敬拜可以是绝对静默的。这是当然的，进到那位永恒圣洁之主面前，最好是带着一种敬畏的静默。这比心思不正、满口不停地说话、匆匆进到他面前来更加适当。圣经的劝勉是："惟耶和华在他的圣殿中；全地的人都当在他面前肃敬静默。"（哈 2：20）沙漠教父阿摩拿斯（Father Ammonas）写道："我所爱的，请看，我已经向你显明静默的力量，它如何彻底地医治，它对神是多么全然喜悦……圣徒是借着静默而成长……由于静默，神的能力住在他们中间；由于静默，神的奥秘向他们显明。"[10]

另一种进入敬拜的途径是赞美。《诗篇》是敬拜文献，其最显著的特色是赞美。"你们要赞美耶和华"乃是从一篇诗到另一篇诗的欢呼之声的回响。歌唱、欢呼、跳舞、欢庆、崇拜——这一切都是赞美的语言。

圣经催促我们，"常常以颂赞为祭献给神，这就是那承认主名之人嘴唇的果子。"（来13：15）旧约要求献公牛、公羊为祭。新约要求献感谢的祭。彼得告诉我们，作为基督新的君尊的祭司，我们要献上"灵祭"，意思是"宣扬那召你们出黑暗、入奇妙光明者的美德"（彼前2：5，9）。彼得和约翰离开公会，背上流血，口中赞美（徒5：41）。保罗和西拉使腓立比的监狱充满了他们赞美的歌声（徒16：25）。在上述两件事上，他们都献上了赞美的祭。

二十世纪最有震撼力的赞美是灵恩运动。神借着它把新生命和新活力吹进数以百万计的人心中。在我们的时代，耶稣基督的教会开始有了更大的觉醒，觉悟到赞美在敬拜中所占的中心位置。

在赞美中，我们才看出多么需要把情感全部投入敬拜中。全属头脑的敬拜其实是脱离正轨的。感觉是人性的合法部分，并且应该在敬拜中应用。这并不意味着我们的敬拜要压抑理性的机能，但它实在表明，单靠理性机能是不够的。正如保罗所教导的，我们要用灵祷告，也要用悟性祷告；要用灵歌唱，也要用悟性歌唱（林前14：15）。这也是说方言这种属灵恩赐的价值之一。它帮助我们超越纯理性的敬拜，进入相对内在的与父的交通。我们外在的心智可能不晓得所说的是什么，但内在的灵懂得。那是灵与灵的相通。

歌唱是推动我们进入赞美的另一个途径。它给了我们一种表达感情的媒介。借着音乐，我们表达喜乐、感谢。有超过四十一篇的诗篇吩咐我们"歌颂耶和华"。如果歌唱和赞美能结合在一起，它会使我们集中起来。我们会找到一个中心，我们支离破碎的悟性和心灵会汇成整体。我们便能对准神。

神要求的是涉及我们全人的敬拜。身体、悟性、心灵和情感都要放在敬拜的祭坛上。我们常常忘记，敬拜应当包括我们的身体、悟性和心灵。

圣经用身体动作去描述敬拜。我们译为**敬拜**的希伯来词的字义是"俯伏"。**祝福**的字义是"跪下"，**感谢**的字义"伸手"。在圣经里，我们找到各种与敬拜相联的身体姿势：俯伏、站立、跪下、举手、拍手、抬头、低头、跳舞、披麻蒙灰。要点是，我们要向神献上我们的身体，像献上其他一切一样。说敬拜是动作化的，并无不可。

我们在敬拜中向神奉献我们的身体，姿势要与内在敬拜的心一致。站立、拍掌、跳舞、举手、抬头，这些姿势都与赞美的灵一致。静坐、冷冰冰的表情，显然不适宜于赞美。跪下、低头、俯伏，这些姿势都与敬慕和谦卑的精神一致。

或许我们马上便会反对这样的教训。我们争论说："各人有不同的性情。那种方式可能对感性的人有吸引力，可是我本性是安静和保守的。那种敬拜方式不适合我的需要。"我们必须看到的是，敬拜的核心从来不是"什么适合我的需要"。真正的核心是："神要求怎样的敬拜?"很明显的，神要求全心全意的敬拜。我们期望全心全意的敬拜是身体上的，正如期望它是头脑上的一样合理。

往往我们"保守的性情"只是恐怕别人对我们有想法，或者不愿意在神和别人面前谦卑自己。人当然有不同的性情，但那绝不该妨碍我们以全人去敬拜。

说到这里，也要补充一下，身体的敬拜，绝不可用任何方法加以操纵。我们要彼此赋予自由，去回应神在我们心中的运行。在我见过的许多敬拜经验中，在任何指定的一刻，人们坐着、跪着、俯伏着，神的灵都会临到他们全体身上。有些人流露深深的情感，其他的人完全没有什么外在的征兆，不过大家都在神的灵覆庇之下。"基督释放了我们，叫我们得以自由，所以要站立得稳，不要再被奴仆的轭辖制。"（加5：1）

当然，做了我所描述的一切事之后，却从未进入敬拜之内，也是可能的，但它们能够提供最低限度的途径，叫我们把自己放在神面前，好叫心灵受触摸而得自由。

进入敬拜的步骤

敬拜是我们要做的事。研究敬拜神学，辩论敬拜的方式都很好，但这还不足够。追根究底，我们需要借着敬拜学会敬拜。在此我提出一些简单的步骤，希望它们在敬拜的经验中会有帮助。

第一，每天都作神同在的练习。真正尝试依从保罗的话："不住地祷告。"（帖前5：17）每一刻都用内在的敬慕的微声、赞美和感谢去加强。有私下的时间作内在的敬拜、认罪及查经，注意基督——你随时的教师。这一切都会提高你在集体敬拜中的期待。因为共同敬拜的经验，只是你整个星期所作的事情的延续和加强而已。

第二，尝试许多不同的敬拜经验。单独一人时，敬拜神。举行家庭聚会，不是单为查经，也为敬拜本身。集合两三个人的小组，学习献上感谢祭。许多事情能够在小型聚会中发生，而不能在较大的敬拜聚会中产生，就是因为人数少的缘故。这一切小的敬拜经验会影响较大的主日敬拜，使它更加有力。

第三，找寻方法，为共同的敬拜经验作真实的准备。在星期六晚便开始准备，早点睡觉，作内在的省察和认罪，先看一遍星期日要唱的诗歌和要读的经文，在正式敬拜前早点聚集，让整间教堂充满神的同在，把内在的杂念摒除，好叫你能够真正参与。

第四，甘心乐意被收聚在主的权能之下。那是说，作为个人，我必须学习放下自己的计划、自己的关注，我要自己蒙福，要听到神的话。共同团契的语言不是"我"，而是"我们"。要顺从神的道路，在基督徒团契中要彼此顺服。渴望神的生命在群体中兴起，不单是在个人里面兴起。如果你祈求属灵恩赐的显明，它不一定要临到你自己身上，而可能临到任何人，如果神喜欢，也可以临到整个群体。有一样的心思，有一样的意念。

第五，培植圣洁的倚赖。圣洁的倚赖的意思是，在将要发生的重大事件上，你彻底而完全地仰赖神。你内心痛苦纠结，切望邪恶被削弱，良善被兴起。你渴望神有所行动，有所作为，有所教导，有所求取，有所胜利。工作是神的，而不是你的。

第六，以感激之心接纳分心之事。如果有噪音或令人心烦的事，与其因它而急躁和气愤，倒不如学习接受它，克服它。如果小孩子跑来跑去，祝福他们。为他们活泼而精力充沛感谢神。乐意面对烦恼——它们可能是从主而来的一个信号，然后放松心情。在讲道的时候，我喜欢有婴儿和小孩在会众中，因为有时他们是我唯一能够肯定仍然醒着的人！学习接纳在一个共同敬拜的经验中所发生的任何事，不要觉得那些分心之事妨碍了你敬拜神。

第七，学习献上敬拜的祭。许多时候你会"觉得"不想敬拜。也许以往你已经有了太多失望的经验，以致觉得并不值得花时间去敬拜。但你无论如何都要去。你需要献上敬拜的祭。你需要与神的子民在一起，并说："这些是我的同路人。虽然我们可能顽梗、硬心、罪恶满身，但我们要一同到神面前来。"许多时候，我们不觉得想要敬拜，而我们必须跪下说："主啊！我不想敬拜，但我渴望将这时间献给你，它属乎你。我会为你'浪费'时间。"

潘宁顿（Isaac Pennington）说，当人们聚集作真实的敬拜时，"他们好像一堆燃烧正旺的煤，彼此激发温暖，有一股伟大的力量、新鲜感和生命的活力涌进集体。"[11]一块木头本身不能烧多久，可是当许多木头放在一起时，即使是劣质的木头，仍能生起熊熊烈火。请谨记，《箴言》27：17的劝勉："铁磨铁，磨出刃来。"即使相当愚钝的生命，如果愿意尝试，都能彼此帮助。

所以，去吧！即使你觉得不想去。去吧！即使以前的敬拜令人灰心及枯燥乏味。去吧！献上祷告。去吧！存期望的心。去吧！仰望神在你们中间做一件又新又活的事。

敬拜的果效

正如敬拜以神圣的期待开始，它也以神圣的顺服结束。如果敬拜没有激励我们更加顺服，那便等于没有敬拜。侍立在永恒的圣者面前，为的就是改变。当我们进入他恩典之光中，心中便不能长久怀恨。正如耶稣所说的，我们必须把供物放在祭坛上，"先去与弟兄和好"（太5：23—24）。在敬拜中，一种持续增长的力量会悄然进入内心的圣所中，一种持续增加的同情在灵魂里增长。敬拜就是改变。

圣洁的顺服拯救敬拜，使它不致成为麻醉剂，不致成为对现代生活的逃避之法。敬拜使我们能够清楚听见服事的呼召，以致我们回应说："我在这里，请差遣我！"（赛6：8）真实的敬拜会激励我们参与羔羊的战争，去抗拒各处的鬼魔势力，在个人层面上，在社会层面上，在机构层面上。神的羔羊耶稣是我们的元帅。我们领受了他叫我们服役的命令便出发。"……征服……又征服……用真理的话……以爱报恨，与神一同与敌人角力，昼夜流泪祷告、禁食、举哀，伤恸，在忍耐、忠心、真理、真诚的爱、恒久的忍耐之中，又在圣灵的一切果子中，叫我们借着各种方法，去以善胜恶……"[12]在一切事上，又在一切方法中，我们确切地按照基督所说的去做，因为我们有一种圣洁的顺服，那顺服是从多年的敬拜经验中培植出来的。

史伯理（Willard Sperry）宣告："敬拜是现实生活中的一场

刻意的、有准备的冒险。"[13] 它与胆怯和喜欢安逸之人无份。它
牵涉到一种敞开自己的、圣灵里的冒险生活。它使一切敬拜的
附属物，如圣殿、祭司、仪式、庆典都变得无关紧要。它涉及
的是意愿，就是甘心乐意，"当用各样的智慧，把基督的道理丰
丰富富地存在心里，用诗章、颂词、灵歌，彼此教导，互相劝
戒，心被恩感，歌颂神。"（西 3：16）

进深研究

据说，圣法兰西斯有一次"在灵里大有喜乐，他仰脸向
天，站立一段很长的时间，让他的心思融会在神里面"。他进入
了敬拜之内。

诺威奇的朱利安娜被提进神里面，喊着说："我寻找他，也
看见他；我需要他，也得到他……他被寻求，也被找到；被等
候，也被信靠。"她进入了敬拜之内。

敬拜是一个实存，一份经历。当我们说举行一次"敬拜礼
拜"时，我们通常是指敬拜的各种元素——唱诗、读经、讲道、
圣餐、公祷。这一切可能**引导**我们去敬拜，但敬拜远超乎这些
表达方式中任何一个。表达是重要的，因为它们是神施恩的媒
介，不过我们很可能做了这一切而没有敬拜。

敬拜集中于对实际的体验。任何引导我们进入神面前的东
西都应欢迎。任何妨碍我们与活的基督真正相遇的东西都要避

免！圣经对敬拜有所要求，例如：认罪、渴慕、宣信等。不过，圣经没有规定我们要奉行任何普世性的敬拜形式。我们要委身投入的只是真实——真的敬拜、真的认罪、真的赞美、真的爱慕。如果某种特别的形式，在某一特定的时间中，能把我们更充分地带进敬拜，我们有自由采用它们，否则就徒有形式。我们有自由采用最高的仪式，或者完全没有固定的仪式，或者二者中间的任何仪式，只要它们能带我们进入真正的敬拜。敬拜的方式必须服从敬拜的实际。

惟独基督是敬拜的带领人，他要决定什么是需要的，什么时候有这需要。我们应该认识并欢迎一切属灵恩赐的自由运用，只要它们是被圣灵所运用和指挥。基督把他的话放进他所拣选的任何人口中，而他也在属他的团体的成员心中证实同样的话。如果有任何不当的话出现，他会兴起一位先知，作必要的改正。

这一切强调实际大过形式的、冠冕堂皇的话，可能令你觉得，我认为敬拜仪式没有多少用处。这种想法大错特错。如果我们把敬拜具体化，仪式是绝对重要的。人是有限的，必须有形式。所以，我们把身体、心思和灵性带到神面前，将他配得的荣耀归给他。我们献上嘴唇的祭——我们的歌唱，我们的赞美，我们的宣信，我们的认罪。我们向他献上身体的祭——我们聆听的心，我们的圣餐礼仪，我们顺服的生活。无论觉得是否想做，都要做这些事，这是很重要的。来到一个敬拜聚会之中时，我常常必须诚实地承认："主啊！我不觉得想来敬拜，我不觉得自己是义人，我很疲倦，身体和心灵都觉困扰，但我要把这时间献给你。因此我要歌唱和祷告，我要聆听并祈求，求你怜悯，释放我的心灵来敬拜你。"当我这样做的时候，经常在我里面有些东西似乎被放下：也许是一个旧日的恐惧获得释放，或者一点怨恨，或者可能只是不愿到神面前来的心。当这些情况出现时，唱诗、读经、认罪、宣信、领受圣餐便引导我进入赞美和崇敬中，这情况又转而打开内在的灵魂圣所，进入敬拜中。

在此情况中，让我提起一种敬拜方式，这种方式有极古老的传统，也适合今天的敬拜，那就是跳舞。整整有一千年的时间，基督徒在唱许多圣诗时都配以一种简单的舞步叫做"*tripudium*"。它与任何 2/2、3/4、4/4 拍的诗歌都配合得很好。当唱诗时，参加敬拜的人会前进三步，后退一步，再前进三步，后退一步。这样做的时候，基督徒实际上是用他们的脚去宣扬一种神学。他们在宣告基督在一个邪恶的世界中的胜利，这种胜利使教会前进，但并非没有挫折。这种用身体去敬拜的简单方式，能够在任何人数的非正式敬拜中采用，甚至可以在教堂中采用，假如座位中间的通道够宽阔，可以容纳三或四个人并排而行，那么敬拜的人在教堂就可以一边唱那伟大的圣诗，一边绕着教堂前进。

最要紧的是，敬拜引导我们靠近基督这一核心，正如伯尔纳铎的美妙形容：

> 耶稣基督，喜乐大爱，
> 生命之泉，人类之光；

世间所存，最美福祉，

我们再次，全心归你。

读经日程

- 星期日：用心灵和诚实敬拜（约 4：19—24）

- 星期一：圣餐：敬拜的精华（约 6：52—58、63）

- 星期二：敬拜的生活（弗 5：18—20；西 3：16—17）

- 星期三：被高举的主（赛 6：1—8）

- 星期四：向主歌唱（诗 96 篇）

- 星期五：一切受造物的敬拜（诗 148 篇）

- 星期六：羔羊配受敬拜（启 5：6—14）

研讨题目

1. 我们怎样培养"神圣的期待"？

2. 在本书中我说："神主动寻找敬拜者。"你曾否有过这样的
   意识，觉得神好像要把你找出来，吸引你进入与他的团契
   和分享中？

3. 十七世纪的贵格会神学家巴克雷（Robert Barclay）曾说，
   贵格会的敬拜体验是"聚集在主的权能中"。他显然是指，
   他们不单是聚集在同一个房间中。试讨论这句话的意义，

如果你同意这意义，试考虑你能够做什么，使你在本地教
会敬拜时，在这意义上能有更丰富的经验。

4. 你曾有过什么方式的敬拜经验，是你觉得特别有意义的?
   这些特别的敬拜方式与其他敬拜方式比较，为什么对你特
   别有意义?

5. 试评论我那颇为大胆的宣言，即圣经没有规定我们一定要
   依从某种普世性的敬拜方式。你认为有什么敬拜方式是普
   世不同文化、不同时代的基督徒要一致奉行的吗?

6. 你认为，那种有一定形式的敬拜仪式，如圣公会的敬拜，
   与比较不拘礼的敬拜方式，如美南浸信会的敬拜，两相比
   较，各有什么优劣?

7. 如果你真的相信基督是永活的，并且与他的子民真实地同
   在，那么我们的敬拜会产生什么实际的改变?

8. 你认为，属神的狂喜经验是敬拜的中心，抑或是敬拜的外
   围事物，会对敬拜会产生破坏性的影响?

9. 为了打开敬拜之门，叫你的敬拜更有效，你可（与神）立
   什么样的盟约?

10. 我写道:"正如敬拜以神圣的期待开始，它也以神圣的顺服
    结束。"这句话对你下星期的敬拜有何意义?

推荐阅读

- Adams, Doug. *Congregational Dancing in Christian Worship.*
  Austin, Tex.: The Sharing Co., 1971.

  本书详述了教会历史上的舞蹈。

- Alexander, Paul. *Creativity in Worship.* Basingstoke: Marshall
  Pickering, 1987.

  本书作者鼓励基督徒,把新的生命和活力带进敬拜中,并
  且显明,在敬拜聚会中如何采用艺术性的方法,而不必改
  变基本的架构或者敬拜的传统。

- Emswiler, Thomas Neufer, and Sharon Neufer Emswiler.
  Wholeness in Worship. San Francisco: Harper & Row, 1980.

  一本切合当代的实用著作,能为过于理性的敬拜带来激情,
  又为过于感性的敬拜带来深度。

- Fellingham, David. *Worship Restored.* Eastbourne: Kingsway,
  1987.

  本书提供了有关敬拜的圣经观点,以及实际的指导,指出
  敬拜的圣经根据,具有创新性,并且说明这种创新能复兴
  教会的生命。

- Kelly, Thomas. *The Eternal Promise.* New York: Harper &
  Row, 1966.

  凯利的专文"The Gathered Meeting"被收录在这本书里,
  它恐怕是贵格会在整个二十世纪里最有力的一篇有关敬拜
  的文章。

- Kendrick, Graham. *Worship.* Eastbourne: Kingsway, 1984.

这是一本实用的书，取材于作者本身的经验，旨在帮助所有基督徒，在他们的敬拜中找到更大更深的意义。（中文版：葛理翰·肯狄著，《敬拜》，史济兰译，台北：橄榄文化事业基金会，1995年。——编注）

- Nee, Watchman. *Assembling Together.* New York: Christian Fellowship Publishers, 1973.

  本书是有关敬拜生活的实用指导。

- Steere, Douglas V. *Prayer and Worship.* New York: Association Press, 1940.

  一位当代属灵巨人的著作，细致地探讨了个人敬拜和集体敬拜。（中文版：史提尔著，《祈祷与崇拜》，黄培永译，香港：基督教教辅出版社，1957年。——编注）

- Underhill, Evelyn. *Worship.* Westport: Hyperion Press, 1980.

  一位重要的灵修作家所讲述的敬拜准则。

- White, James F. *Christian Worship in Transition.* Nashville, Tenn.: Abindgon, 1976.

  本书提供了大量的实证，为敬拜奠定了历史和神学方面的基础。

- White, James F. *New Forms of Worship.* Nashville, Tenn.: Abingdon, 1971.

  本书给想要学习敬拜的人提供了实际的指导，作者是柏金斯神学院（Perkins School of Theology）的基督教敬拜学的讲师。

12　引导的操练

> 住在神的生命、仁慈、全能和智慧中，彼此
> 合一，也与神合一。神的平安和智慧充满你们的
> 心，除了在主神那里的生命以外，没有什么东西
> 在你里面掌权。

> ——乔治·福克斯

在我们这个时代，天地都翘首期待由圣灵引导、圣灵浇灌、圣灵加力的子民的出现。一切受造物都以期待的心情指望着一群训练有素、自由聚集、勇于殉道的人兴起，这群人在此生就认识到神国度的生命和能力。这样的人曾出现过，以后也会再次出现。

是的，在全世界的各种运动中，我们已经开始看到一些由圣灵所引导的使徒式的教会涌现出来。许多人开始有了一种深刻而奥妙的"以马内利"的经验——就是神与我们同在的经验；他们有了一种知识，晓得在圣灵的能力中，耶稣正在亲自引导他的子民；他们有了一种蒙他引导的经验，这种引导像日间的

云柱、夜间的火柱那么确定，那么接近。

不过，单单认识来自圣灵直接的、主动的、亲密的引导，是不够的。个人所得的引导需要服务于团体所得的引导。因此我们需要有一种**集体式**的来自圣灵直接的、主动的、亲密的引导。当我说"团体的引导"，我不是指着机构和团队来说的，而是指着有机运转的整个属灵实体而言。教会会议和宗派教令不能代表它。

我们这个世纪关于属神引导方面的教导，在团体引导方面显然不足。在个人引导上，我们有极好的教导，说明神如何借着圣经、理性、环境、圣灵在个人心中的激动来引导我们。即使特殊的个人引导——借着天使、异象、梦、异兆等方法，我们也拥有谈论这类事的较好的资源。但是，关于神如何引导他的全体子民——基督的身体，我们却听得极少。对这个题目的研究处一片沉寂之中。

正因这样，我决定将引导的操练列入团体的操练中，并且强调其共通的层面。神能给个人以丰富而深刻的引导，照样，他也能引导一群人，并借着对团体的引导去操练个人。[*]

在一方面，我们很容易只注重个人在私下得到的引导，这也许是西方个人主义文化的影响，并不是神的子民一直以来的生活方式。

神引导以色列人从奴役中得释放，把他们**视作一个民族**。

---

[*] 有关个人引导的最佳作品之一是：Dallas Willard, *In Search of Guidance*（Ventura, CA: Regal Books, 1984）。（中文版：魏乐德著，《上帝的声音》，邬锡芬译，台北：校园书房，2005 年。——编注）

每个人都看见那云柱和火柱。他们不是独自前来，不是一些个别的人偶然地开始朝同一方向走；他们乃是在神主权统领之下的子民。他与他们同在，像孵育幼雏那样覆庇着他们，使他们感受到奇妙的亲密关系。然而，百姓很快便发觉，神直接的同在委实太可怕、太荣威，便祈求说："不要神和我们说话，恐怕我们死亡。"（出 20：19）于是摩西成为了中保，开启了先知这一伟大职分的服事。这职分的责任是聆听神的话，把它带给百姓。虽然这背离了圣灵对团体的带领，但还是保持了神治下的子民共同体的意识。只是后来的以色列人拒绝先知，要求设立君王统治他们。从那时起，先知变成了外人，成为在旷野呼喊的孤独者，时常处在人群之外，人们有时听从他们，有时杀害他们。

神耐心地预备一群子民，直到日期满了，耶稣来到。因着他的来临，一个新的纪元开始。再次有一群子民聚集起来，他们会活在圣灵直接的管治之下。耶稣以柔和的毅力向他们示范，让他们明白回应父神的声音是什么意思。他教导他们说，他们也能听见从天上来的声音，而且当他们同在一起时听得最清楚。"若是你们中间有两个人在地上同心合意地求什么事，我在天上的父必为他们成全。因为无论在哪里，有两三个人奉我的名聚会，那里就有我在他们中间。"（太 18：19—20）

这里显出耶稣的权威，也是给予门徒的一个保证。保证当人们真诚地奉他的名聚集时，就能够辨别他的旨意。监督他们的圣灵会用不同信徒之间的不同意见作为制约与平衡，以此保证，当他们心灵的节拍合一时，与父的心意也便相合。当他们获得保证，知道确实聆听了真正牧人的声音时，也便能够满有权威地祷告和行动。他的旨意加上他们合一的心，便等于权威。

尽管耶稣受到了自己的百姓排斥，在城外被钉十字架，但还是有一部分人接受他的统领。他们成为被招聚的子民。"那许多信的人都是一心一意的，没有一人说他的东西有一样是自己的，都是大家公用。使徒大有能力，见证主耶稣复活。"（徒4：32—33）他们成为一个火热的见证队伍，到处宣扬说，可以听见基督的声音，又要遵行他的旨意。

也许那个火热的、鼓舞人心的团契之最令人惊奇的特色，是他们对团体引导的觉悟。这一点在他们差派保罗和巴拿巴周游罗马帝国、宣扬神国福音一事上得到阐明（徒13：1—3）。当好些人聚在一起，经过一段相当长的时间以后，他们的呼召便来到。那里面包括了祈祷、禁食和敬拜的操练。当他们成为一群准备好的子民时，神的呼召从他们共同的敬拜中产生："要为我分派巴拿巴和扫罗，去作我召他们所作的工。"（徒13：2）

今天的我们虽然已经有了许多现代化的方法去征募传教士，但若认真注意这种团体的引导的例证，我们仍会获益良多。我们尽可鼓励不同的群体，让他们甘心乐意共同禁食、祷告和敬拜，直到辨认出主的旨意，听见他的呼召。

早期教会在团体的引导下解决了当时最具爆炸性的问题（徒15章）。有些自作主张的基督徒到安提阿去，宣传所有基督徒都必须行割礼。这问题绝不是无关紧要的枝节问题。保罗立即看出，这等于让犹太人的文化辖制教会。

受委派的长老和使徒以主的权柄聚集在一起，不是运用手段作地位之争，或者偏袒一方去对抗另一方，乃是要聆听圣灵的心意。那不是一件微小的任务。他们经过激烈的辩论，然后彼得述说他在意大利百夫长哥尼流家的经历。这是个美好的例子，我们从中可以看见，个人的引导如何对团体的引导产生影响力。当他叙述时，一直孵育着他们的神的灵显然做了一件奇妙的事。当他述说完以后，全体会众都"默默无声"（徒15：12）。最后，这群聚集在一起的教会领袖，挣扎着获得了合一的心志，我们必须称它为从天上而来的荣耀的合一。他们同心一致拒绝文化性的宗教，坚持耶稣基督永远的福音。他们作结论说："因为圣灵和我们定意……"（徒15：28）他们曾经面对那个时代最困难的问题，而辨认出从上头而来的声音。那是《使徒行传》的高潮之一。

那一次事件，不单是一个问题的胜利解决，也是解决问题的方法的胜利。作为子民共同体，他们已经决定在圣灵直接管治下过活。他们同时拒绝了极权主义和无政府主义的观念，甚至拒绝了少数服从多数的民主精神。他们敢于根据圣灵的统治而生活，不是倚靠百分之五十一多数票来做决定，不需相互妥协，而是圣灵引导下实现合一。而且他们办到了。

在群体中辨认神旨意的那些经验，无疑对保罗理解教会为基督的身体有极大的影响。他看出，圣灵的恩赐由圣灵赐给基督的身体，以致必须确保肢体之间的互相仰赖。没有一个人拥有一切恩赐，即使最成熟的人也需要别人帮助。最无足轻重的人也能作出一些贡献。没有一个人能够在隔离和孤立的情况中听见神全部的忠告和指示。

可悲的是，到约翰获得他在《启示录》中所记伟大异象的时候，信徒团体已经渐渐冷淡下来。到了君士坦丁时代，教会则愿意接纳另一个属人的君王。不过，这种异象没有死去，在各个世纪都有一些团体聚集在一起，接受圣灵的管治。今天我们又看到这样的聚集，为此我们感谢神。

一些范例

使徒时代那群人并非从地面一跃而达到令人目眩的圣灵管治的高峰，我们也不会这样。多数的情形都是按部就班、渐渐达到那境界，有时向前移动一点，有时又后退一点。不过，当五旬节到来的时候，他们已是一群准备好的子民。

一旦了解了在圣灵直接治理下所带来的强烈感动，我们可能会产生一个具有破坏性的想法："听上去太棒了，从明天起我就要开始过那种生活！"这样急迫的热心会把自己的生活弄得一塌糊涂，还会殃及身边的人。所以，与其立刻出发去征服世界，大多数人最好还是保持适度的步调。我们所能学习的一种最好的办法是，看看那些曾经共同努力寻求听见从上头而来的声音的人，能为我们提供怎样的样板。

其中一个最可爱的例子，是那个"从阿西西来的可怜小修士"圣法兰西斯。法兰西斯似乎对下面一件事曾有"极大的纠结"：究竟应该按照当日的普通习惯，把自己完全奉献在祷告和默想上呢，还是同时从事宣道的事工？法兰西斯明智地寻求忠告。"由于在他里面的圣洁谦卑，不容许他相信自己，或者自己的祷告，于是他谦卑地转向别人，以求在这事上知道神的旨意。"

他送信给最信任的两位朋友，一位是嘉拉修女（Sister Clare），另一位是萧特弟兄（Brother Silvester），请求他们找一位"更加清洁、更加属灵的同伴"，与他们一同寻求神在这事上的旨意。他们立即一同祷告，而嘉拉修女和萧特弟兄都获得了同样的答案。

当使者回来时，圣法兰西斯首先洗那位使者的脚，给他预备饮食。然后跪在使者面前问他说："我的主耶稣基督吩咐我做什么？"使者回答说，基督已经启示说，"他要你到世界各地宣道，因为神不单为你自己的缘故呼召你，也为了别人的拯救。"法兰西斯接受这信息，作为不容置疑的基督耶稣的话，站起来说："好的，让我们去吧——奉主的名。"于是他立即出去宣道。法兰西斯这一方针，带给早期的法兰西斯修会（即方济会）一种不平凡的结合，即神秘主义的默想与传福音的热诚的结合。[1]

在那次的经验中，法兰西斯不单是寻求有智慧的顾问之忠告，也寻求一种开启天门的方法去显明基督的心意，而他立即按照那指示而行——使所有被他服事的人大得帮助。

另一种团体引导的模式可以在"厘清祷告会"（meetings for clearness）中找到。这些聚会是特别为了寻求圣灵在一些个

人问题上的心意而召开的。不久以前，有一位极有恩赐的青年
向我请教有关他前途的事。他已经大学毕业，正为是否应该准
备做牧师而挣扎。他参加了所有职业测验和指导的课程，但仍
旧未能做出决定。我确实不晓得什么是对他最好的，因此建议
他召集一次祷告会去厘清这问题。于是他邀请一群很了解他、
灵命成熟且坦诚相待的人。这次聚会没有得到什么惊天动地的
异象，可是那天晚上的敬拜分享后，一个支持团体形成了。经
过一段时期以后，这位青年的恩赐和呼召获得证实，今天他已
经在教会里做了牧师。

　　一个在这一方面的先驱者是华盛顿救主教会。当任何会友
觉得，神引导他或她建立一个特别的事工团队，或从事某一特
别领域的服事时，他们会"发出呼召"（sound the call）。其方
法是，在敬拜聚会结束时，那位感到呼召的人，会将异象与
会众分享。然后所有乐意留步的人，都欢迎与当事人晤谈，去
"查验这呼召"（test the call）。他们共同细察这问题，祷告、询
问、查考。有时他们会获得一种感动，觉得这种呼召乃是不正
确的热心之产物，于是把它放弃。又有时，这呼召被团体的祷
告和交流而证实。也许在这房间中有别人也被吸引，觉得这呼
召是给他们自己的，于是便组成了一个"委身团"（company of
the committed）。

　　在个人最重要的事务上，也可以在信徒团体中得到引导的
印证。不久以前，有两个人到我们团体中说，他们感受到主的
带领，要他们结婚，想获得来自圣灵的团体的印证。我们请了

几位我们知道的、对这两人非常了解的人与他们会谈。他们的
报告说：[*]

> 为了讨论马克和贝琪的婚事而召集的特别团
> 契，在与他们二人的交通之后，我们很高兴写下
> 这篇积极的报告。
>
> 我们见到了马克和贝琪，度过了无比愉快的
> 一晚，彼此交流，共同祷告。我们分享了神为人
> 设立家庭的认识，乃是他造人时的一个核心安排，
> 以及这种关系是多么神圣不可侵犯。我们感受到
> 了马克和贝琪倚靠神引导的心志。他们预料到可
> 能会遭遇的各种难题，也很成熟地认识到成功的
> 婚姻系于持续不断的彼此委身以及向主的委身，
> 这些都让我们十分感动。
>
> 我们愉快地建议教会认可马克和贝琪的意愿。
> 我们觉得，当他们在神所定的关系中喜结连理时，
> 他们在各自的原生家庭和教会中所学到的祷告和
> 相爱的心，一定会在其新建立的家中体现出来。
>
> 我们对马克和贝琪有一种特别亲切和温暖的
> 感觉。我们期望在一种牧养的关系中，这种感受
> 会继续保持。我们还对那些考虑结婚的男女推荐
> 这个先例。

公事上的决定，也可能在圣灵的团体引导中进行。贵格会
多年来一直都这样做，而且证明过这种做法是可行的。公事聚

---

[*] 我在下面所讲述的故事，是征得了两位主人公马克和贝琪的同意。

会应被看作敬拜聚会。所能获得的资料可以提出来讨论，大家都抱着一种聆听基督声音的态度。资料只是决定过程中的一方面，它们本身并非决定性的。圣灵可能引导我们走与资料指向相同或者相反的道路。当我们选择了正确的道路时，他会在我们心中培养合一的心志；当我们没有正确地听见他的声音时，他会使我们良心不安。团体引导的原则是合一而不是多数决定。由圣灵所赐的合一超乎纯粹同意之外。它是一种领悟——知道我们已经听见神的声音。

1758 年发生的一件事，可作为一个典型的、活泼的例证。约翰·伍尔曼等人谴责贵格会牵涉邪恶的奴隶制度，刺痛了会众的良心。当贵格会的费城年会召开后，讨论当年事务时，奴隶制度成为一项主要的议案。这个问题事关重大，引起了激烈的争论。伍尔曼在好几次聚会中都静坐聆听，俯首无言，热泪盈眶。末了，经过好几个钟头痛苦的祷告，他站起来说："我的心思蒙引导，思想神的纯洁以及他的审判之公义，在此我的心灵被敬畏之情所覆盖……在这个大陆上有许多奴隶受压迫，他们的呼喊已经进入至高者的耳中……如今不是拖延的时候。"伍尔曼坚定而温和地处理这些由"某些人的私人利益"以及"并非建立在不变的根基上的友谊"而来的问题。他以一种先知性的勇气警告年会，假如年会不"坚定不移地"去做他们分内的事，那么，"神可能在这事上以可怕的公义回应我们。"[2]

由于这种热切的见证，结果整个年会都融合在合一的精神中。大家异口同声地回应，要在他们当中废除奴隶制度。约翰·惠蒂埃（John Greenleaf Whittier）说，那次聚会"永远应被看做基督教史上最重要的教会会议之一"。[3]

　　贵格会信徒乃是唯一要求奴隶主要按照奴隶服役的时间给予金钱补偿的团体。了解这一点，我们对那次聚会的联合决定便更觉感动。[*]另一令人注意的事实是，在圣灵的驱策之下，贵格会信徒自动做出了反对奴隶制度的革命领袖，如乔治·华盛顿（George Washington）、托马斯·杰斐逊（Thomas Jefferson）、帕特里克·亨利（Patrick Henry）——都不愿意去做的事。1758 年的联合决定产生了那么大的影响力，以致早在美国独立之前，贵格会已经完全取消了奴隶制。

　　世界各地兴起的许多基督徒团体都已发现，借圣灵的引导而决定公共事务是真实可行的。例如，伊利诺伊州的利巴地团契（Reba Place Fellowship）、纽约的弟兄社区（Society of Brothers）、德国达姆施塔特的马利亚姊妹会（Mary Sisterhood），这些团体的性质虽然不同，但都根据圣经所引导的合一去经营公共事务。在处理问题时，他们都有一种认定圣灵的心意是可被知晓的确信。他们奉基督的名聚集，相信他的旨意会在他们中间具体显明。他们所寻求的不是妥协，乃是神所赐的同一意见。

　　有一次我去参加一个公事聚会。会中约有两百人，大家热烈地辩论一个问题。虽然有极端不同的意见，可是每个人都诚

---

[*] 所付出的款项之准确数目不详，尽管当时的惯例是以年薪来计算。在向下议院呼吁废除奴隶制度的呈文中，卜斯顿先生（Mr. F. Buston）提到，北卡罗来纳州的贵格会信徒花费了五万磅，只为释放他们的奴隶。

恳地渴望听见并顺服神的旨意。经过一段相当长的时间以后，除了少数几个人以外，大家都渐渐有了同一方向的感受。最后这几个人中有一位站起来说："我感觉这一行动的方向是不对的，但我希望你们会对我有足够的爱心，与我一同刻苦寻求，直到我也与你们同样感知到神的引领，或者直到神给我们另开一条道路。"这一呼吁在团体中得到了温柔的回应。

作为一个外来的观察员，我被这群人深深感动。在大堂里，到处都有小组聚在一起，彼此分享、聆听、祷告。当他们终于克服困难、获得一致决定时，我对他们处理问题的方法更欣赏了。在这种方法中，基督徒"用和平彼此联络，竭力保守圣灵所赐合而为一的心"（弗4：3）。这种表达出团体引导的中心作用的方式，可说是今天最健康的属灵活力的记号。

属灵的导师

在中世纪，即使最伟大的圣徒都需要一位属灵导师，才能进入内在旅程的深处。今天，除了在天主教的修道院中，这种观念极少有人了解。这是一件可悲的事，因为属灵导师对现代处境中的人依然是极其有益的。它是一种美好的展示：我们能够借着自己的弟兄和姊妹的帮助而获得属神的引导。

属灵导师的传统可以在历史中找到模范。最初，许多属灵导师是沙漠教父，人们非常尊崇他们"辨别诸灵"的能力。许多时候，人们会在旷野中长途跋涉，只为了聆听来自沙漠教父的一句短短的忠告，一句"拯救之言"。就这么一句话，能总括出神在他们现实的具体处境中，对他们的旨意和判断。《沙漠教父言行录》（*Apophthegmata*）有力地说明这种属灵指导的单纯和深度。十二世纪的英国有许多熙笃会的平信徒弟兄，在辨别和引导人心的能力上都有杰出的表现。

属灵导师是干什么的？十七世纪本笃会的神秘主义者贝克（Dom Augustine Baker）写道："简言之，他只是神的引座员，必须引导人行在神的道路中，而不是行在他自己的道路中。"[4]他的指导只是简单清楚地引导我们到真正的导师那里。他是神所用的工具，去开启一条道路，引人进入圣灵的教导中。

他全然且单单倚靠圣灵，只靠个人的圣洁的力量来引导。他不是某种较高的或教会指定的权威。人与导师的关系，只是顾问与朋友的关系。虽然导师显然在内在的深度上有较深的修养，可是这两个人仍旧在圣灵的境界中一同学习，一同成长。

上面论到"灵魂"和"心灵"的说法，可能让你觉得，属灵的引导只是处理我们生活中一个小小角落里的问题。那样的话，我们前往一位属灵导师那里去，请他照顾我们的心灵，正如去一位眼科医生那里，请他照顾我们的眼睛一样。这种见解是错误的。属灵的引导是关乎你整个生活和一切关系的。有位俄国属灵导师，人们批评他把太多时间用在热诚地指导一位老年农妇怎样照料她的火鸡。牟敦反驳说："完全不是。她**整个生活**就在于那些火鸡。"[5]属灵的引导，注重把神圣的意义放进具体的日常生活里面，如高萨德所说，我们需要参与到"眼前这一刻的圣事"之中。[6]"你们或吃或喝，无论作什么，都要为荣耀神而行。"（林前 10：31）

属灵的引导首先是从自然的、自发的人际关系中产生。那种阶层性、组织性的制度不一定有益于这种关系，反而时常有破坏作用。属乎基督徒团体的平常关怀和分享，乃是属灵引导的起点。从他们那儿，借着互相的顺服和服事，会涌流出"国度的权威"（kingdom authority）。

属灵导师必须是一位对自己达至一种舒适地接纳的人。就是说，一种真正的成熟必须渗透那个人生命的每一部分。这样的人不会因时间的改变而动摇。他们能够春风化雨地改变周围的自私、平庸和冷淡。他们没有成见，也不为别人的成见所动。他们必须有同情和献身的热诚，必须接受某些作父母的责任，像保罗一样，把提摩太看作他"亲爱的儿子"（beloved child）。他们的爱必须是一种坚韧的爱，不能随便纵容对方。他们也应该对人的心理有足够的认识，不会因对方下意识的和幼稚的需要而顺势变成一种辖制对方的权柄。

属灵导师必须走在那内在的旅程中，并且愿意分享他们自己的挣扎和疑难。他们必须认识到双方是一起效法耶稣基督——那位时刻与他们同在的导师。

这样的关系如何去得到呢？正如神国度中其他一切需要一样，它是借着祷告去得到。把我们的情况带到神面前，忍耐等候他向我们显示他的办法。如果他邀请我们向某人说话，或者作某种安排，我们就愉快地服从。这样的关系可以像一些修道院中的次序一样正式，不过也不是一定需要这样。如果我们有足够的谦卑，相信能从弟兄姊妹那里学习，并且相信有些人比我们更靠近神，那么我们便能认同属灵指导。正如利巴地团契的沃格特（Virgil Vogt）所说的："如果你不能听你弟兄的话，也便不能听圣灵的话。"[7]

此外，我们该晓得，属灵的引导有许多方式。这样的认识于我们有益。讲道是属灵引导的一种方式，许多小团体的服事又是另一种属灵引导的方式。约翰·卫斯理设立了"班会"（class meetings）和"队伍"（bands）作为属灵引导的方式。圣经本身也具有属灵引导的功能，因为我们以祷告的心去阅读圣经时，便潜移默化地越来越有基督的形象。

牟敦在反省这种服事对历代基督徒的价值时说，属灵导师好像"一位属灵的父亲，在他门徒的心灵里面'生出'完全的生命。这首先借着他的教导，也借着他的祷告，他的圣洁和榜样。他乃是……主在教会团体中同在的一种'圣印'"。[8]

团体引导的局限

我们都知道，团体的引导像个人的引导一样，也存在着危险。也许最可怕的危险，是被团体的领导人所支配和控制。如果团体的引导不是在较大的、渗透一切的大范围恩典中进行，就可能退化成矫正人行为的一种手法。它会成为一种类似魔术的法则，借着它，领导人能把他们的旨意硬生生地加在个人身上。它也会成为一种认信制度，借着它，所有不同的意见都强行成为一致。

这种被滥用的、支配人的做法，会使新鲜的属灵活力窒息。先知以赛亚告诉我们，弥赛亚不会折断一根压伤的芦苇，不会吹灭一盏将残的灯火（赛42：3；太12：20）。耶稣的方法，从不是压碎最软弱的人，也不是消灭最微小的希望。我们每次进行引导的时候，都要存温柔的心，顾念到每一个人的特别情形。有一次，乔治·福克斯与一位名叫拿但业·斯蒂芬斯（Nathaniel Stephens）的人辩论，而且就快要彻底地驳倒对方。拿但业无法招架，于是大声说："乔治·福克斯好像猛烈的阳光，他还想熄灭我的星光。"福克斯写道："但我说：'拿但业，我们握手言和。'然后我告诉他，我不会熄灭在任何人心中最微小的神的亮光，更不会熄灭他的星光。"[9]

在相反的方向也有危险。一个硬着颈项的人可能妨碍那被圣灵感动的领导人。领导人固然需要信徒团体的忠告和洞察力，也需要自由地去领导。如果神已经呼召他们去领导，他们无须把生活的每项小节带到团体里面。我们绝不可被西方民主观念所引诱，以致相信每一个人对团体生活的每件小事都有同等的说话权利。神在他的教会中任命有权威的领袖人才，好叫他的事工可以在地上完成。

另一个危险是，团体的引导会与圣经的典范分开。圣经必须充满并渗透我们一切的思想和行动。合一的灵永不会引导人与他所感动而写成的道相抵触。外在的圣经权威以及内在的圣灵权威必须同时并存。事实上，圣经本身就是团体引导的一种形式。它是神借着他子民的经验说话的一种方法，是"圣徒相通"的一个层面。

最后，我们必须认识，我们的有限性也会对团体的引导形成限制。我们是会犯错误的人。有时，即使尽力而为，我们的成见和惧怕也会破坏圣灵所引导的合一。有时，我们就是看法不同。比如保罗和巴拿巴不能同意，在第二次的布道旅程中是否要带马可同去。路加说，他们之间起了激烈的争论（徒15：39）。假如在我们事奉的努力中有了同样的经验，不要诧异。

假如这样的情况发生，我的忠告是，我们要彼此善待。事奉的队伍有时会分道扬镳，教会有时会分裂，但让我们尽力使这样的分离变得优雅一些。让我们彼此代祷，祈求神的福祉临到各人。让我们有使徒保罗那样的信心："或是假意，或是真心，无论怎样，基督究竟被传开了。为此，我就欢喜，并且还要欢喜。"（腓1：18）

魏乐德曾说："神在历史中的目的，乃是创造一个包罗万有的爱的团体，他自己也包括在那团体中，作为它的根本支持者，以及最光荣的居民。"[10] 这样的一个团体会在圣灵直接并完全的管治下。他们会成为"一人"，因着神的光辉而无视其他一切要求人效忠的事物；他们也会成为一个满有同情心的团体，把在耶稣基督身上所看到的爱的诫命施行出来；他们会成为服从神羔羊的军队，在属灵的操练下生活；他们会成为一个经历彻底改变过程的团体，一群决心在世俗的世界中活出福音要求的子民。他们既温和又满有进取心，既谦卑又大有能力，愿意受苦又得胜。这样的一个团体，能铸成罕见的使徒模式，构成一种神的子民新的聚集。愿神在我们这个时代招聚这样一群子民。

进深研究

引导是各项操练中最强烈的一种，因为它进到与神同行的核心。它意味着去过聆听神声音、顺从他话语的荣耀生活。

引导的目标不在于这事或那事的特殊指引，而在于是否与基督的形像一致。保罗说："因为他预先所知道的人，就预先定下效法他儿子的模样。"（罗8：29）在某一特别的事情上获得特别的指引，乃是这种目标的副产品，表明这种目标已经在我们的生命中产生作用。

对于神旨意这件事，我们把它弄得很神秘。其实，神为我们所定之方向的最确定的印证，就在我们所站之处。假如我们忘了这一点，便是忘了神掌管我们生命的主权。当我们能够到达一个地步，了解到我们所站之地即为圣地，我们便会开始了解引导的意义。

当我们开始熟悉神，愿意学习他的法则，成为他的朋友时，也便能够发现神的旨意。当我们这样做的时候，神就这样接纳我们，并且在我们里面产生可爱的果子，就是"仁爱、喜乐、和平、忍耐、恩慈、良善、信实、温柔、节制"（加5：22—23）。当友谊增长，日益与神相似时，我们便会本能地知道，什么行动会使他喜悦，什么决定会与他的法则相协调。正如我们对配偶亲密的关系和爱情会引导我们，晓得什么决定会让对方开心，照样，我们内在的团契会给我们提供一种内在的知识，晓得神的法则。

当然，也有一些外在的方法去查验神的引导，如圣经、身处的环境、基督徒团体以及我们自己的品格。此外还有特殊的方法，如羊毛*、梦、异象、征兆和天使。重要的是，我们要谨记，神不会用与他已经显明的旨意相冲突的方法来引导我们。那赐下圣经给我们的圣灵，会用与圣经相一致的方法来引导我们。我们对神的道路的了解，会由他在圣经中所给出的自我启示所塑造、所规范。

我们也要谨记，世界上有一些超自然的引导不是出于神。蒙爱的约翰警告我们："总要试验那些灵是出于神的不是。"（约壹4：1）有些执政的、掌权的会兴起属灵战争，抵挡神的国。他们既是真实的，又是危险的。

所以，我们不可听从所遇见的每一个声音，而只听从真正的牧人的声音。不过，最美妙的是，我们能够分辨真正牧人的声音。因为正如耶稣提醒我们的，他是好牧人，他的羊认识他的声音（约10：4）。我们在光明中行走，我们成全他的诫命，我们披戴基督的心意。这样做的时候，我们发觉，真正的牧人的声音与一切假冒者的声音大不相同。撒但可能会横冲直撞和责难非议，但基督则会吸引和鼓励，而我们所依从的是他的声音。

---

* 参见《士师记》6：36—40。——编注

读经日程

- 星期日：信心的北极星（来 11 章）

- 星期一：神眷佑的引导（创 24：1—21）

- 星期二：公义与顺服的引导（赛 1：17，18—20）

- 星期三：真理的引导（箴 3：5—6；约 14：6，16：13；徒
  10：1—35）

- 星期四：关闭的门，敞开的门（徒 16：6—10；林后 2：12）

- 星期五：聆听还是抗拒？（徒 21：8—14）

- 星期六：家庭肖像（罗 8：14、28—30）

研讨题目

1. 把引导视为一项团体操练，你感到新鲜还是陌生？

2. 你认为，我所说"圣灵所引导的使徒式的教会"是什么
   意思呢？（提示：我试着改变了那个古老的"使徒统
   绪"[Apostolic Succession] 的观念。）

3. 你是否相信那些蒙圣灵引导、圣灵浇灌、圣灵加力的人曾
   经出现过？抑或要在我们这个时代才出现？

4. 你认为，由神直接去统领子民，这一看法可行吗？抑或只
   是一个虚幻的妄想？我是否戴着乐观的、玫瑰色的眼镜去
   读早期的教会史呢？

5. 现代的灵恩运动在何种意义上，与圣灵所聚集的子民的异

象，大致相似或远远不及？

6. 团体的引导有些什么危险呢？

7. 你认为，"属灵的导师"这个观念有什么意义？这种观念有危险吗？有益处吗？

8. 属灵的引导这一观念，应该怎样影响教会事务的运作？如果我们接受它，会给目前的教会体制带来改变吗？

9. 你有没有见过滥用团体的引导的情形？你从中能学到什么功课？

10. 属灵引导主要倚赖的是我们与神的友谊，我们从中知晓并渴望他的道路。如果这是真的，在你的生命中要丢弃什么，又要增添什么，可以加深你与基督的亲密关系？

推荐阅读

• Edwards, Tilden. *Spiritual Friend*. New York: Paulist Press, 1980.

  在再兴属灵引导的恩赐上，这本书给出了合理而敏锐的建议。

• Elliot, Elisabeth. *A Slow and Certain Light*. Nashville, Tenn.: Abingdon Press, 1973.

  薄薄的一本小书，却满了成熟而有意义的引导。

• Leech, Kenneth. *Soul Friend*. San Francisco: Harper & Row, 1977.

本书提供一套绝佳的灵性引导史，并将它与最佳的现代心理学相联。

- Mumford, Bob. *Take Another Look at Guidance*. Plainfield, N.J.. Logos International, 1971.

  明智而实用的指导，来自一位灵恩运动领袖。

- Nebe, August. *Luther as Spiritual Adviser*. Translated by C. A. Hay and C. E. Hay. Philadelphia: 1894.

  本书帮助我们在属灵引导的伟大传统中去理解马丁·路德。

- Smith, Blaine M. *Knowing God's Will: Biblical Principles on Guidance*. Downers Grove, Ill.: InterVarsity Press, 1979.

  本书在引导方面给出了通俗而有益的建议，其中关于如何做决定的篇章特别有价值。（中文版：史密斯著，《明白神旨意》，林智娟译，台北：校园书房，2002 年。——编注）

- St. John of the Cross. *The Dark Night of the Soul*. New York: Image Books, 1959.

  灵性生活的经典之作，指出神如何通过静默与隐匿去引导和教导我们。（中文版：圣十字若望著，《心灵的黑夜》，黄雪松译，台中：光启出版社，1992 年。——编注）

13 庆祝的操练

基督徒应该从头到脚发出赞美。

——希波的奥古斯丁

基督之道的核心是庆祝。他在欢腾的庆贺之声中来到这世界。天使大声说："我报给你们大喜的消息，是关乎万民的。"（路2：10）他离开世界时，把他的喜乐留给门徒："这些事我已经对你们说了，是要叫我的喜乐存在你们心里，并叫你们的喜乐可以满足。"（约15：11）

在安德烈·托克姆（André Trocmé）所著的《耶稣基督与非暴力革命》（*Jésus-Christ et la révolution non-violente*）以及已故的约翰·尤达的著作《耶稣政治》（*The Politics of Jesus*）之中，都用了相当的篇幅来阐明，耶稣是以宣布禧年作他公开事奉的开始（路4：18—19）。这种观念的社会意义是十分深刻的。* 同样发人深思的是，因这缘故，我们蒙召进入一种持续不断的圣灵的"禧年"中。这样一种强烈的、由神赐予的、不受财产束缚的自由，以及重建社会制度的行动，必然会带来欢欣的庆祝。当穷人得福音，被掳得释放，瞎眼得看见，受压制的得自由时，谁能禁止自己而不大声欢呼呢？

在旧约里，禧年的一切社会条例——豁免一切债务、释放奴隶、不耕不种、将产业归还原主，都是在庆祝神仁慈的恩惠。我们可以相信，神会给我们预备所需要的东西。他曾宣布："我必……将我所命的福赐给你们。"（利25：21）从挂虑和担心中得到释放，构成了庆祝的基础。由于我们晓得他关怀我们，因此可以把一切的忧虑交付给他。神已将我们的悲伤变为舞蹈。

在现代的社会中缺少这种毫无挂虑、欢喜快乐的节日精神。冷漠甚至忧郁，操纵着这个时代。哈维·寇克斯（Harvey Cox）说现代人"热衷于实利，精于盘算自己的得失，生活中却没有真正的喜乐……"[1]

庆祝使生命有力

庆祝给生命带来喜乐，喜乐使我们强壮。圣经告诉我们，耶和华的喜乐是我们的力量（尼8：10）。如果没有它，我们在任何事上都不能坚持长久。女人忍受生产之苦，因为最终有作母亲的喜乐。青年夫妇在结婚头几年为彼此适应而努力挣扎，因为他们看重长期共同生活的价值。父母不介意儿女在青少年

---

* 何健迪（Johannes Hoekendijk）说："禧年乃是从社会救赎的层面对《出埃及记》的 阐 述 ……"（"Mission—A Celebration of Freedom", *Union Seminary Quarterly Review*, Jan. 1966, p.141.）

时期的表现，因为晓得他们的儿女在未来会趋向成熟。

我们或许能凭借意志力去学钢琴，可是如果没有快乐，我们坚持不了太久。事实上，我们能够开始的唯一理由，是知道自己最终会获得快乐。所有初学者就是如此：他们晓得其中有一种愉快，有一种喜乐，一种因熟练而来的喜悦。

庆祝需要置于所有的属灵操练之中。如果没有节期的快乐精神，操练会变为现代法利赛人式的愚拙和带有死亡气息的工具。每一种操练都应有无忧无虑的快乐特色，以及一种感恩的意识。

喜乐是圣灵的果子之一（加5：22）。我常有这样的想法，就是认为喜乐乃是发动机，是使其他一切事物继续下去的动力。如果没有欢乐的赞叹注入其他操练中，我们迟早会放弃它们。喜乐产生活力，使我们强壮起来。

古代以色列人受命要一年三次颂扬神的良善。那些都是最热烈的节期假日。那些经验使以色列人获得力量和凝聚力。

通往喜乐之道

在灵性生活中只有一件事能够产生真正的喜乐，那就是顺服。一首古老的圣诗告诉我们，除了"信靠顺服"以外，没有别的方法能使我们在耶稣里喜乐。这首圣诗的作者的灵感是从主获得的，因为耶稣告诉我们，没有哪种福气比顺服的福气更大。有一次一位妇女在人群中向耶稣喊着说："怀你胎的和乳养你的有福了！"耶稣回答说："却还不如听神之道而遵守的人有福。"（路11：27—28）过顺服的生活要比作弥赛亚的母亲更为有福!

1870 年，汉娜·史密斯（Hannah Whitall Smith）写了一本书，成为有关快乐的基督教经典之作，书名是《信徒快乐秘诀》（*The Christian's Secret of a Happy Life*）。这个书名还未能清楚表达出那本满有真知灼见的书之深度。它不是一本肤浅的"成功生活四步骤"之类的书。作者煞费心思地说明隐藏在神里面的一种丰盛生命之形式。然后她小心地解释进入这种境界的难处，最后描绘出离弃神的生活之结果。基督徒快乐生活的秘诀为何？答案可以在该书其中一章的标题总括："顺服的喜乐"。喜乐借着顺服基督而来，喜乐是顺服基督之结果。没有顺服，喜乐是空洞的、做作的。

要引出真正的庆祝之心，必须让顺服渗透我们日常生活中。没有做到这一点，我们的庆祝会带着空洞的响声。例如，有些人在家庭中过着没有喜乐的生活，可是后来他们到教堂去，想要"在灵里"唱歌祷告，希望神会设法给他们灌输喜乐，叫他们度过一天。他们寻求某种从天上而来的灌注，帮助他们逃避一塌糊涂的日常生活的痛苦，赐喜乐给他们。但神的愿望不是逃避痛苦，而是改变痛苦。

我们必须了解，神有时确实在我们的忌恨和硬心中也给我们注入喜乐。不过那不是一般情形。通常，神是借着救赎和圣化我们的日常生活而带来喜乐。当一家人充满爱和同情，彼此服事时，那个家庭就有理由去欢欣庆祝。

许多人从一个教会转到另一个教会，试着获得一剂"主的喜乐"的注射剂，这实在是一件可悲的事。喜乐不是在一种特别的音乐中找到，也不是与适当的一群人在一起便可以找到，甚至不是在圣灵所给的特定恩赐中找到，虽然这一切都可能会有帮助。喜乐要在顺服中才能找到。当那在耶稣里面的能力进入我们的工作和游戏中，并且救赎了它们时，曾经一度举哀的地方就会有喜乐。忽略了这一点，便失去了道成肉身的意义。

我把这个令人欢欣的话题放在这本书的末了，原因就在这里。喜乐是属灵操练在我们生命中发挥作用的结果。神借着这些操练给我们的生命带来改变。除非我们里面正在发生一种改变，否则我们不会明了真正的喜乐是什么。许多人太早便试着进入喜乐。许多时候我们试着激励人去喜乐，然而实际上在他们的生命中并无任何改变，因为他们没有让神进入日常生活里面。当平实的生活被救赎改变，庆祝之心便来临。

要避免无目的的庆祝，这是十分重要的。更糟的是，有时我们心中没有庆祝的愿望，却假装庆祝。我们当着孩子的面为食物祝谢，祝谢完了，马上便又因这些食物发出怨言，祝谢就不再是祝谢了。能够损害孩子的事情之一，就是当他们不觉得感激时强迫他们感激。假造一种庆祝的气氛，我们的内心便会陷于矛盾。

今天有一种流行的教训，教导我们为临到我们生命中的各种困难称颂神。有人断言，这样去称颂神会产生一种极大的改变力量。从好的方面说，这样的教训，最多也只是一种勉励的方法，叫我们借着信心的眼睛，稍微向上观看我们要走的道路，看它将来会怎样。这样的教训在我们心中积极地肯定神会掌管万事，使它们互相效力，让爱他的人得益处。从坏的方面说，这种教训否认邪恶，把最可怕的悲剧洗白，看作神的旨意。圣经吩咐我们在各种情况中都要存感谢的心过活，不过它没有吩咐我们为邪恶的存在而庆祝。

无挂虑的庆祝之心

使徒保罗呼吁我们"要靠主常常喜乐；我再说，你们要喜乐"（腓4：4）。然而我们如何去做呢？保罗继续说，"应当一无挂虑"。那是从反向去谈喜乐。正向则是，"只要凡事借着祷告、祈求和感谢，将你们所要的告诉神。"结果如何呢？"神所赐出人意外的平安，必在基督耶稣里保守你们的心怀意念。"（腓4：6—7）

保罗指教我们怎样能时常喜乐，而他的第一句忠告是不要挂虑什么。当然，耶稣也给我们同样的忠告，他说："不要为生命忧虑吃什么，喝什么，为身体忧虑穿什么。"（太6：25）这两处经文的"挂虑"和"忧虑"，在希腊原文里用的是同一个字。基督徒蒙召是要除去挂虑。然而我们发觉，这条道路对我们是陌生的。我们从两岁时起，便被训练得学会操心。当我们的孩子跑去乘搭校车时，我们也会大喊："当心！"

除非我们学会"一无挂虑"，否则里面不会有庆祝的心。除非完全信靠神，我们永不可能对事情毫无挂虑，这就是禧年被旧约规定为重要庆典的原因。除非对神有深刻的信心，相信他会预备一切，否则他们不会有胆量去庆祝禧年。

　　当我们信任神的时候，便有自由去完全倚靠他而获得我们所需要的事物："凡事借着祷告、祈求和感谢，将你们所要的告诉神。"祷告是一种方法，借着它我们可以移动神的膀臂。因此我们能够生活在一种无忧无虑的庆祝心情中。

　　然而保罗的话不是到此为止。祷告和信靠本身不足以给我们带来喜乐。他继续告诉我们，要留心思念生活上一切"真实的、可敬的、公义的、清洁的、可爱的、有美名的事物"（腓4：8）。神已经建立了一个满有美好事物的创造秩序。如果我们留心思念这些东西，便会自然而然地满有喜乐。那是神所指定的通向喜乐的道路。如果我们认为，只借着祈祷和唱诗便会有喜乐，一定会大失所望。可是如果我们生活中充满了简单的美好事物，并且不住地为此感谢神，我们便会满有喜乐。那么，我们的难题又怎么办呢？当我们决心凝注于生活上一切善良美好的事物时，我们的生活便会满有这样的东西，以致淹没那些难题。

　　决意思念生活中比较高尚的事物，乃是一种意志的行动。这就是为什么庆祝也是一种操练的原因。它不是落在我们头上的东西，而是有意选择的一种思考方式和生活方式之中所生出的结果。当我们拣选那方式时，在基督里的医治和救赎大能会闯入我们生活和关系的内在隐秘之处，而那结果不会是别的，将会是喜乐。

庆祝的益处

　　庆祝的最大益处是：它让我们不再过于严肃地看待自己。

这是所有诚挚追求属灵操练之人迫切需要的一种恩典。敬虔人士在职业上的一种危险，是变得沉闷和乏味。事情不应该如此。在所有人中，我们应该是最自由、最活跃、最有趣的。庆祝使我们的生活增添了一种欢乐、节期和热闹的情调。毕竟说来，耶稣在生活中满有喜乐，以致他受到过人的责难，说他是个贪食好酒的人。我们中许多的人过着一种苦涩的生活，以致根本碰不到耶稣所受的那种责备。

请注意，我并非主张每隔一段时期就在罪中流连一番，我的意思只是，我们实在需要一些比较深刻、比较入世的快乐的体验。培植一种对人生广泛的欣赏力，它具有医治和振奋作用。我们的心灵可能因竭力追随神而感疲乏，正如我们的身体可能因工作过劳而疲乏一样。庆祝帮助我们放松自己，并且欢喜享受世上的各种美好事物。

庆祝可能是一剂有效的解药，解除我们心中不时会有的忧郁感，这种感觉可能收缩和紧压我们的心。忧郁是今天一种流行性传染病，庆祝可能帮助遏止这潮流。芬乃伦在他所写题为"忧郁中的良药"一章中，劝告那些被生活重担压得抬不起头来的人，"要借好的谈话，甚至借嬉戏作乐"[2] 去鼓舞他们自己。

庆祝的另一种益处是，它能给我们看事物的新视角。我们能够做到自嘲，看明我们极力争取的东西，并不如我们想的那么重要。在庆祝中，那些位高的、重要的人能够重新衡量自己，而那些弱小的、低下的人则获得了新的身份。在神的节日中怎能有谁高谁低的分别呢？无论贫或富，无论有权无权，大家共同庆祝神的荣耀和奇妙。一场欢宴能彻彻底底地拆毁阶层差异。

不把自己看得过于重要，我们也便脱去了批判的心。别人不再显得那么丑恶，那么不属灵。我们可以与人分享共同的喜乐，而无须把这些置于虚假虔诚的价值判断之下。

最后，庆祝的一个有趣特征是，它带来更多的庆祝。喜乐产生喜乐，欢笑产生欢笑。这是人生中借施予而增多的少数事件之一。克尔凯郭尔说："幽默时常悄悄地双至。"[3]

庆祝的实践

庆祝基本上是一种团体的操练，给神的子民带来如此的益处。那么该怎样去实践呢？这问题问得好，因为现代人已经变得那么机械化，以致几乎把所有自发的喜乐经验都消灭了。我们的庆祝经验多数都是做作的、硬造的。

实施庆祝的一种方法是歌唱、跳舞及欢呼。因为看到神的良善，心中激发了感恩之情，便会化成诗章、颂词和灵歌。敬拜、赞美、颂扬都从心灵深处涌流出来。在《诗篇》150篇中，我们看见神的子民用号角，用琴瑟，击鼓跳舞，用丝弦的乐器和箫，用大声的钹，来赞美庆祝。

当小孩子庆祝时，他们做什么？他们发出喧闹声，嘈杂大声的喧嚷声。在适当的时候发出喧嚷声没有什么不对，正如在适当的时候沉默不言没有什么不对一样。小孩子们庆祝的时候会跳舞（出15：20）。大卫在神面前尽情踊跃跳舞（撒下6：14，16）。当神以大能将以色列人从法老的统治中救出来时，女先知米利暗领导子民跳舞欢庆（出15：20）。民族舞蹈时常都

```


是文化价值的"传递人",并且在真正的庆祝中一再被采用。当然,跳舞可能有错误和邪恶的表现方式,不过那完全是另外一回事。

歌唱、跳舞和发喧嚷声都不是庆祝必需的形式,只不过是一些例子,使我们认识到,地和其中所充满的,实在是属神的。像彼得一样,我们需要学习,从神的恩手而来的东西,没有什么是与生俱来便不干净的(徒10章)。我们可以自由地用自然的方式去庆祝神的良善!

欢笑是另一种实施庆祝的方法。那句古老的谚语说:"欢笑乃良药",实在很有道理。的确,诺曼·卡森斯(Norman Cousins)在他的《笑是治病的良药》(*Anatomy of an Illness*)中提到,他怎样倚靠欢笑的治疗法战胜残疾之苦。卡森斯在病房中看喜剧电影和喜剧节目,禁不住纵情大笑。这种经历产生了一种麻醉效果,使他睡觉时没有痛楚的感觉。医生甚至证实,欢笑在他身体的化学成分上产生有益作用。

为什么不可以呢!耶稣具有一种幽默感——他所说的比喻中有些实在滑稽有趣。世上有一种"圣洁的欢笑",在各种奋兴运动中常有这种现象。虽然我自己没有"圣洁的欢笑"的经验,但曾在别人身上观察到,它的果效显出了充分的益处。不过,不管神是否把这种特别的恩典赐给我们,大家都可以不时体验到那种健康的欢笑。

所以,不妨自嘲一下。欣赏健康的笑语以及聪明的俏皮话。享受好的喜剧。学习欢笑,它是一种要熟悉的操练,放下
```

那永恒的重担，就是时常都要让自己显得有深度的那种重担。

第三种鼓励人去庆祝的方法，是强调具有创造力的虚幻和想象的恩赐。寇克斯注意到"人的庆祝和想象的机能已经萎缩了"。[4]在另一处他写道："有一段时期，凡见异象的人都册封为圣人，神秘主义者都受人景仰。如今，他们只被人当作研究的对象，被晒笑，甚至可能会加以约束。总之，在我们这个时代，我们用不信任的眼光去看幻想。"[5]

我们这些跟从基督的人能够冒险，反潮流而行。让我们尽情地享受儿童幻想的游戏。让我们见异象、做异梦。让我们游戏、歌唱、欢笑。幻想能够产生大量的创作，而练习我们的想象力可能是极有趣味的事。只有那些对他们的成熟缺乏安全感的人，会对这种快乐的庆祝方式有所顾忌。

让我们也尽情享受他人的创造力。那些创作雕像、图画、戏剧和音乐的人，都是神赐给我们的伟大礼物。我们能够组织活动去展览他们的艺术作品；我们能在私人的聚会和正式的音乐会中唱他们的乐曲；我们能够安排戏剧的演出去表演我们朋友的作品；我们能够举行一次家庭艺术展览会，以小孩子在学校所画的图画作号召。为什么不可以呢？那是极有趣的事，还会对社区建设有所帮助。

我们能做的另一件事是，把家庭的事件变为庆祝和感谢的时间。这在我们文化的各种不同典礼中表现得特别真确，例如生日、毕业礼、婚礼、周年纪念等。我认识一对夫妇，每年结婚纪念日都种一棵树。如今在他们的农庄中约有四十棵树所构成的一个小树林，静静地见证他们的爱和忠诚。

我们也可以庆祝较小、但也同样重要的事件。例如，完成了一项重要的计划，得到一份职业，加薪。此外，为什么不经常安排与特别的事件无关的庆祝仪式？多花点时间，让一家人围绕在钢琴前高声歌唱！学习不同文化的民族舞蹈，共同欣赏。规定时间一起做游戏，或一起看戏，一起读书。把探望亲戚看作你们一家的庆祝活动。我敢保证，你能够想到许多适合你的家庭的其他点子。

我们能做的第五件事，是好好利用我们自己文化的节期，真真正正地庆祝。我们能把圣诞节变成多么大的庆典。要是不喜欢，我们可以不要一切与圣诞节相连的笨拙的商业元素。当然，派送礼物是一件大事，但我们可以派送许多种类的礼物。几年前我们的小儿子拿单正学习钢琴，他给家中每个成员一份特别的礼物——弹奏一首他学会了的歌曲。他用极花巧的花纸包了几个大礼物盒，让每一个人猜度里面的礼物是什么。当他们打开礼盒后，发现里面有一张短柬说，邀请他们来听他的一首钢琴小乐曲。多么可爱和有趣！

复活节又如何？忘记春天的时装展览，排演家庭复活剧，庆祝复活的大能吧！恢复五月份的春天的庆典。出去采摘花朵送给你的邻舍和朋友。因自然界五彩缤纷的美丽而高兴快乐。为什么让万圣节（Halloween）成为一个异教的节日，去纪念黑暗的力量呢？让你的住宅或教堂大放光明，唱歌庆祝基督胜过黑暗。让小孩（和成人）化装成圣经人物，或者历代的一些圣徒。

中世纪有一个节期名叫"万愚节"（Feast of Fools）。[6]那时，所有平日属于"神圣不可侵犯"的人物，都可以安全地加以取笑和嘲弄。下级的圣职人员可以模仿他的上级的样子，人们还可以写文章嘲讽政治领袖。我们当然应该弃绝那些过分放纵的行为，不过我们实在需要一个机会去"自嘲"。与其向这个时代的社会习惯发怒或者反抗它们，不如找机会笑对它们。

我们设立节期是不受限制的；我们可以创立和发展自己的节期。有一个团契举行过一个庆祝晚会，向他们的几位牧师致谢。每家自制一张卡片，各组团契预备一个短剧，或者读一篇颂词，说几句笑话等。作为该教会的牧师之一，我能够说，那实在是一个让人兴高采烈的晚上。我们为什么要等到牧师决定离任时，才给他们举行特别的晚会呢？如果我们多点表示感激，他们很可能会受鼓励，逗留的时间更长一些呢！

我知道有一间教会在圣诞节时举行一个"光明节"。他们有音乐，有戏剧，最要紧的是他们的活动让很多人参与进来。我也知道另一组人，他们每季聚集一次，分享其他国家的食物。有时是瑞典餐，有时是爱尔兰餐，又或者是日本餐。

在我任教的地方，我们有一件一年一次的大事，称为"春日交响乐"。它给人的心灵带来的好处是无法衡量的。它是一年中最令人翘首以待的事件。音乐、服饰、五彩缤纷的颜色——那是小型的盛事，投入了各种专业技术，没有粗制滥造的东西。这个节目并不便宜，要花相当多的时间、精力和金钱。但我们大家都需要这样的欢乐节目，共同去寻求神的国。

庆祝赋予我们力量去活在其他所有的操练中。当我们忠实追寻神时，其他的操练会救我们脱离那些多年来败坏我们生命的东西，进而激发更多的庆祝。这样便形成了一种不间断的生命和力量的循环。

尾声

这里是本书的尾声，也是我们旅程的起点。我们已经看到，**默想**会提升我们灵性的知觉，并将我们推向**祷告**；很快又发现，祷告之中伴随着一种重要的方法，就是**禁食**；认识这所有三种操练之后，我们得以有效地进入**研究**，让我们洞察自己和身处的世界。

简朴使我们获得内在统一，去与他人相处；**独处**则帮助我们真正地与人同在；**顺服**让我们在与他人的共同生活里卸下操纵对方的愿望，又借着**服事**，我们成为了他人的祝福。

我们在**认罪**中获得释放，自由地走向**敬拜**，敬拜则开启**引导**的大门。而这一切自由的操练将带出**庆祝**的颂赞。

灵性生命的严谨操练，召唤我们去攀登属灵的喜马拉雅山。我们站在森林的边缘，为眼前的雪峰发出惊叹。我们满有信心，与我们的向导一起迈步前行。他早已征服最高的巅峰，为我们开辟出一条前行的道路。

进深研究

诗人呼喊着说："我们满口喜笑，满舌欢呼。"（诗126：2）而奥古斯丁以宣告回应圣经的话："基督徒应该从头到脚发出赞美。"庆祝是那些仰赖主的能力、兴奋地在世上行走之人的快乐特征。

从主而来的喜乐不只是一种好感觉，它深悉患难、忧伤、心痛和苦楚。它不是随便寻获的，也不是一种情绪作用。它不靠拥有快乐的性情，也不归结于乐观主义的努力。

喜乐是正当地运用日常生活的元素——供给、身份和性格而有的。它的来临是由于耶稣所应许的丰盛生命，取代了我们生命中根深蒂固的积习的缘故。当我们的注意力集中于神国度的时候，它就不知不觉地悄然来临。

喜乐使我们强壮。我永不会忘记孙凤说的这句话："在我最快乐、因而最得力的那一天……"我记不起下面所说的内容，但我忘不了她把喜乐和力量相联。我已经发现了其中的真实，而我想象你也会找到。当主的喜乐似乎把我们吞噬的那些日子，会有一种无可阻挡的神的生命能力从我们身上涌流到他人身上。

庆祝是一种恩典，因为它从神手中白白赐给我们。它也是一种操练，因为它需要我们做一些事。《希伯来书》的作者教导我们："常常以颂赞为祭献给神，这就是那承认主名之人嘴唇的果子。"（来13：15）献上颂赞的祭是我们蒙召去做的事。在旧约里有早祭和晚祭。我想，这可以是新约的祭司们的一个好的操练的开始，而你也是其中一位。一天开始的时候，献上颂赞的早祭："主啊！我爱你，我渴慕你，我敬拜你，我渴望你的旨意和道路……"晚上以感谢的晚祭结束一天。"主啊！感谢你，感谢你的爱，你的同在，你的力量和恩典……"当我们这样做的时候，火会降在我们嘴唇的祭上面，正如它昔日降在祭坛上一样。神的喜乐会来临，会有跳舞和歌唱，以及说不出的、满有荣耀的喜乐。

不用多久，我们会很快发现自己在十点钟和两点钟的时候，不再是小憩喝咖啡，而是小憩献上感恩祭。感恩祭使我们丰富且满足，以致我们渴望持续不断地在他面前心怀感激。当我们每天正常生活——饮食、工作、游戏，甚至睡觉的时候，这一切就自然而然地发生了。相信神，变为了熟悉神，然后进而与神做朋友。我们会注视神的面，痛饮他的福祉，如劳巴赫所见证的："我知道了'沉醉于神'是什么意思。"

正如前面说过的，这种喜乐远超乎浅薄信仰的假欢悦，与"如果你爱耶稣，就笑对一天"的空谈毫无关联，甚至不一定与灵里的狂喜有必然的关联。它的根本源头，来自一种深深地植根于神的确据。它是所有圣徒共通的经验，像劳伦斯弟兄所述："主啊！我属于你，我里面永无枯竭！"

读经日程

- 星期日：主已光荣得胜（出 15：1—2，20—21）
- 星期一：主的喜乐（撒下 6：12—19）
- 星期二：称颂主（诗 103 篇）
- 星期三：赞美主（诗 150 篇）
- 星期四：和散那！（路 19：35—40；约 12：12—19）
- 星期五：走着，跳着，赞美神（徒 3：1—10）
- 星期六：哈利路亚！（启 19：1—8）

研讨题目

1. 你以神为乐吗？

2. 有大量的教训，教导我们要"为"一切事情赞美神；又有大量的教训，敦促我们"在"一切事上赞美神。你觉得二者的分别重要吗？若然，为何重要？

3. 如果你在教会中的一位亲密朋友刚刚得知自己的亲人过世，你对他们的态度应该是"与哀哭的人同哭"？还是劝他们"你们要靠主常常喜乐；我再说，你们要喜乐"？

4. 你觉得与朋友共度健康的、无比快乐的一个晚上，为什么会大有好处？

5. 你认为，人为什么感到庆祝是那么困难？

6. 哪一项你比较喜欢：突如其来的自发的喜乐，抑或从有计划的庆祝中所得到的快乐？为什么？

7. 假如你在一个小组中，是否愿意与组员共同设计一些真诚的圣诵（holy shout），在散会前一齐大声口诵？

8. 能不能在年内计划一次非节假日的家庭庆祝活动？

9. 你觉得自嘲容易吗？

10. 在本书结束时，你感到必须与主订立一个怎样的盟约？

推荐阅读

- Castle, Tony. *Let's Celebrate.* London: Hodder & Stoughton, 1984.

  本书对教会以及个别基督徒生活中的庆祝活动提供了实际的教导。

- Cornwall, Judson. *Let Us Praise.* Plainfield, N.J.: Logos International, 1973.

  本书谈论的是群体赞美，内容简洁，却又巨细靡遗。

- Howard, Thomas. *Chance or the Dance?* Wheaton, Ill.: Harold Shaw Publishers, 1969.

  本书对"过时的"想象力进行了引人入胜的描述，对"真理式的"现代世俗主义提出了发人深省的批判。

- MacDougall, Bruce. *Rejoice in the Lord.* Nashville, Tenn.: Abingdon Press, 1978.

  本书献上了一次礼赞，对象是那些不期而至、令人迷茫，却最终引致赞美的人生际遇。

- Murphy-O'Connor, Cormac. *The Family of the Church*. London: Darton, Longman & Todd, 1984.

  作者是一位教区主教。他在本书中讨论，在今天的世界中，教会是否能够以及怎样成为一个家庭。

- Ramon, Brother. *Fullness of Joy*. Basingstoke: Marshsll Pickering, 1988.

  这是一本有关喜乐的研究作品，作者根据教会事奉以及在各地所得到的经验，探索灵修的心路历程。每一章结束时都有一篇关于喜乐相关方面的默想，并且建议做一些简单的动作去表达内心的喜乐。

- Reid, Clyde. *Celebrate the Contemporary*. San Francisco: Harper & Row, 1972.

  一本愉悦的书，记录了作者的个人经验之旅，尤其是他与人类潜能运动（human potential movement）的际遇。

- Smith, Hannah Whitall. *The Christian's Secret of a Happy Life*. Westwood, N.J.: Revell Company, 1952.

  本书首次问世是在 1870 年，它已经成了撰述喜乐生活的经典之作。（中文版：史哈拿著，《信徒快乐秘诀》，彭子材译，台北：福音证主协会，1999 年。——编注）

- Wainwright, Geoffrey. *Doxology: The Praise of God in Worship, Doctrine and Life*. New York: Oxford Press, 1980.

  本书是这一领域里最棒的现代著作。温赖特只用了六百零九页，就从赞美和敬拜的角度诠释了基督徒的信仰和人生。

注　释

第 1 章　属灵操练，释放之门

1. John Woolman, *The Journal of John Woolman* (Secaucus, NJ: Citadel Press, 1972), p. 118.

2. Thomas Merton, *Contemplative Prayer* (Garden City, NY: Doubleday, 1969), p.37.

3. Heini Arnold, *Freedom from Sinful Thoughts: Christ Alone Breaks the Curse* (Rifton, NY: Plough Publishing House, 1973), p. 94.

4. Emmet Fox, *The Sermon on the Mount* (New York: Harper & Row, 1938), p. 88.

5. Arnold, p. 82.

6. Frank S. Mead, ed., *Encyclopedia of Religious Quotations* (London:Peter Davis, 1965), p. 400.

第 2 章 默想的操练

1. Morton T. Kelsey, *The Other Side of Silence: A Guide to Christian Meditation* (New York: Paulist Press, 1976), p. 83.

2. Madame Guyon, *Experiencing the Depths of Jesus Christ* (Goleta, CA: Christian Books, 1975), p. 3.（该书中文版为《更深经历耶稣基督》，其资料请见本书后面所列的"现代灵修作品推荐"。——编注）

3. Timothy Ware, ed., *The Art of Prayer:An Orthodox Anthology* (London: Faber & Faber, 1966), p. 110.

4. Jeremy Taylor, *The House of Understanding: Selections from the Writings of Jeremy Taylor*, ed. Margaret Gest (Philadelphia: Univ. of Pennsylvania Press, 1954), p. 106.

5. Dietrich Bonhoeffer, *The Way to Freedom* (New York: Harper & Row, 1966), p. 57.

6. Guyon, p. 32.

7. Thomas à Kempis, *The Imitation of Christ* (Garden City, NY: Image Books, 1955), p. 85.

8. Thomas Merton, *Contemplative Prayer* (Garden City, NY: Doubleday, 1969), p. 59.

9. Morton Kelsey 在 *The Other Side of Silence* 一书中，对东方的冥想与基督教的默想作过极佳的分析，参见该书第 1、57、98、121 页。

10. Thomas Merton, *Spiritual Direction and Meditation* (Collegeville, MN: Liturgical Press, 1960), p. 68.

11. Merton, *Contemplative Prayer*, p. 39.

12. William Penn, *No Cross, No Crown*, ed. Ronald Selleck (Richmond, IN: Friends United Press, 1981), p. xii.

13. Merton, *Contemplative Prayer*, p. 29.

14. A. W. Tozer, *The Knowledge of the Holy* (New York: Harper & Brothers, 1961), p. 20. （中文版：陶恕著，《智慧的开端：认识至圣者》，姜廷华译，上海：上海三联书店，2017年。——编注）

15. Elizabeth O'Connor, *Search for Silence* (Waco, TX: Word Books, 1971), p. 95.

16. Merton, *Spiritual Direction and Meditation*, p. 98.

17. Ibid., p. 47.

18. Alexander Whyte, *Lord, Teach Us to Pray* (New York: Harper & Brothers, n.d.), p. 249.

19. 这句话被引用在 Lynn J. Radcliffe, *Making Prayer Real* (New York: Abington-Cokesbury Press, 1952), p. 214.

20. St. Francis de Sales, *Introduction to the Devout Life,* trans. John K. Ryan (New York: Doubleday, 1955), p. 84.

21. Merton, *Contemplative Prayer*, p. 59.

22. Merton, *Spiritual Direction and Meditation*, p. 75.

23. Bonhoeffer, p. 59.

24. Whyte, pp. 249–250.

25. Ibid., p. 251.

26. Evelyn Underhill, *Practical Mysticism* (New York: Dutton, 1943), p. 90.

27. Merton, *Spiritual Direction and Meditation*, pp. 88–89.

第 3 章 祷告的操练

1. E. M. Bounds, *Power Through Prayer* (Chicago: Moody Press, n.d.), p. 23.

2. Ibid., p. 38.

3. Ibid., pp. 38, 77.

4. Ibid., pp. 41, 54.

5. Ibid., p. 13.

6. Thomas Merton, *Contemplative Prayer* (Garden City, NY: Doubleday, 1969), p. 11.

7. Søren Kierkegaard, *Christian Discourses*, trans. Walter Lowie (Oxford: Oxford University Press, 1940), p. 324.

8. Meister Eckhart, *Meister Eckhart*, trans. C. de B. Evans, Vol. 1 (London: John M. Watkins, 1956), p. 59.

9. 这句话引自 Lynn J. Radcliffe, *Making Prayer Real* (New York: Abington-Cokesbury Press, 1952), p. 214.

10. Frank C. Laubach, *Prayer the Mightiest Force in the World* (New York: Fleming H. Revell, 1946), p. 31.

11. Frank C. Laubach, *Learning the Vocabulary of God* (Nashville: Upper Room, 1956), p. 33.

12. Bounds, p. 83.

13. Thomas R. Kelly, *A Testament of Devotion* (New York: Harper & Brothers, 1941), p. 124.

14. Ibid., p. 35

15. Bounds, p. 35.

第 4 章 禁食的操练

1. John Wesley, *The Journal of the Reverend John Wesley* (London: Epworth Press, 1938), p. 147.

2. David R. Smith, *Fasting: A Neglected Discipline* (Fort Washington, PA: Christian Literature Crusade, 1969), p. 6.

3. Arthur Wallis, *God's Chosen Fast* (Fort Washington, PA: Christian Literature Crusade, 1971), p. 25.

4. Dietrich Bonhoeffer, *The Cost of Discipleship* (New York: Macmillan, 1959), p. 47.

5. E. M. Bounds, *Power Through Prayer* (Chicago: Moody Press, n.d.), p. 25.

6. John Wesley, *Sermons on Several Occasions* (London: Epworth Press, 1971), p. 301.

7. Smith, p. 39.

8. Thomas R. Kelly, *A Testament of Devotion* (New York: Harper & Brothers, 1941), p. 35.

9. Wallis, p. 66.

10. Elizabeth O'Connor, *Search for Silence* (Waco, TX: Word Books, 1971), pp. 103, 104.

11. Wesley, *Sermons on Several Occasions*, p. 297.

第 5 章 研究的操练

1. Martin Buber, *Tales of the Hasidim: Early Masters* (New York: Schocken Books, 1948), p. 111.

2. André Gide, *If It Dies*, trans. Dorothy Bussey (New York: Random House, 1935), p. 83.

3. Evelyn Underhill, *Practical Mysticism* (New York: World, Meridian Books, 1955), pp. 93–94.

4. Fyodor Dostoevski, *The Brothers Karamazov* (Chicago: Encyclopaedia Britannica, Great Books, 1952), p. 167.

5. Charles Noel Douglas, ed., *Forty Thousand Quotations* (Garden City, NY: Halcyon House, 1940), p. 1680.

第 6 章 简朴的操练

1. Richard E. Byrd, *Alone* (New York: Putnam, 1938), p. 19.

2. Arthur G. Gish, *Beyond the Rat Race* (New Canaan, CT: Keats, 1973), p. 21.

3. Ibid., p. 20.

4. Søren Kierkegaard, *Christian Discourses*, trans. Walter Lowie (Oxford: Oxford University Press, 1940), p. 322.

5. Ibid., p. 27.

6. John Wesley, *The Journal of the Reverend John Wesley* (London: Epworth Press, 1938), Nov. 1767.

7. Ronald J. Sider, *Rich Christians in an Age of Hunger* (Downers Grove, IL: InterVarsity Press, 1977), p. 18.

8. Kierkegaard, p. 344.

9. John Woolman, *The Journal of John Woolman* (Secaucus, NJ: Citadel Press, 1972), pp. 144–145.

10. Ibid., p. 168.

11. George Fox, *Works*, Vol. 8 (Philadelphia, 1831), p. 126, Epistle 131.

第 7 章 独处的操练

1. Elizabeth O'Connor, *Search for Silence* (Waco, TX: Word Books, 1971), p. 132.

2. Dietrich Bonhoeffer, *Life Together* (New York: Harper & Row, 1952), pp. 77, 78.

3. Catherine de Haeck Doherty, *Poustinia: Christian Spirituality of the East for Western Man* (Notre Dame, IN: Ave Maria Press, 1974), p. 23.

4. Thomas à Kempis, *The Imitation of Christ* (New York: Pyramid, 1967), p. 18.

5. John Woolman, *The Journal of John Woolman* (Secaucus, NJ: Citadel Press, 1972), p. 11.

6. Bonhoeffer, *Life Together*, p. 79.

7. Doherty, p. 212.

8. St. John of the Cross, *The Collected Works of St. John of the Cross*, trans. Kieran Kavanaugh and Otilio Rodriguez (Garden City, NY: Doubleday, 1964), p. 296.

9. Ibid., p. 363.

10. Ibid., p. 295.

11. Ibid., p. 364.

12. Ibid., p. 365.

13. Bonhoeffer, *Life Together*, p. 80.

14. Thomas Merton, *The Sign of Jonas* (New York: Harcourt, Brace, 1953), p. 261.

15. Doherty, p. 216.

第 8 章 顺服的操练

1. Thomas à Kempis, *The Imitation of Christ,* in an anthology entitled *The Consolation of Philosophy* (New York: Random House, 1943), p. 139.

2. *Hymns for Worship* (Nappanee，IN: Evangel Press，1963)，p. 248.（该诗歌中文版收录于《普天颂赞》修正本第 410 首。——编注）

3. John Howard Yoder, *The Politics of Jesus* (Grand Rapids, MI: Eerdmans, 1972), pp. 181–82. 我后续谈到的好几个观念，都是受益于尤达。

生命的洗练

4. Ibid., p. 181.

5. Ibid., p. 186.

6. Kempis, p. 172.

第 9 章 服事的操练

1. Thomas R. Kelly, *A Testament of Devotion* (New York: Harper & Brothers, 1941), p. 124.

2. St. Francis of Assisi, *Selections from the Writings of St. Francis of Assisi* (Nashville: Upper Room Press, 1952), p. 25.（中文版：圣法兰西斯著,《复得返自然》, 黄宜娴译, 香港: 循道卫理联合教会文字事工委员会, 1989年。——编注）

3. John Milton, *The Complete Works of John Milton* (New York: Crown, 1936), p. 614.

4. 后两句是多德（C. H. Dodd）的话, 被引用在 William Barclay, *The Letters of John and Jude* (Philadelphia: Westminster Press, 1960), pp. 68, 69.（中文版：巴克莱著,《约翰书信、犹大书注释》, 周郁晞译, 香港: 基督教文艺出版社, 1996年。——编注）

5. William Law, *A Serious Call to a Devout and Holy Life* (Nashville: Upper Room Press, 1952), p. 26.

6. Thomas à Kempis, *The Imitation of Christ,* in an anthology entitled *The Consolation of Philosophy* (New York: Random House, 1943), p. 211.

7. Brother Ugolino di Monte Santa Maria, *The Little Flowers of St. Francis* (Garden City, NY: Doubleday, 1958), pp. 58–60.

8. Dietrich Bonhoeffer, *The Cost of Discipleship* (New York: Macmillan, 1963), p. 188.

9. Jeremy Taylor, *The Rule and Exercises of Holy Living* in *Fellowship of the Saints: An Anthology of Christian Devotional Literature* (New York: Abingdon-Cokesbury Press, 1957), p. 353.

10. Dietrich Bonhoeffer, *Life Together* (New York: Harper & Row, 1952), p. 99.

11. François Fénelon, *Christian Perfection* (Minneapolis: Bethany Fellowship, 1975), p. 34.

12. Ibid., p. 36.

13. Bernard of Clairvaux, *St. Bernard on the Song of Songs* (London: Mowbray, 1952), p. 70.

14. Bonhoeffer, *Life Together*, p. 97.

15. Ibid., p. 98.

第 10 章 认罪的操练

1. Dietrich Bonhoeffer, *Life Together* (New York: Harper & Row, 1952), p. 112.

2. Ibid., p. 118.

3. Agnes Sanford, *The Healing Gifts of the Spirit* (New York: Holman, 1966), p. 110.

4. Bonhoeffer, p. 116.

5. St. Alphonsus Liguori, "A Good Confession," in an anthology entitled *To Any Christian* (London: Burns & Oates, 1964), p. 192.

6. Douglas Steere, *On Beginning from Within* (New York: Harper & Brothers, 1943), p. 80.

7. Liguori, p. 193.

8. Geoffrey Chaucer, *The Canterbury Tales* (Baltimore: Penguin Books, 1959), p. 23.

9. E. M. Bounds, *Power Through Prayer* (Chicago: Moody Press, n.d.), p. 77.

10. Liguori, p. 195.

11. Bonhoeffer, *Life Together*, p. 118.（"在十字架下生活"一语是朋霍费尔所创。）

12. Sanford, p. 117.

第 11 章　敬拜的操练

1. A. W. Tozer，*The Knowledge of the Holy* (New York: Harper & Brothers，1961)，p. 11.

2. Ibid., p. 21.（所引用的诗歌是查理·卫斯理（Charles Wesley）创作的《荣耀归于至高神》[Glory Be to God on High]。——编注 ）

3. Frank C. Laubach, *Learning the Vocabulary of God* (Nashville: Upper Room, 1956), pp. 22–23.

4. Brother Lawrence, *The Practice of the Presence of God* (Nashville: Upper Room, 1950), p. 32.

5. Douglas Steere, *Prayer and Worship* (New York: Edward W. Hazen Foundation, 1942), p. 36.

6. Thomas R. Kelly, *The Eternal Promise* (New York: Harper & Row, 1966), p. 72.

7. Ibid., p. 74.

8. George Fox, Epistle 288 (1672), 引自 *Quaker Religious Thought* 15 (Winter 1973–1974): 23.

9. François Fénelon, *Christian Perfection* (Minneapolis: Bethany Fellowship, 1975), p. 4.

10. Thomas Merton, *Contemplative Prayer* (Garden City, NY: Doubleday, 1969), p. 42.

11. 引自 D. Elton Trueblood, *The People Called Quakers* (New York: Harper & Row, 1966), p. 91。

12. James Nayler, *A Collection of Syndry Books, Epistles, and Papers*, Written by James Nayler, etc. (London, 1716), p. 378.

13. Willard Sperry, "Reality in Worship," in *The Fellowship of Saints: An Anthology of Christian Devotional Literature*, ed. Thomas S. Kepler (New York: Abingdon-Cokesbury Press, 1963), p. 685.

第 12 章 引导的操练

1. Brother Ugolino di Monte Santa Maria, *The Little Flowers of St.*

Francis (Garden City, NY: Doubleday, 1958), pp. 74–78.

2. Rufus M. Jones, *The Quakers in the American Colonies* (New York: Norton, 1921), p. 517.

3. John G. Whittier, ed., *The Journal of John Woolman* (London: Headley Brothers, 1900), p. 13.

4. Thomas Merton, *Spiritual Direction and Meditation* (Collegeville, MN: Liturgical Press, 1960), p. 12.

5. Ibid., p. 8.

6. Jean-Pierre de Caussade, *The Sacrament of the Present Moment*, trans. Kitty Muggeridge (San Francisco: Harper & Row, 1982).

7. Dave and Neta Jackson, *Living Together in a World Falling Apart* (Carol Stream, IL: Creation House, 1974), p. 101.

8. Merton, p. 9.

9. George Fox, *The Journal of George Fox* (London: Headley Brothers, 1975), p. 184.

10. Dallas Willard，"Studies in the Book of Apostolic Acts: Journey into the Spiritual Unknown"（这篇文章收录在魏乐德编写的一个学习手册中，并未正式出版）。

第 13 章 庆祝的操练

1. Harvey Cox, *The Feast of Fools* (Cambridge: Harvard

University Press, 1969), p. 12.

2. François Fénelon, *Christian Perfection* (Minneapolis: Bethany Fellowship, 1975), p. 102.

3. D. Elton Trueblood，*The Humor of Christ* (New York: Harper & Row，1964)，p. 33.（中文版：杜鲁伯著,《耶稣的幽默》，徐亚兰、王小玲译，台北：橄榄基金会，2000年。——编注）

4. Cox, p. 11.

5. Ibid., p. 10.

6. Ibid., p. 3.

现代灵修作品推荐

    本书每章章末的推荐阅读，以及注释中所提到的书籍，都是我提供的一些文献资源，为了帮助你进行更深入的探索。我想，如果能在它们的基础上再加上一些近年来的作品，应当会对你十分有益。我写作本书的时候，同时代的灵修作品十分稀少，尤其缺少新教信徒的相关著作。然而在过去十年，有一大批新著作陆续问世，其中一些格外优秀，实在是可喜之事。下面这份书单便是其中一部分范本，希望能够成为你旅程中的向导。

新近的灵修作品

    说起灵修史，或灵修神学发展进程，又或相关领域的重要人物，多数人都没有什么概念。以下著述应当能弥补这一方面的缺失：

- Jones, Cheslyn, Geoffrey Wainwright, and Edward Yarnold, eds. *The Study of Spirituality*. New York: Oxford University Press, 1986.

    这是一本非常优秀的选集，几大主流灵修传统的作品都在

其中。让我特别高兴的是，书内专门用一个篇章来讨论
"教牧灵修"，这正是在过去的教牧神学中被长期忽视的一
个部分。

- Lane, George A. *Christian Spirituality: An Historical Sketch*.
Chicago: Loyola University Press, 1984.

    本书能让你速览基督教灵修历史的进程，书后还提供了
    一份精简的重要人物年表。另外，厄本·霍姆斯（Urban
    Holmes）的《灵修史》（*A History of Spirituality*）也很值得
    一读。

- Leech, Kenneth. *Experiencing God: Theology as Spirituality*.
San Francisco: Harper & Row, 1985.

    你可能熟悉作者李卓的《灵魂之友》（*Soul Friend*）和《真
    祷告》（*True Prayer*）。现在这一本《经历神》，致力于确立
    灵修中核心的神学基础，探索神转化人心的方式。前辈作
    家常说"神学习性"（theology habitus），指一种从我们习
    惯的根部开始动工的神学。本书将这一传统重新带回神学
    之中，意义十分重大。（此处提到的三本书中，只有《真祷
    告》有中文版，其资料请见本书第三章"祷告的操练"的
    推荐阅读。——编注）

- Pennington, M. Basil, Alan Jones, and Mark Booth, eds. *The
Living Testament: The Essential Writings of Christianity Since
the Bible*. San Francisco: Harper & Row, 1985.

    一本生动有趣的合集，从《使徒信经》直到葛培理（Billy
    Graham）的著作均有收录。

- Ramsey, Boniface. *Beginning to Read the Fathers*. New York:

Paulist Press, 1985.

所有想要阅读早期教父著作（包括沙漠教父的著作）、却畏于文化和语言之隔阂的读者，将在本书中找回起初的兴奋。它能帮助人厘清教父们在许多议题上多样的立场，包括"人的光景"和"死亡与复活"这样的议题。更幸运的是，它还大量地直接引用了教父的著作。

灵修与祷告

由于祷告是灵修的核心，为这一主题设立一个专栏是理所当然的：

- Bloesch, Donald G. *The Struggle of Prayer*. San Francisco: Harper & Row, 1980.

  本书来自一位重要的福音派神学家，记述了在与祷告相关的重要的圣经和神学议题上的挣扎。它聚焦于一些艰难的疑问，又不失热诚的敬虔。

- Griffin, Emilie. *Clinging: The Experience of Prayer*. San Francisco: Harper & Row, 1984.

  本书作者埃米莉·格里芬是一位真正认识神的人，所以我们需要认真对待她所发出的祷告生活的邀请。本书文字不多，但字字珠玑。

- Guyon, Jeanne. *Experiencing the Depths of Jesus Christ*. Goleta, CA: Christian Books, 1975.

  这是那本十七世纪的老书新作；能让现代读者领略到盖恩夫人关于祷告的极其简单又极其深刻的教导，实在是一件值得高兴的事。（中文版：盖恩夫人著，《更深经历耶

稣基督》，香港：活道使命团编译出版，2002 年。该书的
原作是法文，英文翻译书名为 *A Short and Easy Method of
Prayer*，这一版的中文版是：《简易祈祷法》，俞成华译，香
港：以琳出版社，1985 年。——编注）

- Hassle, David J. *Radical Prayer: Creating a Welcome for God,
  Ourselves, Other People and the World*. New York: Paulist
  Press, 1983.

  本书提炼了罗耀拉的《神操》里的洞见，让我们见识到，
  祷告在沦为一门技术之前的原初模样。它基于天主教的立
  场而写作，却掩不住它适用于普世一切传统的智慧。（该
  书暂无中文版。至于《神操》，请见本书第一章的推荐阅
  读。——编注）

- Hinson, E. Glenn. *The Reaffirmation of Prayer*. Nashville, TN:
  Broadman, 1979.

  本书努力把传统的祷告形式——崇拜、感恩、悔罪、代求、
  许愿和委身——全部代入现代世界的生活之中。那些认识
  作者格伦·欣森的人，都因他智慧的广博和敬虔的深邃而
  震惊；很少有人能同时兼具这两项品质。

- Peterson, Eugene H. *Earth & Altar: The Community of Prayer
  in a Self - Bound Society*. Downers Grove, IL: InterVarsity, 1985.

  你肯定早通过《天路客的行囊》和《生命真正的自由》
  （*Traveling Light*）熟悉了作者毕德生。在如今这本《重拾
  无私的祷告祭坛》里，他讲解了团体性祷告，特别是如何
  通过祷告救我们脱离自我中心。他运用了曾经再造了以色
  列政治面貌的十一篇诗篇，向我们展示如何通过祷告再造
  美国的政治面貌。（中文版：《天路客的行囊》，请见本书第

一章的推荐阅读;《生命真正的自由》, 林明贞译, 台北: 橄榄出版, 2009 年;《重拾无私的祷告祭坛》, 何伟祺译, 香港: 以琳出版社, 1990 年。——编注)

- Toon, Peter. *From Mind to Heart: Christian Meditation Today.* Grand Rapids, MI: Baker Book House, 1988.

  本书带我们走入基督教的默想操练。作者展示了默想"与祷告和理性研究之间的关联和差异"。

一般性的灵修作品

近年来有许多杰出的灵修佳作出炉, 其中一些罗列如下:

- Boyer, Ernest, Jr. *A Way in the World: Family Life as Spiritual Discipline.* San Francisco: Harper & Row, 1984.

  本书对家庭生活极其重视, 绝不把它当作属灵生活的障碍, 反而看作是神培养属灵生命的手段。其中的两章"关顾家人的圣职"和"日常生活的圣职"很好地表达了这一点。

- Colliander, Tito. *Way of the Ascetics: The Ancient Tradition of Discipline and Inner Growth.* Trans. by Katherine Ferré. San Francisco: Harper & Row, 1960.

  如果你想要从东正教的灵修大师身上学习一些东西, 这本书会是一个很好的起点。它扼要地摘录了东正教教父的著作, 并为每日的灵修提供了操练指导和简要注解。

- Edwards, Tilden H. *Spiritual Friend: Reclaiming the Gift of Spiritual Direction.* New York: Paulist Press, 1980.

  许多灵修指导听上去都像是模糊难懂的预言式的奥秘, 这本《属灵伙伴》在这方面能帮我们厘清很多的误解, 也使我们看到自己不必一个人孤独地灵修。此外，你也可以去读一下作者蒂尔登·爱德华兹之前的那本《每日单纯生活》（ *Living Simply Through the Day* ）。

- Foster, Richard J. *The Challenge of the Disciplined Life: Christian Reflections on Money, Sex & Power*. San Francisco: Harper & Row, 1985.

《生命的洗练》是为了让我们过上敬虔的生活，这本书则是为了让我们过上有道德——爱神、爱邻舍——的生活。在对抗财富欲、性欲和权力欲上，修道院使用的是守贫、守贞和顺从的誓言，我则将之阐发为一种适合当代的誓言：简朴、忠诚和服事。在这个主题上，你也可以去看我之前所写的那本《简朴生活真谛》。（中文版：傅士德著，《偶像的挑战：对钱、性和权力的反思》，周天和译，北京：光明日报出版社，2014 年。至于《简朴生活真谛》，请见本书第六章"简朴的操练"的推荐阅读。——编注）

- Granberg-Michaelson, Wesley. *A Worldly Spirituality: The Call to Redeem Life on Earth*. San Francisco: Harper & Row, 1984.

本书提出了一种新的神学观点，劝我们与神所造的万物建立起一种关怀和培育的团契关系。它致力于把灵修的相关方面，应用在我们今天所面对的复杂的生态问题上。

- Holmes, Urban T. *Spirituality for Ministry*. San Francisco: Harper & Row, 1982.

许多牧师和神父都发现，他们的会众最不感兴趣的就是培养自己的灵修生活，本书有助于纠正这些不当的观念。

- Klug, Ronald. *How to Keep a Spiritual Journal*. Nashville, TN: Thomas Nelson, 1982.

一本单刀直入的书，谈论记录灵修日志的价值和技巧。

- Leckey, Dolores R. *The Ordinary Way: A Family Spirituality.*
New York: Crossroad, 1982.

  本书尝试把圣本笃所作的《会规》(*Rule*)之中的智慧应用在家庭生活里，话题包括亲密、平等、祷告、玩耍、研究、团结和款待。

- McNeill, Donald P., Douglas A. Morrison, and Henri J. M.
Nouwen. *Compassion: A Reflection on the Christian Life.*
Garden City, NY: Image Books, 1983.

  本书致力于将基督徒美德中的怜悯，应用在当今社会中紧迫的不公义问题上。作者让我们看到，如何在正确的属灵生活次序中培养怜悯之心，以及如何在这怜悯中为"被压伤的"和"被折断的"人做一些事。(中文版：卢云、麦尼尔、莫里逊合著，《慈心怜悯：在卑微与逼迫中发现神》，黄大业译，香港：基道出版社，2017年。——编注)

- Macy, Howard R. *Rhythms of the Inner Life: Yearning for
Closeness with God.* Old Tappan, NJ: Fleming H. Revell, 1988.

  以《诗篇》为本，作者指出了七种有助于培育属灵生命的内心活动：切慕、等候、战兢、羞愧、安息、述说、庆祝。

- Nouwen, Henri J. M. *The Way of the Heart: Desert Spirituality
and Contemporary Ministry.* New York: Seabury, 1981.

  卢云已经透过《负伤的治疗者》(*The Wounded Healer*)、《吉尼西修院静修日记》(*The Genesee Diary*)和《新造的人》(*Making All Things New*)等书籍培育了我们的属灵生命。在这本《心灵的样式》里，他把旷野中的灵修智慧应用在当代的处境里，内容聚焦于属灵操练中的独处、静默与祷告。（此处提到的卢云的四本书中，只有两本有中文版：《负伤的医治者：当代牧养事工省思》，喻书琴译，北京：华夏出版社，2016 年；《新造的人：属灵人的印记》，庄柔玉译，香港：基道出版社，1992 年。——编注）

- Stringfellow, William. *The Politics of Spirituality: Spirituality & the Christian Life*. Richard H. Bell, ed. Philadelphia: Westminster, 1984.

  认识了作者威廉·斯特林费洛，会让你摆脱一种试探——让自己的属灵生活与当今紧迫的社会议题脱节。本书把灵性视为一种基本的政治性的存在，它试图掌管我们全人：身体、头脑、灵魂、身份、人际关系、体制结构以及更多。在他活跃的一生中，斯特林费洛留下了十四本书，其中包括了《良心与顺从》（*Conscience and Obedience*）和《基督徒和其他外侨在陌生国家的道德法则》（*An Ethic for Christians and Other Aliens in a Strange Land*）这样的佳作。

- Willard, Dallas. *The Spirit of the Disciplines: Understanding How God Changes Lives*. San Francisco: Harper & Row, 1988.

  如果要我选出这十年里最重要的一本灵修著作，那就是这一本。它为属灵操练建立起了一套清晰的神学，要把我们尽都变为基督的样式。（中文版：魏乐德著，《灵性操练真谛》，文子梁、应仁祥译，台北：校园出版社，2006 年。——编注）

- Woodbridge, Barry A. *A Guidebook for Spiritual Friends*. Nashville, TN: Upper Room, 1985.

  这是一本简单而有益的书，谈论属灵引导的相关事项。

致　谢[*]

1978 年版

书籍最好是在群体中写成。我深深受惠于那些在我周围生活的人。本书的思想内容基本上是从他们身上得来的。借着魏乐德的友谊和教诲，我第一次看到灵性操练的意义和需要。足有四年多的时间，他都是我灵性操练的良师。他的生活乃是本书原则的化身。

贝斯·卜尔琴女士（Bess Bulgin）曾给我不少的帮助。她细心地以祷告的心情将本书内容阅读过好几次，并且在文词上加以润色，提高了可读性。博伊斯夫妇在我写作的过程中，不断地给我热诚的鼓舞。韦丝女士（Connie Varce）是一位最出色的行政秘书，她那打字的技术、文法的修练和乐观的态度，都使本书生色不少。梅玛莉女士（Mary Myton）辛勤地为我的初稿和最后的修正稿打字。孙柏先生（Stan Thornburg）用他的言语和生活教导我认识服事的精义。馨素女士（Rachel Hinshaw）仔细地为我校阅稿件。此外，我

---

* 本书的英文原版于 1978 年问世，1988 年、1998 年各修订一次，因此共有三篇致谢。——编注

要特别感谢纽堡友谊教会（Newberg Friends Church）给我好几个星期的假期，让我有时间对本书作最后的修正，我也由衷感谢吴武牧师，他在我休假期间，担负了双倍的牧师职务。

我的孩子约珥和拿单也极其耐心，容许他们的父亲一再减少与他们游戏和给他们讲故事的时间。如今本书已经完成，他们可以高兴地再次延长与父亲玩耍、听父亲讲故事的时间了。

1988 年版

本书自从初版至今已满十年。我仍觉得，书籍最好是在群体中写成；如今唯一不同的是，使我受惠的群体比以前广大得多。过去十年，数不清的人曾写信给我，或鼓励，或质疑，或改正，或激发我的思想。除此以外，有好些人曾亲自与我交谈，分享他们的挣扎、学习和成长。他们使我在灵性生命上受教不浅，也对本书的修订有所贡献。

我要特别感谢内子嘉露玲（Carolynn）。多年来她用难以言喻的方法，教导我如何与神同行。如今将本书献给她要比十年前更合适。我也要向我们的行政助理盖灵德女士（Lynda Graybeal）致谢，她曾经不辞劳苦地在许多细则上，为本书的增订本费心费力。

当我修订本书时，深觉意犹未尽，词不达意。一切用字遣词最多也不过是断续零碎的对神的真理的见证而已。我们确实是对着镜子观看，模糊不清。不过，令我感受更深的是，神能够使用那么不适当、不完全甚至笨拙地写在纸上的文字，去更新和改变生命。这事如何发生，我不晓得。那是恩典的神迹，它指向一项事实，假如在本书中有任何东西给你提供生命力，那不是从我而来。*Soli Deo Gloria*！（荣耀独归神！）

1998 年版

二十年前，我曾写道："书籍最好是在群体中写成。"十年前，我再次重申了这一自白，并补充说："如今唯一的不同是，使我受惠的群体比以前广大得多。"如今他们更是如此，比二十年前大了两三倍。

不过，我也想再补充一个不同点：在这个不断扩大的群体里，许多人都穿过了"死荫的幽谷"，如今生活在彼岸，内心充满了完全的喜乐与满足。对此我毫不怀疑。

第一个穿越死荫幽谷的是贝斯·卜尔琴女士。我当初写这本书的时候，每周都会跟她见一次面，请她品评。贝斯是一位诗人，能以诗人的眼光发表见解。这一段文字交流的过程，让我们结下了一份深厚而持久的友谊。

后来我搬了家，当时并不知道在她进入"幽谷"之前我们是否还有机会重逢。我们的确又见了一面，只是我们俩都意识到那会是我们最后一面，也都这么说了出来。于是我们一起聊天，追忆过往。贝斯跟我分享了一首新诗。然后，我声音颤抖着向她读了《纳尼亚传奇》系列最后一本书的结尾："从那以后的事情太过伟大与美好，令我无法用文字表达出来。对于我们来说，这就是全部故事的结局了；而且我们可以最真心实意地说上一句：'从此以后，他们大家就一直幸福地生活下去了'。但是对于他们来说，这不过是真正故事的开端罢了。他们在这个世界里的全部生活，以及在纳尼亚的所有奇遇，才仅仅构成了一本书的封面和扉页；现如今，他们终于开始书写这个伟大故事的第一章了；而这个伟大的故事，世上还没有人读过呢；这个伟大的故事，会永永远远地继续下去，而且每一章都会比前一章更精彩。"

我合上了书，两个人一同静坐在适时的沉默里。之后，我离开，一路回到我的新家。此后不久，贝斯也离开了，去到了她在死荫幽谷之外的新家——天家。

这一类的失却，是我们所有人都必须面对的一个现实，不时地面对，又或经常面对。既然这样，就让我们来听听查理·卫斯理这些振奋人心的话语吧：

> 如若死亡将我与友分离，
> 主你不会责我悲伤，
> 或是不喜见我泪流；
> 得抑用情过度，
> 你许我默默痛苦，
> 悼那安息你怀之人。
>
> 我感到强烈永恒盼望，
> 将我哀伤之心振作，
> 卸下如山重担；
> 蒙赎脱离死亡、悲伤、苦痛，

我必快要再得吾友，
就在神之怀中。

时光飞逝，过不多时，
必将复活蒙福之人，
即那死亡曾夺之人；
你必为我发命召唤，
在那永恒之日，
将我分离之友归还。

庆祝本书出版二十五周年！

在我们这一代，能够获得"经典"称号的书籍并不多，傅士德的《生命的洗练》便是其中之一。说到基督教"经典"，我们很少会想到当代的著作，因为我们的假设是，一本书要成为经典，它必须很古老。但其实，年代和经典没有多大的关联。一本书的主旨经受住了众多人的考验，被证明是权威的、有智慧的、有助益的，它就成为经典。

——威廉·C. 弗雷（William C. Frey）

三一神学院前院长

我是从一位巴拿马共和国的天主教神父那里第一次听说这本书的。他把这本书推荐给了他的教区。我买了一本，立刻将它定为我所在教会所有带领人的必读书……从那以后，我一直将这些属灵操练作为一种生活方式——傅士德将圣灵一直放在我心中的那些东西都清楚地写在纸上，对此我万分感激。

——杰米·白金汉（Jamie Buckingham）

《白金汉报》（*Buckingham Report*）编辑

傅士德影响了我的一生。作为一个活动家，我常常过分投入在我自己的"善举"当中，而时常忽略使我连于我的力量与异象源泉的那些属灵原则。我还有很远的路要走，但是这本书是将我带到我应该走的方向的主要助力。

——托尼坎·波罗（Tony Campolo）

《谁换了价签》（*Who Switched the Price Tags*）

与《七宗罪》（*Seven Deadly Sins*）的作者

傅士德是一位罕见的蛮有力量的作者。他文笔简洁，见解深刻，入木三分，发人深省，启迪思维，切实可行，书中没有很多现代书籍常有的口语错误。本书早已成为我个人属灵生活中有影响力、有挑战、有用的指导。这本书就像是一位我非常感激的老友。我为着傅士德对于基督徒灵性之深刻而强大的贡献感谢神。这本当代基督教经典著作持续帮助一代又一代读者与基督同行，我备受鼓舞。

——加里·R. 柯林斯（Gary R. Collins）

三一神学院心理学教授

过去十年是教会在诸多方面经历灵性上深刻更新的十年。我们这些福音派新教徒需要归正我们的行动主义，回归到我们的根本——真正与神同行。在这次更新当中，《生命的洗练》无疑成为诸多关键书籍之一。当我第一次阅读这本书的时候，我个人获得了极大的帮助。于是我对它大力推荐。傅士德清晰的文笔加上对操练的恩典的强调，使该书成为我们这个时代的名作之一。我经常查阅该书……我为《生命的洗练》的再版而欢呼。

——莱顿·福特（Leighton Ford）

莱顿·福特事工

"跟从我！"这是基督刚开始传道时在加利利海边对雅各和约翰发出的呼召。"跟从我！"这在今天依然是基督对信徒们的呼召。但是，在一个忽视基督而看重物质主义的文化中，要注意到这一呼召并不容易，而且很容易产生沮丧和挫败感。傅士德所写的这本书小心地探究了在当今社会认识并跟从救主的圣经含义，并给信徒们的日常生活提供了切实可行的建议。

——马克·O.哈特菲尔德（Mark O. Hatfield）

美国前俄勒冈州参议员

《生命的洗练》使今天的教会对经典的属灵操练有了全新的、深入彻底的理解。很多基督徒都将书中改变生命的真理付诸实践，这种激情横扫美国。

——卡洛琳·库恩斯（Carolyn Koons）

《托尼：我们超越背叛的共同经历》

（*Tony: Our Journey Together and Beyond Betrayal*）作者

将近十年前，我刚读到这本书，就不再像以前那样因为行走在属灵旅途中而感到极度恐惧。这些年来，在我作为作家和教师的工作中，我越发重视这本书。《生命的洗练》更像是一位极为亲爱的老朋友，温柔地对我发起挑战，要我坚

373

定地走在成圣和追求神的道路之上。傅士德的思想和表达方式清晰而有力度，照亮了前方的道路，即使在最黑暗的时刻，他清晰的散文体和敏锐观察得出的结论，使得艰难的个人和团体的属灵操练实践变成非常喜乐的经历。

——朱迪斯·C.莱克曼（Judith C. Lechman）

《向勇气屈服》（*Yielding to Courage*）

和《柔和的灵性》（*The Spirituality of Gentleness*）作者

本书在第一次出版之时就赢得我心。它是现实世界的一个新鲜的声音……而今天比那时更加需要傅士德的智慧。诚然，傅士德提供给我们的操练的喜乐将帮助我们来寻求神的国，他的方式与二十世纪末的基督教的方式不同，以更多喜乐且更少说教的方式来催促我们。他在两个极端之间——在后果严重的自我放任和放纵、具有同样破坏性的律法主义和恐惧之间——显得游刃有余。无论是写默想和默祷，还是写圣经学习，或者写禁食，傅士德都给我们提供了一个灵性健康的、喜乐强壮的属灵操练观。

——马德琳·英格（Madeleine L'Engle）

《时间的皱纹》（*A Wrinkle in Time*）作者

我们是自我放纵的一群人，处于一个自私的时代。即使作为基督徒，我们也不喜欢操练，无论是身体上的、智力上的、社交上的，还是属灵上的操练，都不喜欢。但是傅士德的《生命的洗练》正是这样一本引导灵性的天才作品。他用自己的信仰和实践显明我们缺少些什么——进行属灵操练的喜乐和发现基督所应许的生命的完全。在这本书出版十年之后，我依然会引用它的内容，推荐人阅读它，践行它的原则，赞美它为持久的基督教作品所作出的及时的贡献。

——大卫·L. 麦肯纳（David L. McKenna）

阿斯伯里神学院名誉院长

我曾经说，福音派的赞美诗是"奇异恩典"，哀叹我们福音派信徒从来没写过一首叫做"奇异操练"的赞美诗。但是现在我不再这样说了。傅士德所教给我的内在灵性，比我以前知道的更为透彻。《生命的洗练》所传递出来的喜乐使我不再只有廉价的感恩，而是进入到默想的生活方式。这样的生活方式不仅改变了我的生活，而且改变了更新事工的会众，让我们心怀感谢。

——卡尔文·米勒（Calvin Miller）

《七真理之书》（*The Book of 7 Truths*）

和《单身三部曲》（*The Single Trilogy*）作者

如同一个孩子在雨天探索一栋老房子的阁楼，发现了一个装满财宝的箱子，就去叫来所有兄弟姐妹跟他一起分享这个发现一般，傅士德"发现"了现代社会束之高阁、早已忘却的属灵操练，并兴高采烈地叫我们一起庆祝。因为正如傅士德让我们看到的，这些属灵操练是喜乐的乐器，是进入成熟的基督徒灵性与丰盛生命之路。

——毕德生（Eugene H. Peterson）

《跳过墙垣》（*Leap Over a Wall*）作者

今天教会最缺乏的是自我操练。重生之后的基督徒必须做些什么，在这方面信实的教导太少了。只有在归信之后，成圣的伟大工作才会开始。一个基督徒若要在基督里成长，他（她）就必须有熟练的操练。傅士德写的这本书已经并将继续成为对这种属灵操练最有价值的礼赞。我们向所有读者强烈推荐这本书。

——约翰·桑福德和宝拉·桑福德（John and Paula Sandford）

《内在生命的改变》（*Transformation of the Inner Man*）作者

在我们这个由廉价而庸俗的价值观所构筑的社会里，傅士德为我们高举了一个可靠又高贵的榜样。他大胆而清晰地书写属灵操练，是基督亲自实践过的操练，因而令人信服……

傅士德对我个人很有帮助，他提出一个结论：这些操练本身微不足道，它们不过是达到一个更大目的——自由——的方法而已……因着物理学定律，帆船从逆风转向为顺风而破浪向前，同样，身心的操练能使我们把局限和障碍变成得赎的自由，给我们个人、教会、社会带来益处，也能够归荣耀与神。

我一直喜欢傅士德的务实。属灵操练中有奥秘，但并非不可企及。因为傅士德详细具体地帮助我们看到，要怎样实践这些属灵操练。在这本书中，灵性与身体被融为一体；话语变得有血有肉；天与地也连接在一起。

——露西·肖（Lucia Shaw）

《倾听绿色》（*Listen to the Green*）作者

　　傅士德的这本书是有关基督徒灵性的最好的一本现代书籍。在过去十年中，我已经把它读了六七遍，并将它作为课本用在班级和小组里……除了圣经，没有一本书像《生命的洗练》一样，在滋养我的祷告内在旅程和属灵成长方面，对我有这么大的帮助。

　　　　　　　　——罗纳德·J. 赛德尔（Ronald J. Sider）
　　　　　　　　社会行动福音执行董事

　　用一个新版本来庆祝傅士德的佳作《生命的洗练》出版二十五周年，让我们所有人都有机会感谢神。感谢神赐给我们这份礼物，在这个似乎没有缺乏的世界里，这本书给基督徒的生活带来宝贵的全新意义。

　　　　　　　　——路易斯·B. 斯密德（Lewis B. Smedes）
　　　　　　　　《关心与委身、饶恕和忘记》
　　　　　　　　（*Caring & Commitment and Forgive & Forget*）作者

　　本书帮助我理解和实践基督徒生活。我特别欣赏傅士德对于教区的敏感——既专注于分享操练，又关注每个个体。本书帮助我们经历到教会的真实状况。

　　　　　　　　——霍华德·A. 斯奈德（Howard A. Snyder）
　　　　　　　　联合神学院副教授

　　每个基督徒的书架上都应该有一本《生命的洗练》，每个基督徒都应该经常阅读研习它。全书贯穿了对属灵成长整个领域的救赎性的解释。傅士德以现代视角将传统经典和圣经资料结合起来，真正更新了本书存在的意义和必要性。每读一遍，都能给人新的渴望来效法耶稣基督的生活。

——汤米·泰森（Tommy Tyson）

宣教士

　　过去的二十年，我自己的属灵朝圣之旅已经使我离开了理性主义定势思维，我不再看重学术性的、以证据为核心的信仰，而是看重基督徒的实践与经历。

　　傅士德的这本书呼召我们所有人进入到这样的信仰里。书中说，光是相信是不够的。神想要的是实践，敬拜的实践、操练的实践、有老练信仰的实践。我坚定地相信这是一本写给我们时代的书！它就是沙漠中的一片绿洲，带领我们这些现代人从灵性之水里喝到新鲜的属灵泉水。这灵性是深深植根于基督教传统之中的。

——罗伯特·韦伯（Robert Webber）

惠顿学院神学教授

　　在本书中，傅士德给了我们一件稀有的礼物。本书帮助我与我早已知晓却不断遗忘的那些真理连接起来。它再一次吸引我来到修道生活一直鼓励我去探索的主题，我的内在生命。傅士德吸引我进到深处，它所需要的并不是禁欲主义的苦修（这只是一种会击垮我心灵的阴郁病态），而是能打开通向自由之门并成为赞美的喜乐的操练。

　　我一直觉得顺服是得着真正喜乐的最佳途径。但在今天，"顺服"这个词在我们口中已经变得不再新鲜。然而，本书将顺服重新带回到传统的基督徒的操练里，祷告的操练、禁食的操练、默想的操练、简朴的操练、属灵引导的操练，等等。这些操练呈现给我们的是喜乐，而不是律法……

傅士德帮助我们将日常之事加以深化。书中对于每个操练的庆祝帮助我们将内在生活和外在生活连接起来。

——玛卡雷娜·威德克（Macrina Wiederkehr）

《满是天使之树》（*A Tree Full of Angels*）作者

《生命的洗练》一书早已悄然在全球许多人的生活中展现出它的能力，并在二十世纪末主领人们登上属灵生命的高地。凡我所到之处，都会遇到因着这本书而获得生命改变的人。本书使我们与那些在任何环境都能与耶稣相近的人同走生命之路，也教导我们可行的转化模式，使我们确信自己有份于神的国度。这就是本书大有能力的秘诀。如果你希望亲身经历圣经中满有神恩典的生活，傅士德就是你最好的顾问。

——魏乐德（Dallas Willard）

《心灵的重塑》（*Renovation of the Heart*）作者

正文经文索引

(黑体为经文出处，非黑体为经文所在页码)

380

正文主题索引

A

Adam，亚当，57

Addictions，simplicity and，简朴与癖好，168—169

Affirmations，肯定，132

Albert the Great，大阿尔伯特，67

Alphonsus Liguori，亚丰索，265

Ammonas，Father，沙漠教父阿摩拿斯，288

Anatomy of an Illness（Cousins），《笑是治病的良药》（诺曼·卡森斯），334

Anna，亚拿，106，114

Antinomianism，heresy of，反律法主义的异端思想，23，39

Anxiety，挂虑：celebration and，庆贺与 ~，330—331；simplicity and，简朴与~，158—162

Apophthegmata（*Sayings of the Fathers*），《沙漠教父言行录》，314—315

Archimedes，阿基米德，162

B

Baker，Augustine，贝克，315

Barnabas，巴拿巴，306，319

Bernard of Clairvaux，伯尔纳铎，229，257

Bible，圣经：fasting in，~中的禁

Aristotle，亚里士多德，107

Arnold，Heini，海尼·阿诺德，35

Asceticism，苦行主义 / 禁欲主义，116，161—162，238

Assurance，and guidance，引导与保证，305—306

Asterius，阿斯提留，116

Augustine of Hippo，希波的奥古斯丁，255，325

Authority，权柄：of forgiveness，赦罪的 ~，258—262，268—272；and guidance，引导与 ~，305；and service，服事与 ~，230—231，242；and submission，顺服与~，220—222，242

G

Gadgetry, 精巧的器械或电器, 170

Gide, André, 纪德, 142

Gish, Arthur, 阿瑟·吉施, 158

Giving, fasting and, 施舍与禁食, 111—112, 114

Goal reorientation, 方向的重置和目标的厘定, 196—197

Grace, 恩典: cheap, 廉价的 ~, 113; of confession, 认罪的 ~, 257—258; disciplined, 操练的 ~, 39; and meditation, ~与默想, 66—67

Group (corporate) disciplines, 团契的操练, 108—109, 257—356

Guidance, 引导: corporate, 团契的 ~, 303—319; discipline of, ~的操练, 303—319, 338; limits of corporate, 团体 ~的局限, 317—319; prayer and, 祷告与 ~, 90, 306—307, 316—317

Guyon, Madame, 盖恩夫人, 60

H

Hamel, Johannes, 约翰内斯·哈梅尔, 217

Hammarskjöld, Dag, 达格·哈马舍尔德, 141

Haustafel, 家训, 213

Hearing: meditation as, 默想来聆听, 57—60。也请参考 Listening（聆听）

Henry, Patrick, 帕特里克·亨利, 313

Hershberger, Guy, 赫施柏革, 212n

Hiddenness, service of, 隐藏的服事, 239

Hippocrates, 希波克拉底, 107

Hoekendijk, Johannes, 何健迪, 326n

Holy dependency, 圣洁的倚赖, 292

Holy Exercise of a True Fast (Cartwright), 《真禁食的神圣操练》(卡特赖特), 111

"Holy expectancy", "神圣的期待", 281—285

Holy leisure, 圣洁的闲暇, 69—70

Holy obedience, 圣洁的顺服, 294

Hosea, 何西阿, 264

Hospitality, service of, 接待的服事, 243—244

Hsi, Pastor, 席胜魔, 107

Humility, 谦卑: service and, 服事与 ~, 234—236; study and, 研究与 ~, 134

Humor, 幽默, 333—334

Hunger strike, 绝食示威, 107

Hyde, John, 印度的海德, 85

I

Ignatius of Loyola, 罗耀拉, 72

Imagination, 想象力: celebration with, 用 ~庆祝, 335—336; in meditation, 默想中运用 ~, 67—68, 71—73; and prayer, ~与祷告, 92—94

M

N

O

P

Pascal, Blaise, 帕斯卡尔, 141

Pastor, prayer for, 为牧师祷告, 95—96

Paul, 保罗, 110, 116; and celebration, ~与庆祝, 330, 331; and economics, ~论经济(财富), 161, 165; fasting by, ~的禁食, 106, 108—110, 116; and guidance, ~与引导, 306, 307—308, 316, 319; on meditation, ~论默想, 69; and prayer, ~与祷告, 86, 95, 331; and redemption, ~与救赎, 256; on righteousness, ~论称义, 37, 38, 42; on salvation, ~论救恩, 257; and service, ~与服事, 237, 241, 243; on sin, ~论罪, 34, 35; on study, ~论研究, 129, 131; study of, ~的研究, 138; on submission, ~论顺服, 213—216, 217, 221; and "watchings", ~与"警醒", 110; and worship, ~与敬拜, 280, 288—289, 291, 306—307

Penance, 忏悔, 261—262

Penn, William, 彭威廉, 63, 85

Pennington, Isaac, 潘宁顿, 293

Pensées (Pascal), 《思想录》(帕斯卡尔), 141

Peter, 彼得, 334; and guidance, ~与引导, 307; sacrifice of fools by, ~献上的愚昧人的祭, 187;

and service, ~与服事, 241—242, 243; and simplicity, ~与简朴, 168n; study by, ~的研究, 138, 139; and submission, ~与顺服, 207, 209, 213, 217, 241; and worship, ~与敬拜, 289

Peter of Celles, 塞勒斯的彼得, 62, 69

Philemon, 腓利门, 216

Physicality, of worship, 全人的敬拜, 290

Places, 地点: for meditation, 默想的~, 70; for solitude, 独处的~, 195; for study, 研究的~, 139—140

Plato, 柏拉图, 107

Politics of Jesus (Yoder), 《耶稣政治》(尤达), 325

Pope, Alexander, 亚历山大·蒲柏, 145—146

Posture, of meditation, 默想的姿势, 70

Poustinias, 静隐之所, 195, 245

Poverty, forced, 被迫的贫穷, 161

Practice of the Presence of God (Brother Lawrence), 《操练与神同在》(劳伦斯弟兄), 141

Praise, and worship, 赞美与敬拜, 279—280

Prayer, 祷告, 83—98, 338; and celebration, ~与庆祝, 330; and confession, ~与认罪, 270; and fasting, ~与禁食, 108, 109, 118; forms of, ~的形式, 87—

W

Wallis, Arthur, 亚瑟·华理斯, 112—113

Washington, George, 乔治·华盛顿, 313

"Watchings", "警醒", 110

Wesley, John, 约翰·卫斯理: on determination to avoid sin, ~论决心与罪隔绝, 266; and fasting, ~与禁食, 105, 106, 109, 110, 114, 121; *Journal of*, 《~日记》, 141; on prayer, ~论祷告, 84; *Repentance of Believers* by, ~的《信徒的悔改》的讲章, 257; and spiritual direction, ~与属灵方向, 317

Whittier, John Greenleaf, 约翰·惠蒂埃, 312—313

Whyte, Alexander, 亚历山大·怀特, 67, 72, 73

Will, to be delivered from sin, 从罪中得拯救, 266

Willard, Dallas, 魏乐德, 304, 319

Will of God, prayer and, 祷告与神的旨意, 86

"Will worship", 敬拜意志, 35—36

With Christ in the School of Prayer (Murray), 《祷告的学校》(慕安德烈), 87

Woolman, John, 约翰·伍尔曼, 31, 141, 173, 174, 312

"Worm theology", 蠕虫神学, 238

Worship, 敬拜, 277—295; avenues into, 进入 ~的途径, 286—291; and distractions, ~与分心的事情, 292—293; fruits of, ~的果效, 294—295; and guidance, ~与引导, 296—297; leader of, ~的带领人, 285—286; object of, ~的对象, 279—280; preparation for, ~之准备, 281—285; priority of, ~的优先地位, 280—281; steps into, 进入 ~的步骤, 291—294; "will", ~意志, 35—36

Y

Yoder, John Howard, 尤达, 325

Yogis, 瑜珈, 107

Z

Zarathustra, 琐罗亚斯德, 141

Zoroaster, 琐罗亚斯德, 107

图书在版编目（CIP）数据

生命的洗练 /（美）傅士德（Richard J. Foster）著；
周天和译 . -- 上海：上海三联书店，2019.12（2023.2 重印）

ISBN 978-7-5426-5794-7

Ⅰ.①生… Ⅱ.①傅… ②周… Ⅲ.①伦理学 - 通俗
读物 Ⅳ.① B82-49

中国版本图书馆 CIP 数据核字（2017）第 006314 号

生命的洗练

著　　者 / 傅士德

译　　者 / 周天和

策　　划 / 找到啦

责任编辑 / 邱　红　　陈泠珅

特约编辑 / 王培洁　　金宗墨

装帧设计 / 高　蕾

监　　制 / 姚　军

责任校对 / 王凌霄

出版发行 / 上海三联书店

　　　　　（200030）中国上海市漕溪北路 331 号 A 座 6 楼

邮购电话 / 021-22895540

印　　刷 / 环球东方（北京）印务有限公司

版　　次 / 2019 年 12 月第 1 版

印　　次 / 2023 年 2 月第 4 次印刷

开　　本 / 880×1230　1/32

字　　数 / 260 千字

印　　张 / 12.75

书　　号 / ISBN 978-7-5426-5794-7/B·506

定　　价 / 68.00 元

敬启读者，如发现本书有印装质量问题，请与印刷厂联系 010-60279968